叢書・ウニベルシタス　1045

実在論を立て直す

ヒューバート・ドレイファス／チャールズ・テイラー
村田純一 監訳
染谷昌義・植村玄輝・宮原克典 訳

法政大学出版局

実在論を立て直す　目次

凡例

一、本書は Hubert Dreyfus and Charles Taylor, *Retrieving Realism* (Harvard University Press, 2015) の全訳である。
二、原書でイタリックなどで強調となっている箇所は、傍点や鉤括弧などで強調する。書名の場合は『　』とする。
三、原書の〝　〟は「　」とし、（　）は（　）、［　］は［　］、中略の場合は（…）とする。
四、〔　〕は訳者が読者の便宜を考慮して新たに挿入したものである。
五、原注は番号に（　）を付け、訳注は原注とは別に〔　〕に番号に付けた。
六、原書での引用については、邦訳があるものはそれを参照しつつも、原著者の引用の文脈を考慮し、訳者があらためて訳し直した場合がある。その場合、邦訳からの改変の有無、参照邦訳の頁数は特に記していない。特に記すべきことがあれば、訳注で補った。

サミュエル・トーデスの思い出に

はじめに

本書の執筆が始まったのは、著者二人がベラジオで三週間の研究滞在をすごしていたときである。本書への道を用意してくださったロックフェラー財団に深甚なる感謝の意を表したい。また、議論の相手になっていただいた方々すべてにも感謝したい。とりわけ、ドレイファス－マクダウェル論争〔訳注1〕に加わってくださった多くの方々に感謝したい。

なかでも、ひとりの人物の名前を挙げないわけにはいかない。それは友人であり、批判者であり、ボクシングのスパーリング相手のような論争者であったリチャード・ローティである。ローティの反論はわたしたちの議論を改善するのに大いに役立ったが、早すぎる死のために、彼は本書の最終ヴァージョンに欠陥を探し出すことがかなわなくなってしまった。これは、わたしたちが彼の不在を、今、痛切に感じる理由のひとつでしかないのだが。

また、もうひとりの友人であるサミュエル・トーデスのことも忘れないでおきたい。彼の先駆的な仕事は、わたしたちの思索を導き活気づけてくれた。ひょっとすると本書は、本書で議論されている問題に彼がもたらした重要な寄与へとひとびとの注意を向けることに役立つかもしれない。

さらには、ジュヌヴィエーヴ・ドレイファスとムハマッド・ヴェルジにも、本書の最終稿を準備するに当たり貴重な支援をいただいたことに感謝しなければならない。ムハマッド・ヴェルジには、索引を作成するという貴重な手助けをしてくれたことにも感謝しなければならない。

第一章と第二章の多くの部分は、以下の著作の第三章としてすでに出版されたものである。*Mind, Reason, and Being-in-the-World: The McDowell-Dreyfus Debate*, edted by Joseph K. Sheare (London: Routledge, 2013).

〔訳注1〕ドレイファス‐マクダウェル論争に関しては本文の最後に記されている以下の文献を参照。*Mind, Reason, and Being-in-the-World: The McDowell-Dreyfus Debate*, edted by Joseph K. Sheare (London: Routledge, 2013). さらに、日本語で読める関連論文として、以下のものがある。ヒューバート・ドレイファス、「心的作用の神話」（蟹池陽一訳、『思想』第一〇一一号、岩波書店、二〇〇八年）、ジョン・マクダウェル、「何の神話が問題なのか」（荻原理訳、同上）。さらにサミュエル・トーデスに関しては、以下の論文がある。ヒューバート・ドレイファス、「非概念的な知覚的知識と思考との関係——サミュエル・トーデスの知覚論」（鈴木貴之訳、『思想』第九四九号、二〇〇三年、岩波書店）。

第一章　わたしたちをとらえて離さない描像

「ある描像がわたしたちをとらえて離さない（Ein Bild hielt uns gefangen）」。このようにウィトゲンシュタインは『哲学探究』一一五節で述べている。[1] ここでウィトゲンシュタインが取り上げているのは、〈世界のなかの心〉に関する有力な描像（picture）であり、デカルト以来の近代認識論の伝統と呼びうるもののなかに住みつき、その基盤を形成してきた見方である。「描像（Bild）」という言葉でウィトゲンシュタインが伝えたかったのは、ここには理論とは違ったそれよりも深い何かがあるということである。それは、この領域においてすべての理論化の文脈を形成し、それゆえまたすべての理解に影響を与えるものでありながら、ほとんど反省されることのない背景的理解である。ここでのウィトゲンシュタインの主張は以下のようにも解釈できる。デカルト以来の認識論の主流の考え方は、この必ずしも完全には明示化されていない描像の内部に含まれ、この描像によって形成されてきた。そしてまた、この描像は、このような考え方の全体において何が間違っているのかを見ることを妨げるはたらきをする点で、この描像によってわたしたちは一種の捕らわれの状態に置かれてきたということでもある。いくつかの点で、この描像はあまりに自明で、あまりに常識的で、あまりに確固たるものであるために、わたしたちは旧弊を脱して新しい仕方で考えることができないのだ。[2]

この描像が何であるかを突き止めようとすることは、枠組みに関する間違い（framework mistake）に類した大きな間違いを理解することともいえるだろう。つまり、この間違いは、わたしたちの理解の仕方をゆがめると同時に、本来のあり方がゆがめられていることを見てとることを妨害するものでもある。

ウィトゲンシュタインはこの点で正しかった、とわたしたちは考えている。大きな間違いがわたしたちの文化を支配している。それは、知るということはどういうことかに関しての（間違った）理解をもたらすはたらきをし、多くの領域での理論と実践に対して重大な影響をもたらしている。一言でまとめるなら、わたしたちは知識を「媒介的なものと」（間違って）理解している、ということができるだろう。もともとの定式化にしたがうと、この間違いは、わたしたちは外的実在を内的な表象をとおしてとらえるのだという考えに基づいている。デカルトはある手紙のなかで、わたしは「わたしの外にあるもののいかなる認識をも、それについてわたしがわたしのうちにもつ観念を介して（par l'entremise de）でないかぎりもちえないと確信している」と述べている。[3] この文は、心と世界に関する特定のトポロジー（topology）を背景に置くことよってその意味を理解できる。わたしの知りたい実在は心の外にある。そして実在についての知識は心のなかにある。この知識は、外界にあるものを正確に表象することを目指している心の状態として成立している。心の状態が実在を正しく信頼のおける仕方で表象するときに、知識が成立する。わたしが事物に関する知識をえるのは、「観念」と呼ばれる内的状態をとおして（「介して（par l'entremise de）」）のみである。

わたしたちは、このような知識についての描像を「媒介的（mediational）」と呼ぶことにしたい。というのも、この描像に備わる力は、「介してのみ（only through）」といういきわめて重要な表現に基づいて生じているからである。知識をもつことによって、わたしは外的実在と一種の接触をもつことができる。しかし、何らかの内的な状態を介してのみそれが可能なのである。ここで既定のものと見なされ続け、確固たる文脈にまで強化されるにいたっている描像の最も重要な点は、内‐外という構造である。わたしたちが把握しようとする実在は外部にあり、外界を把握しようとする状態のほうは内部にある。媒介する要素は「観念」であり、内的表象である。したがって、このような形態をとる描像は、「表象的」と呼びうるだろう。しかし、次に見るように、これが唯一のヴァージョンというわけではない。ここで取り上げた形態はすでに批判を受けてきたものである。しかし、しばしば見逃されてきたのは、もとも

（1）ルードヴィッヒ・ウィトゲンシュタイン、『哲学探究』〔藤本隆志訳、『ウィトゲンシュタイン全集』第八巻、大修館書店、一九七六年〕。このテキストの一一五節は以下のようになっている。「ひとつの描像（Bild）がわたしたちをとらえて離さなかった。そしてそれからわたしたちは脱出することができなかった。なぜなら、その像はわたしたちの言語のなかにあり、言語はそれをわたしたちに対してただ容赦なく繰り返しているように思われたからである」。わたしたちの議論では、この描像はわたしたちの考え方の全体のなかに根を張っており、したがって、世界を対象化する仕方やわたしたちの生活の仕方、さらにはまたわたしたちの言語のなかに根を張っている、ということだけではなく、それ以上のことを主張しようとしている。

（2）ウィトゲンシュタインは、この節で、わたしたちの言語の文法はわたしたちに対してこの描像を無限に繰り返しており、それゆえ抜け出すことが大変困難なのだ、と述べている。わたしたちの考えでは、この意味での文法に含まれているものは心、主体性、世界などについての背景的理解に関係するもっと複雑な何かに依存しているのである。この依存関係をさらに説明することが本書の目的である。

（3）ルネ・デカルト「一六四二年一月一九日のジビューあての手紙」。*The Philosophical Works of Descartes*, vol.3, trans. John Cottingham et al. (Cambridge: Cambridge University Press, 1991), 201〔『デカルト全書簡集』第五巻、持田辰郎ほか訳、知泉書館、二〇一三年、七五頁〕.

とのヴァージョンとそれを批判するヴァージョンとのあいだにはもっと深い共通のトポロジーが支配しており、それが両者に気づかれていない文脈を形成している点である。

この最後の論点は納得してもらうのがもっとも難しい点である。あらゆる点で、デカルトは現代哲学ではすでに反駁されつくした哲学者と見なされている。デカルトによる内‐外の区別は物的な実体と心的な実体とのあいだの根本区分に基づいており、今日ではこの二元論を支持するものはほとんどいない。さらには、媒介要因である観念は心の粒子状の内容であり、内観の対象と見なされているが、この見方は疑わしいし、また、さらに悪いことには、現代における知識の説明にとっては役割をもたない。この点についてはいくらでもうんざりするほどの反論を提出できる。

にもかかわらず、本質的なことは残ったままである。「言語論的転回」を考えてみよう。今日の多くの哲学者にとっては、もしわたしたちが心の内容を示そうとするなら、心のなかの小さな像のようなものを考えるのではなく、主体にとって真と見なされている文のようなもの、換言すると、信念のようなものを考えねばならないといわれるだろう。この変更は重要である。しかしながら、この場合でも媒介的な構造は変わっていない。媒介的な要素はいまや心的なものではなく「言語的なもの」になっている。このような変更によると、文は公共の場における話し手のあいだで使われるものであるから、媒介要因はデカルト的な区分の意味でいわば「外部」にあることになる。しかし別の意味では、つまり、文が真と見なされるということは個々の話し手や(しばしば声に出されずにいだかれる)思考に関する事実であるという点では、デカルトの場合と同じパターンを再形成しているということもできる。実在は外部にあり、真と見なすはたらきは心のなかにあるというわけである。わたしたちが知識をもつのは、こうした信念(真と見なされた文)が信頼のおける仕方で実在と対応している場合である。つまりは、わたしたちが知識を獲得するのは、信念を介してなのである（知識とは「正当化された真なる信念である」といわれることになる）。

次に物理主義的（materialist）転回を考えてみよう。この場合には、二元論の一方の項を否定することによってデカルト的二元論が否定される。「心的な実体」は存在せず、すべては物質である。思考のはたらき自身も物質から生まれると見なされる。これはたとえばクワインが信奉していた考え方である。にもかかわらず、クワインも新たな形而上学的な文脈のなかで同じような構造を再生産している。わたしたちの知識は「表面刺激（surface irritation）」を介してわたしたちに生じる。つまり、環境からのさまざまな刺激が感覚受容器に与えられ、そこで生じる興奮状態を介して知識は生じるのである。こうした刺激による興奮が知識の基礎を形成するというわけである。他方で、クワインはときどき、刺激を与える当のものに関する直接的な記述を基礎と見なすことがある。つまり、観察文を基礎と見なす場合もある。そして、クワインは科学の体系を（ほとんどの）観察文がどのように成り立つかを示さねばならないという要請のもとで構築されたものと見なしている。どちらの場合であれ、媒介的な構造、つまりそれを「介してのみ」という構造（"only through" structure）が見られる。翻訳の不確定性、指示の不可測性、科学的説明の複数性、といったクワインのテーゼを証明する試みはすべて、次の考えに基づいている。すなわち、さまざまな存在論的仮定や科学的仮定のあいだでどれを選ぶかは、基礎をもたらす最初の出発点によっては完全には決定されないままであり続ける、という考えに基づいているのである。

この「自然化された認識論」では「内的」という言葉は物理主義的意味を与えられる。わたしたちの外界に関しての知識は感覚受容器を「介して」形成される。したがって、受容器が内‐外の境界を「形而上学的」にではなく、たんに「科学的」に定義することになる。同様に、桶の中の脳についてのさまざまな想定のなかにもデカルト的な構造が繰り返されているのを見ることができる。この場合には、悪魔のような科学者が桶の中の脳に適切な刺激を与えるかぎり、その脳はだまされて、世界のなかで身体をもって行為していると考えると見なされる。古い認識論では、わたしたちの心の内容が変化しないあいだ、世界がひょっとすると変化しているにもかかわらず、悪霊が入力を制御してわたしたちにはわからないようにしているかもしれない、という点が懸念された。ちょうどそれと同じように、現代では、脳を用いながら、構造的に似たような悪夢の改訂版が作成されている。ここでは脳が心に対応する物理主義的な置換物の役割を果たしてきた。たぶん、脳は思考の因果的な基盤をなしていると見なされてきたからである。媒介的な構造、そして入力の媒介的なインターフェイス（現代では、悪意ある科学者によって制御されているが）、それに加えて「介してのみ」という主張、これらすべてが「物理主義的」変換にもかかわらず生き残っている。

ここで、〈桶の中の脳〉仮説の主張者になぜ脳に焦点を合わせるのかと聞いてみると、主張者は結局のところ、思考は脳に「付随する（supervene）」からだという答えを提出するだろう。しかしどのようにしてそれがわかるのだろうか。どのようにしてわたしたちはあなたが脳以上の要因を必要としていないことを知ることができるのだろうか。ひょっとすると、わたしたちが知覚や思考として理解しているものを確保しようとするなら、あなたは脳だけではなく神経系も必要としているかもしれないではないか。あるいは、生物個体（organism）全体を必要としているかもしれないし、さらには（よりもっともらしい答えとしては）、環境まで含めて、そのなかで生きている生物個体全体を必要としているかもしれない。答えは、だれもそれを知らないということである。〈桶の中の脳〉仮説は媒介的な構造の力によってもっともらしく思われているにすぎない。このようにしてわたしたちは近代認識論に暗黙に含まれている描像に捕らわれ続けることになる。そしてそのなかでは、「内部」の役割を果たす何ものかが要請され続けるのだ。

さらに別の置き換えを考えてみよう。今度はカントによってはじめられた批判的転回である。この場合には、基本的関係はもはや絵のような内的表象と外的実在との関係ではない。カントが「表象（Vorstellung）」と呼ぶものはしばしば外的（経験的）実在と同じものを指しているように思われる。いずれにしても、カントにとって直観の素材となるものは別の意味でではあるが「外界」からやってくるのである。つまり、直観の素材は、心の産物であるカテゴリーによって形成されたものとは対照的に、事物から「触発される（affiziert）」ことによって受け取るものである。「介してのみ」という主張はここでは異なった形式をとることになる。カテゴリーの形成作用を介してのみ、直観は対象をわたしたちに与えてくれるのであり、経験と知識が成立するのである。わたしたちが供給する概念なしでは直観は「盲目」なのだ。「内部」「外部」「介してのみ」などの言葉はすべてカントの著作では新しい意味をもつことになる（実際、最初の二つの言葉に関しては、二つ以上の意味をもつことになる）。しかし、基本構造は生き残っている。ここに見られる連続性が重要で決定的なものであることはのちの議論で明らかになるだろう。

すでにおわかりのように、認識論の基礎をなす描像は、デカルト的二元論、観念説（mentalism）、あるいは「基礎づけ主義」などに対する批判者がしばしば考えるよりもはるかに強い力で人々を虜にしているのだ。実際、これらの批判者自身の多くがこの描像の捕らわれの身になってしまっている。のちに見るように、「ポストモダン」と自ら称している論者の多くもこの牢獄から逃れきれずにいる。のちの議論でこの点を明らかにしたい。しかし現時点では、心の力や科学の守備範囲に関して提起される多様な懐疑論が伝統から消えてはいないことを心にとどめておくことで満足しておこう。こうした懐疑論は、懐疑論への批判から始まったのであり（デカルトの場合）、また、それは有名な懐疑論的転回を経てきたのである（ヒューム、そしていわずもがなであるが、クワインの存在論的相対性など）。なぜこのようなことにならねばならなかったのかについてはのちに議論することにしたい。いまのところは、ここまでの議論をとおして見てきた隠れた連続性への手掛かりをえたことで満足しなければならない。

1

懐疑論と近代認識論との結びつきという点に関していうなら、デカルトの著作の最初の箇所で明白である。デカルトは懐疑論を用いたということはできるだろう。しかしそれは懐疑論者の課題をさらに展開するためではなく、自己、心、世界に関する自らのトポロジーを打ち立てるためだった。『省察』の第一省察の読者は、次から次へと繰り出される懐疑的議論の集中砲火に見舞われることになる。しかし、論点は、古代の懐疑論者や近代のモンテーニュの場合のように、わたしたちのもつ知識の少なさに気づかせることではない。反対に、議論は驚くほど大胆で広範囲にわたる確実性の主張に行きつくのである。これら『省察』の最初を飾る議論の戦略的論点は、読者を導いて、内と外の区別、あるいは、身体的物体のもつ実在性と心的内容のもつ実在性の区別を認めざるをえなくさせる点にある。わたしたちは、信頼できると思われている外的実在に関する知識が懐疑論に対していかに脆弱なものであるかを理解し、それに続いて、疑いえないのは自らの「観念」の内容であることに気づくことになれば、身体的なものと心的なものとのごたまぜから永遠に解放されるだろう。このごたまぜは身体と心との実体的結合から成立したものであり、不明瞭で混乱した思考の主な原因なのである。

以上のような戦略的目標の重要な違いによって、デカルトは第一省察のもとになったピュロン主義の伝統に属する古代の思想家たちから区別されることになる。デカルトは古代の懐疑論者の議論を取り入れているために、双方の試みがどれほど違うのかが忘れられてきた。もっとも他方では、モンテーニュのようにデカルトに時代的に近い人物のなかにも、古代の思想との連続性を保っていたものもいたし、さらには、ヒュームの場合のように古代の考え方を部分的にではあるが復活させた試みもあったのではあるが。

古代の懐疑論の論点は、わたしたちが知っていると本当に主張できることは非常にわずかしかないことを示すことにあった。知識とされるどんなタイプの主張に対しても、反対の主張をなすことが可能であるように思われる。わたしたちは、周囲の物理的対象の実在を確信できるだろうか。たとえば、水のなかで曲がって見える棒の場合はどうだろうか。そのほか多数の類似した事例をあげることができるだろう。これらすべての事例において、反省が示すように、争点に最終的な決着をつけることはできないのである。力の拮抗（isostheneia）が支配している。つまり、どちらの側も同じように弱点をもっている。したがって、本当の知識をもつことはできないのだ。

なぜこのようなことを示す必要があるのだろうか。人生の目標は平穏さ、アタラクシアあるいは平静さにある。しかしこれを実現しようとするなら、わたしたちは確実な学といったような獲得不可能な目標を放棄しなければならない。しかしながら、生活を実現するためには何らかの知識が必要ではないのか。哲学者でない古代の人々にはしばしばこのような批判が思い浮かんだのではないかと思われる。というのも、哲学者について語られることといえば、壁に衝突したり井戸に落ちたりする話ばかりであるので、哲学者でない人がそのような批判をもつことはもっともと思われるからである。この批判に対する懐疑論者の答えは、ものごとが現れる仕方のなかにわたしたちが知る必要のあるすべてが含まれているというものである。ものごとの現れ方にしたがいさえすれば、通常はうまくやっていけるだろう。この知識に加えて、現れ方は「実在」に対応しているという何らかの学的確実性を求める必要はないのだ。わたしたちはこのような学的確実性をたんに必要としないだけではない。また、それを無駄に探し求めるようにとわたしたちを挑発する必要がないだけでもない。セクストスによれば、そうした知識は、万一わたしたちに獲得可能になったとしても、心の平安を乱すだけである。セクストスの主張によれば、あるものがその本性によって善かったり悪かったりすると信じることは、動揺をもたらすだけである。つまり、それをもたない場合には欲するようにさせられ、もっている場合には失うことを恐れるようにさせられることになる。もちろん、あなたは寒かったり、のどが渇いたりすることもあるだろう。しかし、苦しみの対象が悪なのはその本性から悪だからだ、と思い込むとすれば事態をさらに悪くしてしまうだろう。(4)

以上の議論が何の役に立つのか、といえば、それは一種の回心をもたらすからだといえる。この回心によって、あなたは、真理への不安に満ちた追求者の立場から脱して、判断を中止することができ、学的確実性なしに、思い込みなしに(adoxastas)生きることができるようになるのだ。

この文脈で用いられている「現れ(appearances)」という言葉はデカルトの「観念」(5)と容易に同一視されがちである。しかし、バーニェットが述べているように、これは間違いである。なぜなら、「現れ」は実在に対立するという意味で存在論的に定義されたクラスを形成するものではないからである。「現れ」は、心的内容の一種というより、むしろ、ある時点でのものの見え方を示すものである。実際、もののこのような見え方(way-things-look)を心のなかに置く必要はまったくないのである。水のなかで曲がって見える棒の場合も、同じように、〈水のなかの棒〉の特徴と見なすことができる。あるいはまた、現れは、魂を吹きこまれた身体としてのわたしたちが寒かったり暑かったり、あるいは痛かったりと感じているあり方を示す場合もある。現象（phainomena）や表象（phantasiai）という言葉はつねに感覚的なもの（aisthêta）を意味するわけではない。というのも、表象はたとえば、〈すべての表象が真であるわけではない〉という表象を含むからであるし、あるいは、〈すべてのものは相対的である〉という懐疑論者の結論をも含むからである。(6)

ものの見え方については、それがさらに真の知識という栄誉ある条件に値するか否かについて、つまり認識論的身分と見なされる点について、区別が導入されることがある。しかしこの区別によって、表象（phantasiai）が特定の種類の存在者として確立されるようになるわけではない。ところが、これこそまさしくデカルトが行い始めたことである。デカルトの議論にとって決定的だったのは、「観念」を一種の内的で心的な存在として確立したことにある。そして、観念は懐疑論の議論からの影響を一定の仕方で免れている点で外界の事物から区別されることになった。デカルトの議論のなかでは、現れに関する知識をもちうることを示すことが重要な段階をなしている。このために、古代の表象概念のもっていた存在論的不確定性がすっかり片づけられることになる。わたしが寒く感じたり熱く感じたり、あるいは痛く感じることは、存在論的に分解されて、一方では、低い温度や高い温度、あるいは、皮膚の損傷、

（4）Leo Groarke, *Greek Skepticism: Anti-Realist Trends in Ancient Thought* (Montreal: McGill-Queen's University Press, 1990), 134.

（5）わたしはここでマイルズ・バーニェットの議論に依拠している。Miles Burnyeat, "Can the skeptic Live with His Skepticism?" および "Idealism & Greek Philosophy," in *Idealism Past and Present*, ed. G. Vesey (Cambridge: Cambridge University Press, 1982).

（6）Burneat, "Can the Skeptic," 121.

といった外的、物理的な条件へ、他方では、内的で、純粋な心的印象へと分けられることになる。伝統的で古典的な魂のトポロジーでは、魂は、感覚、表象、理性（aisthêsis, phantasia, nous）の三分法でとらえられていたが、デカルトは、この魂に関しての伝統的で古典的なトポロジーをすべてが同じように現れる新しい唯一の部屋に置き換えたのである。ローティはこの部屋を「単一の内的空間という概念であり、そのなかでは、身体的感覚、知覚的感覚、（…）数学的真理、道徳的規則、神の観念、抑うつの気分、そしてそのほか今日「心的」と呼ばれるいっさいのものが疑似‐観察（quasi-observation）の対象となる」と描写している。(7)

ここで取り上げた単一の部屋は、新しい一般語である思惟（cogitare or penser）に対応している。この語は、そのもとにすべての心的状態を包括することになる。「考えるものとは何であるか。〔考えるものとは〕つまり、疑い、理解し、肯定し、否定し、欲し、欲さず、また想像し、感覚するものである」(8)。いまや、感覚と想像力を際立って特徴づけているのは、両者がこれら思惟作用（cogitationes）のなかのいくつかのものの源泉ではあるが、他の思惟作用の源泉ではないという点に見出されることになる。そしてこのことを自覚することによって、どのように感覚や想像力を扱い、両者に関してどのような確信をもつべきかがわかることになる。いずれにしても、すべてのものが現れる場所はひとつしかないのである。

同様に、古代では魂の場所は身体存在とどの程度相互浸透するかで区別されていたのに対して、この単一の場所は、身体から根底的に区別されることになった。新たな、そして根本的な二元論が確立されたのである。以後の議論のなかでは、この二元論を「二元論的分類（dualist sorting）」と呼ぶことにしたい。

なぜこのことはデカルトの戦略にとって重要なのだろうか。答えは以下のようになるだろう。存在すること（esse）が知覚される（percipi）ことであるような特殊なものとして観念を切り出すとすれば、つまりは、その基本的な存在様態が「内部に」現れるものとして観念を切り出すとすれば、それによって、わたしたちが確信をもてるような種類の存在者を分離できるからである。そうすれば、懐疑論の馬鹿げた議論を止めて、力の拮抗という事実の前からかぎりなく退却することに歯止めをかけ、しっかりした足場に到達することができる。少なくとも、この足場については疑いのつけ入る余地はない。重要なのは、『省察』の第一省察において失ったいくつかの領土を取りかえしに戻るための足場を確保することにある。デカルトは、〔太平洋戦争時における〕マッカーサー将軍のように、安全な避難場所、いわばデカルトにとってのオーストラリアを見つけたのであり、それによって、戻ってくるという自らの約束を実現することができるのである。というのも、最初にわれ思う（cogito）を介して、そして次に神の存在証明を介することによって、わたしたちはある観念をもっているという疑いえない事実から出発して、科学的に確立された外的事物についての秩序に関する確実な知識へと至ることができるからだ。懐疑論は、ひとたび内的なものと外的なものとの新しい二元論を確立するために使用され、それによって懐疑的議論を免れた（と見なされた）内容をもつ内的なものからなる領土が確立され、その役割を終えれば、結局、自らの効力を失うことになる。ここではもはや、古代の（あるいはモンテーニュ的な）課題が省みられることはまったくないのである。

（7）Richard Rorty, *Philosophy and the Mirror of Nature* (Princeton, NJ: Princeton University Press, 2009), 50〔リチャード・ローティ、『哲学と自然の鏡』、野家啓一監訳、産業図書、一九九三年、三六頁〕.

（8）Rene Descartes, "Meditations, II, Adam and Tannery, IX-1, 278," in *The Philosophical Works of Descartes*, vol.2, trans. John Cottingham et al. (Cambridge: Cambridge University Press, 1984), 19〔デカルト、『省察』、山田弘明訳、ちくま学芸文庫、二〇〇六年、四九頁〕.

以上で示したのは、「観念」という新たな存在者の発明の動機のひとつである。しかし、この発明は他の要因によっても導かれていた。「観念」が登場するにいたったのは、基礎づけ主義の試みのなかで果たすべく運命づけられた役割のためのみではない。それはまた、ガリレオや科学革命のほかの主役たちの仕事をとおして成立することになった世界像の機械論化からもたらされた影響によるものでもある。知覚は、物的自然のなかでの過程と見なされる場合、周囲の実在によって心のなかに形成された印象と理解するのが最適ということになる。ロックがのちに述べたように、観念は「感知できない分子が感官へ作用することによって、(…) わたしたちのうちに生み出されるのだ」[9]。この観点から見れば、観念は、心自身が開始する組み合わせや結合のはたらきに先立って、心へ作用する過程が最初に与える結果ということになる。観念は心が純粋に受動的に受け取るものであり、後にヒュームによって導入された言葉を使うなら、心への「印象(impression)」ということになる。再度ロックの言葉を使うと以下のようになる。「この部分では、知性はただただ受動的であり、知性が〔観念という〕あの出発点となるもの、いわば知識の材料をもつかどうかは、知性自身の力の及ぶところではない」[10]。

機械論的な説明が、受動的な印象という存在者のための場所を提供することになった。因果的説明のなかでは、このような仕方で、印象という存在者が定義された。他方で、基礎づけ主義的な企てにおける戦略的な説明のほうでもこの種の存在者を必要とした。印象のような存在者は、知識の基礎づけ主義的な再構成プロジェクトが開始することができる出発点を定義するものだったからである。戦略的な説明においては、(のちにロックによって「単純観念」と呼ばれた) 基礎的観念とは、心による解釈や推論の産物とは見なされえない内容のことだった。というのも、もしそうでなければ、しっかりした基礎をえるためにさらに遡って、解釈や推論のもとになったものを探さねばならなくなるからである。因果的な説明では、この同じ観念が純粋に受動的に受容された裸の印象と見なされたのである。解釈に先行して与えられたものと受動的に受容されたものは一緒になって同じ存在者の二つの側面を形成することになった。つまり、両者は、同じ本性をもつものの二つの記述の仕方というわけである。因果的受動性と解釈からの自由は同じ条件の二つの記述の仕方と見なされる。これがのちに（純粋な）所与の神話（the Myth of the (purely) Given）と呼ばれることになった考え方の基盤であり、[11] また、この考え方が含む「原因の空間」と「理由の空間」とのあいだのありとあらゆる混同の基盤である。このことはまた、思考作用の物象化へと導くことにもなった。[12]

（9）John Locke, *An Essay Concerning Human Understanding*, ed. P. H. Nidditch (Oxford: Clarendon Press), 2.8.13〔ジョン・ロック、『人間知性論（一）』、大槻春彦訳、岩波文庫、一九七二年、一九九頁〕. ロックは4.2.11で「小球（globules）」について語っている〔『人間知性論（四）』、二五頁〕。

（10）Ibid., 2.1.25〔『人間知性論（一）』、一五六頁〕. さらには、2.30.3 参照。ロックはそこで、心は「その単純観念にかんしてまったく受動的である」と述べている〔『人間知性論（二）』、二七頁〕。また、2.2.2〔『人間知性論（一）』、一五〇頁〕では、単純観念を作り出したり、なくしたりする力はわたしたちにはないと述べている。

（11）所与の神話という言葉はウィルフリッド・セラーズの以下の文献による。Wilfrid Sellars, "Empiricism and the Philosophy of Mind," in *Science, Perception, and Reality* (London: Routledge & Kegan Paul, 1968), 196〔W・S・セラーズ、『経験論と心の哲学』、神野慧一郎、土屋純一、中才敏郎訳、勁草書房、二〇〇六年、二五八頁〕.

（12）この点は、ロックにおいて最も明瞭である。ロックは要素的材料に基づく構成というメタファーを押し進めて、心の作用の説明にまで用いている。観念は「材料」であり、人間の「力能は、どんな技術と熟練によって運用されようと、手元に用意されている材料を複合したり分割したりする以上には出ない」(2.2.2)〔ロック、『人間知性論（一）』、一五九頁〕。さらに、単純観念にもとづく複合観念の形成について語った後に、ロックは以下のように述べている。「これではっきりわかるように、人間の力能とその作用の仕方は物質の世界も英知の世界も大体同じである。なぜなら、どちらの世界でも材料は、これを作ったり無くしたりする力能が人間にないようなものだから、人間にできることはただ、材料をいっしょに合一することか、たがいに傍らへ置くことか、まったく分離することか、そのどれかだけである」(2.12.1)〔『人間知性論（二）』、七頁以下〕。

2

表象や知識を外界についての内的記述と見なすこの表象に関する二元論的理論は、デカルトとロックによって一七世紀に明確な形をとるようになったものである。そしてこれが、わたしたちが媒介的認識論の伝統と呼んできたものの起源をなしている。この伝統に属するメンバーたちは重要な論争点に関して相互に著しく意見を異にしており、また、現代のメンバーたちは自らをデカルト主義の束縛から完全に自由になっていると考えているという事情があるにもかかわらず、すでにわたしたちが主張してきたように、この二元論的理論は重要な伝統を形成しており、その伝統に属するメンバーは揃って〈世界のなかの心〉についてのひとつの描像（Bild）に捕らわれているのである。

それではここでいうところの描像とはいったい何なのだろうか。言い換えると、現代では大変明瞭になっているように見える見方の違いがあるにもかかわらず、その違いを横断して結びつけて連続性を形成している要因は何なのだろうか。わたしたちは四つの相互に絡まりあった織糸を突き止めることにしたい。場合によっては、これらの糸のあるものは途中で切れてしまうかもしれないが、その場合でも、ほかの糸によって連続性が維持されることになる。

1. 最初の織糸は「媒介的」という表題を正当化する「介してのみ」という構造である。心／生物個体（mind/organism）の境界を越えた、「外部」の世界についての知識、ないし、外部の世界へのアクセスは、心／生物個体のなかの何らかの特徴を介してのみ成立することができる。この内部の特徴は、表象ないし記述と見なしうるものであり、より具体的には、観念、信念、あるいは真と見なされた文などである。批判主義の伝統にしたがうと、それらは、カテゴリー形式、あるいは、入力を概念的に構造化する仕方、さらには、入力を理解可能にする仕方などと見なされる。しばしばこれら二つは結びついて、外界についての記述は不可避的にカテゴリーによって構造化されており、そのカテゴリーは人間の本性から生まれるのか、あるいは、時間をかけて発達してきたものか、という考え方に至る。いずれにしても、周囲の世界への認識的関係はこれらの形式そして／あるいは記述のなかで、そしてそれらをとおしてのみ存在するのである。

2. この媒介的描像の通常の理解には、知識の内容は明確に定義される明示的な要素に分析できるということが含まれている。デカルト－ロックのヴァージョンでは、知識内容はわたしたちが収集した「観念」から構成されている。あるいは、現代の一般的なヴァージョンでは、知識の内容は、信念、あるいは、真と見なされた文によって構成されている。ここでモデルとなっているのは明示的なものであり、定式化されたものである。理念的には、わたしたちは知っていることの在庫目録を作ることを想像することが可能である。たとえこの目録作りが、わたしたちの信念から導かれることが潜在的には無限であるために、ある意味では完成できないにしても、にもかかわらず、わたしたちはつねに明示的要素から明示的に導出されたものを扱っているのである。

3. 信念を正当化しようと試みる場合、決してこれらの明示的に定式化された要素を越えたり、その基礎となるものへさかのぼったりすることはできない。とりわけ、直接所与と呼ばれる身分をもつものの場合には、もしそうしたものがあるとしての話であるが、それを越えたりさかのぼったりすることはできない。

4. 第四の織糸は、先に二元論的分類と呼んできたものである。つまり、心的－物的という区別である。ここで今に至るまで続いているのは、概念の対置であり、実際に二元論に対していだかれている信念ではない。多くの現代の人々は、魂やいかなる種類であれ非物質的な実体という観念を軽蔑し拒絶する。宇宙と地球に存在するすべてのものは究極的には物質として説明可能である。しかし、ここで現代人はデカルトと同じ概念のネットワークの内部で動いている。第一に、すべての現象の普遍的な基礎となっているといわれるのは、デカルト革命の結果生まれた「物理的なもの」であり、それは意味や「理念」の表現や顕現と見なされることはないし、また、内的な目的論を欠いた純粋な作用因の領域と見なされるものにほかならない。したがって、物理主義への移行はこの分類を受け入れるのであるが、同時に、一方のみが実現していると主張する。第二に、物理主義が理論であるよりもプログラムに留まっているという点で、「心的なもの」はカテゴリーとして残っている。物理主義者には、思考、感情、知識、行為——つまりは、心ないし知性の範囲に入るすべての現象——は、純粋に物理的言語で説明できることを示すという仕事がいまだ残っている。しかし、説明するためには、まずはそれを選び出さねばならない。実際、物理主義者は二元論的分類に属する基本語を用いてそれを選び出す。つまり、存在することが経験することであるような内的現れの領域としての「心的なもの」を選び出すのである。こうして、還元主義的な試み全体のなかで、焦点は、感覚、生の感じ、そして「クオリア」へと絞られ、最終的には、これらすべてが脳状態に「すぎない」ことを納得させることが目指される。

二元論的分類によると、一方に、身体的で広がりをもつものが存在し、他方には、これらとは違うもの、つまり、「心的」で広がりをもたず、完全に非物理的なものが存在する。以上は、世界像の機械論化とともに登場した。わたしたちはいまでは心的‐物的という区別を自明なものと見なしている。しかし、両者の関係という問題も存在している。「心身」問題である。これはきわめて近代的な考え方である。実際、心や身体についてのこのようなとらえ方をプラトンやアリストテレスに対して説明しなければならないことになったとすれば、簡単には成功しないだろう。

他方で、少しでも反省してみれば、わたしたち自身でさえも、このようなものごとの切り分け方が必ずしも「自明」ではないことに気づくだろう。「肉体的」欲求をほかの肉体的程度の少ない「高次の」欲求と対比してみよう。ひょっとするとわたしたちは、肉欲的生活の価値を積極的に評価し、人間的道徳的態度の名のもとに含意される価値のヒエラルヒーを拒否することがあるかもしれない。しかしそれでも、欲求に関する区別を理解可能とすることはできるだろう。その場合、わたしたちは時代をさかのぼって、感覚、表象、理性——aisthesis, phantasia, nous——という先に見た古いトポロジーを振り返ることができる。このトポロジーは、デカルトとの関係で先に見た単一の「空間」としての「心」という近代的な観念とはずいぶん異なっている。

ハーバート・ファイグルはこの区別を以下のような言葉によって定義した。「心的なもの」は「現象的なもの」によって定義される。つまり、わたしたちが「見知り（acquaintance）」によって直接アクセスできるものによって定義される。[13]「見知りそれ自体」とは「体験され、享受され、あるいは被られた直接的体験そのもの」のことを意味する。

ここで想定されているのは、一人称（単数）の視点からのみ到達可能である何かを取り出し、それを分離した存在者として考えることである。したがって、たとえば、それは次々と展開していくわたしの人生のように、複数の異なる視点からとらえられるようなひとつの存在者ではない。そこで、外的な観

（13）Herbert Feigl, *The "Mental" and the "Physical": The Essay and the Postscript* (Mineapolis: University of Minnesota Press, 1967)〔H・ファイグル、『こころともの』、伊藤笏康、荻野弘之訳、勁草書房、一九八九年〕.

察可能な実在とならんで、バークリの言葉を借りて表現するなら、存在することが知覚されることであるような何かが要請されることになる。この要請は、内‐外構造という言葉によって説明される。ただし内的実在の合理化の仕方はさまざまであるが。それらは、近代の物理主義にとって「現れ」でしかないものにあたると考えることができる。しかし、デカルトや認識論の最初のヴァージョンにとっては、ここで非物質的な実体が登場することになる。だからこそ、それは外部からは到達不可能なのである。

古い、前近代的な存在論はものごとをこのようには切り分けなかった。心と考えられたものと身体と考えられたものとは相互に浸透し合うものと見なされた。たとえば、プラトンやアリストテレスにとっては、わたしたちの周囲にある事物はイデアないし形相によって形づくられている。モデルとなったのは、生き物だったり、人工物だったりした。目的は至るところに存在していた。こうした事情は近代以前における日常生活に潜在する存在論にとっても真だったのである。近代以前には、人々は、ウェーバーの言葉を利用すると、呪術化された世界と呼びうるような世界で生活していたからである。そこでは、たとえば、媚薬のようなものが存在しており、媚薬は意味のある言葉によって定義された因果的力を備えていると見なされていた。それは、近代的な性欲亢進薬のように考えられていたわけではない。近代の薬は、使用者に欲望を生み出すが、欲望の究極的な人間的意味を規定するものではないと見なされている。それに対して、前近代の薬は文字通り媚薬だったのである。王マルクは、トリスタンとイゾルデの背信行為はこの薬の魔術的力にとらえられて生じたと理解したために、二人を許すことになったのだ。

あるいは、治癒力をもっている聖遺物を考えてみよう。これはある一定の病気に効く医薬のようなものではない。これは、どんな苦しみからも救ってくれるようなものである。あるいはまた、黒胆汁によってもたらされた憂鬱を取り上げてみよう。ここでは、憂鬱という気分と黒胆汁という物質とはひとつのものと考えられている。「近代的」な見方ではこのようには考えられない。わたしたちは、ある化学物質を摂取するとうつ状態が誘発されるということを知っている。うつ状態は、身体の化学的状態へ薬が与えた影響によって成立した結果である。わたしたちは、〔うつ状態のもつ〕意味が薬自体と同質のものだとは考えていない。

わたしたちは薬の効果を一種の侵入、つまり、わたしたちがそれに対抗しうる何ものかと考えることができる。もしあなたが、何らかの化学物質を摂取したために気分が悪くなったのだということを知ったら、あなたは苦しみからの解放感さえもつことになるだろう。なぜなら、化学物質はあなた自身には本当に影響を及ぼしてはいないのだから。あなたは何らかのまともな理由によって憂鬱になったわけではないので、その気分から解放されることができる。それに対して昔は、黒胆汁をもっていると聞いたとすれば、あなたは実在するものに捕まえられていることを知ったことになるのである[14]。

近代のポスト・デカルト的二元論はプラトン的二元論とは違っている。というのも、プラトンにとっては、低次の存在は高次の存在の表現と見なされているからである。したがって、わたしたちは、低次の存在を通じて高次の存在に恋焦がれることによって、低次の存在から離脱することができる。これが、『饗宴』で描かれたエロスの動きである。他方、デカルトは身体的なものを客観化し、さらに、何も表現しないたんなる死んだ物質と見なすことによって、それから離脱する。

(14) ここでの論点はさらに詳しく以下の著作で議論されている。Charles Taylor, chap.1 in *Source of the Self* (Cambridge, MA: Harvard University Press, 1989)〔チャールズ・テイラー、『自我の源泉——近代的アイデンティティの形成』第一章、下川潔、桜井徹、田中智彦訳、名古屋大学出版会、二〇一〇年〕.

実際、近代の二元論的分類と世界観の機械論化の最初の運動はこのデカルト的な離脱（disengagement）として始まった。この離脱は、わたしたちの周囲にある諸対象の世界からあらゆる意味を剝ぎ取ることになった。身体的主体であるわたしたちに対してもっている通常の日常的な意味であれ――たとえば、手に入りやすいか入りにくいか、押しつけがましいかそうでないか、引きつけるか反発的か、誘っているのか禁じているのか、など――、あるいは、理念によって定義される内在的な目的であれ、いずれにせよ、意味が世界から剝ぎ取られた。デカルトはガリレオにしたがって、自然に関する古い目的論的見方を否定したかっただけではない。デカルトは、物理的世界をより徹底的に客観化することに努力し、その客観化は、自分自身の生きられた身体をも含んでいるほど徹底したものだった。身体をもって生きている日常的な見方のなかでは、感じられる熱は対象のなかにあるように見なされ、痛みは歯のなかにあるように見なされる。わたしたちはこのような見方から抜け出し、外部の観察者にも可能になるようにこれらの過程をとらえなければならない。この場合には、心のなかの一定の経験は物理的世界の一定の状態、たとえば、対象内の分子の運動エネルギーや歯のなかの腐食によって引き起こされていると考えられる。

これが、感覚や第二性質の領域で明晰判明さを生み出すステップである。このことをデカルトはさまざまな箇所で明らかにした。ある箇所でデカルトは次のようにいっている。「わたしのもっている熱の観念も冷の観念もほんの少ししか明晰判明ではない」。別の箇所では次のようにいっている。「苦痛や色や、そのほか同様なものは、たんに（…）思考として見られるときには、たしかに明晰判明に認識されることをわたしたちは知っている」。さらに別の箇所では、次のように述べている。「これら感情や感覚知覚がわたしに与えられたのは、どの物体が、心をその一部とする複合体に対して好都合であり、どの物体が不都合かをわたしの心に知らせるためのみなのである」。換言すると、身体から心への因果結合を生存のために役立つ機能を備えているものとして、外部からとらえるならば、これらの不明瞭な経験は明晰になるのである[15]。

この二元論的分類、およびその基礎にある身体化された姿勢からの離脱が、伝統のなかで、人間なるものへの本来の「科学的」態度として崇拝されるようになった。以上の点は、デカルトとロックによるもともとの二元論的見方においてはっきり現れていたが、それ以上ではないにしても、それと同じくらい明白に、物理主義的な挑戦のなかにも見てとれる[16]。物理主義的野望においては、すべての行為とすべての思考を意味のはく奪された物質に関する言葉によって説明しようとする。さらにこのことは、内的現れとしての「心的」という貧困化されたカテゴリーにも反映されている。この「心的」なものは最終

(15) 以上の引用はそれぞれ以下の著作からのものである。*Meditations*, III, Adam and Tannery, IX-1, 34〔『省察』山田弘明訳、ちくま学芸文庫、二〇〇六年、七一頁〕; *Principles*, I.68, Adam and Tannery, IX-2, 56〔『哲学原理』山田弘明、吉田健太郎、久保田進一、岩佐宣明訳、ちくま学芸文庫、二〇〇九年、二五三頁〕; *Meditations*, VI, Adam and Tannery, IX-1, 66〔『省察』一二四頁〕. さらには Alan Gewirth の以下の論文での議論を参照。"Clearness and Distinctness in Descartes," in *Descartes: A Collection of Critical Essays*, ed. William Doney (Garden City, NY: Doubleday 1967), 260n33.

(16) ジェニファー・ホーンズビーによれば、「科学的自然主義」の目的は、人々の行為、感情、意図、などを科学者たちが採用している「客観的、三人称的視点」から説明することにある。この自然主義を支えているのは、実在するもののすべてはこの視点から理解可能にならなければならないという信念である。ホーンズビーの議論によると、もしこの客観的視点をとれば、人々の生活に関わる現象の多くは消えてしまうことになる。現代の思考に見られるこの広範囲の流れに対して、ホーンズビーは人間と人間でない者との区別を承認する「素朴な」自然主義を提案する。J. Hornsby, *Simple Mindedness* (Cambridge, MA: Harvard University Press. 1997) 4–5 参照。わたしたちは、このホーンズビーの立場に大いに賛同する。それどころか、彼女が自らのテーゼのタイトルに込めたイロニーを賞賛しもしている。実際、ホーンズビーのテーゼは、彼女が反対しているおざなりの科学主義に比べて遥かに洗練されたものである。

的には脳状態と「同一」なものとして示されることもあれば、そうでないこともあるにしても。

以上が、媒介的伝統に対する批判者によってしばしばなされる批判の背後にある論点である。つまり、心に関する近代の還元主義的理論はいまだ「デカルト主義的」であるのだ。もっとも、還元主義の提唱者のほうでは、この非難はまったく見当違いで不当であると見なすだろう。ここで関連しているのは、最近数十年にわたって、思考について説明する際に、脳はある点でデジタルコンピュータのような働き方をするという流行りの考えに基づいている点である。この考え方は何十年にもわたって大変人気のあるものとなっており、認知科学の分野の多くの研究者の想像力のなかでは完全には他の考え方に置き換えられてはいないままである。

コンピュータモデルは先に概略を述べた媒介的伝統を構成する連続的な織糸のもつ四つの特徴すべてをはっきり示している。（1）このモデルでは、心は環境から「入力」を受け取り、「出力」を生み出すものとして語られる。（2）計算は、処理を受ける明確に定義された情報の集まりを基礎に進んでいく。（3）コンピュータとしての脳は純粋に「統語論的なエンジン」であり、計算が世界への「指示」を獲得するのは、これらの「入力」を介してである。（4）これら心の働きの説明は物理主義的基盤の上でなされ、心的操作はその基礎となるエンジンである脳の物理的作用によって説明される。機械論と形式主義、つまり形式的処理過程によって動かされていることは、デカルトの場合には身体と心という二つの実体に分散させられていたものだが、ここでは身体のなかで再統合されている。しかし、これはたんなる外的な総合なのではない。明示的な形式的規則によって思考がなされるという見方は機械論と一致している。というのも、両者とも、人間が身体を備えた社会的、文化的主体としてもっている必ずしも完全には透明でない直観のようなものを排除してしまうからである。たとえば、わたしはこの溝を飛び越すことができるかどうか、あなたがわたしに腹を立てているかどうか、パーティの雰囲気が突然張りつめたものに変わったこと、などについて知っているといった類の直観が排除されてしまうのである。

実際、形式主義と機械論の結合がチューリングの中核的な直観のひとつの基礎にあった。つまり、純粋に形式的なシステムは機械によって操作可能でなければならないのだ。というのも、その場合、右に挙げたような透明でない直観はどれも、合理的思考によってギャップを埋めることができ、未知でも手に負えないものでもないことがわかるからである。マーヴィン・ミンスキーは次のように述べている。「手続きがきわめて単純な機械によって実行され、「改良」や「知性」に対する疑問もありえないし、その必要もないとき、その使用は完全であり、「実際的手続き(effective procedure)」があたえられたという[17]」。これは、ジョン・ホーグランドが自動化原理について述べたことでもある。彼は次のように述べている。「自動化原理——形式的システムの適法な動きが完全にアルゴリズムによって決定されているところではどこでも、システムは自動化可能である[18]」。

3

ところで、ここまで読んできた読者の多くは右で取り上げてきた四つの織糸の持続的な影響力をそもそも驚くべきものとは見ていないのではないか、まして、問題含みのものとは見ていないのではないだ

(17) 次を参照。Marvin Minsky, *Computation: Finite and Infinite Machines* (Engelwood Cliffs,NJ: PrenticeHall, 1967), 105〔マーヴィン・ミンスキー、『計算機の数学的理論』、金山裕訳、近代科学社、一九七〇年、一二二頁〕.
(18) 次を参照。John Haugeland, *Artificial Intelligence: The Very Idea* (Cambridge, MA: Bradford/MIT Press, 1985), 82.

ろうか。四つの織糸とは（1）「介してのみ」構造、（2）内容の明示性、（3）明示的な内容は、それを越えたり遡ったり（beyond/below）できないこと、（4）二元論的分類、である。これらは、近代科学の知識に基づいた常識からの不可避の結論ではないのか。これらのことについてほかにどのように考えられるというのだろうか。きっと、読者の多くはこのように考えたのではないだろうか。

こうした読者からの反応があるからといって、わたしたちは驚いたり動揺したりはしない。もしわたしたちが扱っているのがウィトゲンシュタインの意味での深く埋め込まれた描像のひとつであるとすれば、ほかにどのような反応が考えられるだろうか。ウィトゲンシュタインの意味での描像であれば、それはまったく自明で、疑いえず、ほかに代替物が考えられない以上、わたしたちを「とらえて離さない」からである。

しかし、わたしたちはここで、お互いが相手からの主張に対して平静でいられるような引き分け状態のままに事態を放置しておくことはできない。本書の目的のひとつは、この状態を越えて、ここにはあまりにも長いあいだ思考を支配してきた描像があること、しかも不適切な描像があることを説得力ある仕方で示すことである。以下の議論はこの企図の遂行を前進させてくれるものと期待している。しかしこの時点では、（1）から（4）によって定義された描像に対して代替の見方があるし、またこれまでもあったことを示すことが、あまりにも凝り固まった直観を解きほぐすために役に立つのではないかと思われる。

代替の見方には何が含まれているだろうか。四つの要素が媒介的見方を定義しているのであれば、代替的見方は「接触説（contact theory）」と呼ばれねばならないだろう。媒介説が知識を何らかの媒介要因をとおして成立するものとして探求し、したがって、知識において実在と接触するには何らかの仲介者、記述、あるいはカテゴリーを介してのみ可能だと考えるのに対して、接触説は知られる実在との直接的接触を獲得することによって知識の説明を行うことになる。

このようにいうと、かって「素朴実在論」と呼ばれて見下されてきた立場のように聞こえるかもしれない。素朴実在論は、媒介的描像に親しんでいる人にとっては、驚くほど洗練されておらず、思慮の足りない見方と見られても仕方がない。しかし、わたしたちの哲学的伝統のなかでは、むしろ洗練された見方といえるもののいくつかが接触理論だったのである。たとえば、プラトンは『国家』のなかで影のようにはかない思い込みに対置させて真の知識について説明しているが、そこでは人が接触している実在がどのようなものであるか、すなわち、真に実在的な不変のものなのか、それとも生々流転している流れなのか、が問題になっている。プラトンは、魂の目というイメージを引き合いに出して、その目が、宇宙の暗い部分に向かい、つねに動いている一過性のコピーのみに焦点を合わせる場合もあれば、ぐるりと方向を回転させ、光によって照らし出された永遠のイデアの部分へ向かう場合もある、というように描いている。(19) ここには、媒介要因を思わせるものは存在しない。実在からわたしたちを分離するものは何もないのである。真の知識は媒介なしの接触の一種なのだ。

もちろんこれらすべてはメタファーにすぎず、真の「理論」とはいえないと批判することもできるかもしれない。そこで、次に、アリストテレスに目を向け、『魂について』のなかで述べられている知識に関する見解を見てみよう。ここでアリストテレスは、活動実現状態にある知識（episteme）は対象と同

(19)『国家』518c-d〔『国家』藤沢令夫訳、岩波文庫、一九七九年〕の箇所で、プラトンは「向けかえ」「転向」（periagôgê）について語っている。

一である、と述べている。[20] ここで考えられているのは、現実の事物が、自らにふさわしい形相（eidos）によって形成されることによってそのものであるのとちょうど同じように、理性（nous）もまた、固有の異なった仕方において異なった形相によって形成されうるのだ、ということのようである。対象の正しい知識においては、理性は対象を形成する形相と同じ形相によって形成されるに至る。ここではコピーや記述は問題にならない。どんな種類のものに関してもひとつの形相があるだけなのである。わたしがこの動物を見てそれが羊であると知るときには、心と対象は同じ形相によって形成されるという点で一緒になるのだから、同一なのである。[21] これが、〔形相によって〕形成され活動実現状態となった知識は対象と同一になるといわれる理由である。ここで働いている考え方を直観的により強力なものにするために、ひとつのイメージを導入してみよう。形相を対象と理性の両者に形を与える一種のリズムのようなものと考えることができるだろう。知識が成立するところでは、同じリズムが心と物を結合する。このひとつの運動のなかで両者はひとつになる。媒介なしの接触が成立するのである。

こうして結局わたしたちは行き詰ってしまい、メタファーに頼ることになった。これは、わたしたちの理論的能力の欠如を示しているというより、哲学における理論化のあり方に関して何かを示しているのかもしれない。しかし少なくとも、接触説は哲学の伝統のなかで提出されてきたものであり、必ずしもどうしようもなく奇妙なものというわけではないことは示せたのではなかろうか。それにしても、これらの二人の有名な古代の哲学者の場合には、接触の理解はそれぞれの存在論に大いに依存している。実際、形相の理論にしたがえば、わたしたちの周囲の実在がほかならぬそのものであるのは、イデアによって形成されているからである。しかし、ひとたびわたしたちがガリレオ革命と世界像の機械論化を通過するなら、たとえ、この考え方を人間の思考や行為にまで拡大しないとしても、宇宙に埋め込まれた古代の目的論はもはや説得力をもつものとは思われなくなるだろう。

そして近代哲学のなかで実際に生じてきたのは古い目的論に依存しない新しい種類の接触説である。このタイプの理論は、二〇世紀の前半のあいだに、高度の明晰性と分節性をもつに至った。その立案者たちのなかでとりわけ重要なのは、ハイデガー、メルロ゠ポンティ、ウィトゲンシュタインである。この理論を生じさせるに至った基本的な動きは、思考と知識を、それらが位置を占める身体的で社会‐文化的文脈のなかに再び埋め込むことにある。試みられたのは、実在に関するわたしたちの明示的な記述がそのなかで意味をもつことになる枠組みないし文脈を明確に表現にもたらすことであり、そして、この枠組みが、社会的で文化的な身体的存在者としてのわたしたちの行う活動から切り離しえないことを示すことだった。この場合の接触はイデアのレヴェルで実現されるのではなく、より原初的な何かであり、わたしたちが決して逃げることのできない何かである。ここでの接触とは、生きて活動する存在者の接触であり、この存在者の生活形式は世界のなかで世界に対して働きかけることを含んでおり、世界のほうもまたその存在者に働きかけている。この存在者は、世界にしっかり触れており、またお互いにしっかり触れあっている。この原初的な接触がこの存在者のすべての知識構成に対する有意味な文脈を

(20)「活動実現状態にある知識は、その対象となる事物・事象と同一である」。『魂について』第三巻〔中畑正志訳、『アリストテレス全集』第七巻、岩波書店、二〇一四年〕430a20、さらには431a1。
(21) この後でアリストテレスは、「知識はある意味で知られうるものであり、感覚はある意味で感覚されうるものだからである」と述べている。これが意味しているのは、感覚能力や認知能力が物体的存在者である対象と同一であるということではない。「なぜなら魂のうちにあるのは石そのものではなくその形相だからである」(431b22, 432a1)。形相において心と対象は一緒になるのである。

提供するのであり、この知識構成がどれほど多く媒介的な記述に基づいているにしても、その意味に関しては、周囲の実在に原初的で切り離しえない仕方で巻き込まれていることに依拠しているのである。

4

第二章でこの理論のいくつかの特徴を詳しく述べることにしたい。しかしまず最初に、ここでは、媒介説と接触説の論理に見られる際立った違いを明らかにすることにしたい。というのも、この違いを理解することに失敗したことが、これまで多くの食い違いや、理解しがたい相互の行き違いをもたらしてきたからである。

接触説にとって、真理とは自己立証する（self-authenticating）ものである。あなたがそこにいるなら、あなたはそこにいることを知っている。しかし、媒介説にとっては、こんなことはありえない。一般的なとらえ方では、知識は正当化された真なる信念と見なされる。最初に信念がある。つまり、わたしが発言したいと思うことがある。これを知識のレヴェルにまで上昇させるには、まず真でなければならない。つまり、事態のあり方に対応している必要がある。さらに、信念をもつための正当な根拠がなければならない。正当な根拠を定義するには、わたしたちは指標や規準を探し求めることに注意を向けることになる。

ここで、接触説との違いをはっきり示す正当化に関する二つの重要な特徴を確認しておこう。ひとつは、わたしが信念をもつ場合、わたしはその信念が真であるという確信を有限の数の特徴をもって説明することができるはずだと考えられている点である。しかもわたしはこの特徴を取り出し、分離し、規準と見なすことができるはずだと考えられている。

ところが、生活の多くの状況では、このような要請が適切であることは直観的に自明だとは思われない。わたしは現在、二〇一四年に存在していることを確信している。わたしはローレンシャンにいる。また、わたしは認識論に関する講義の講演原稿を書いている、などなどを確信している。もしあなたから、なぜわたしはこうしたことについてそんなに確信をもっているのか、と聞かれたとするならば、わたしは混乱してしどろもどろになるだろう。わたしは何をいえばいいのかわからない。よりうまい言い方をするなら、どこから始めたらいいのかわからない、ということができる。ここにはあまりにも多くのいうべきことがありすぎるのだ。しかしこの言い方では、先の質問の奇妙さの中核をとらえたことにはならない。たんに、ひとつひとつ確認しうる手掛かりが山のようにあるということだけが問題なのではない。まったく異なった秩序に属する考慮すべき事柄があるということがより重要である。それらは、ほかのものごとについて調べたり問いを立てたりする場合に、確固としたものとして受け入れられている背景に属する事柄なのである。

ウィトゲンシュタインは『確実性について』のなかで、世界はたった五分前に始まったのではないか、と誰かが質問する場合に生じるような問題について触れている[22]。実際には、わたしたちが経験しているように、記憶に基づく信念や、岩に埋もれた化石を含め、過去のしるしと見なされるありとあらゆるものがあるではないか、と思われるかもしれない。しかし、それらすべてのものがちょうど数分前に成立

(22) ウィトゲンシュタインは『確実性について』八四節でこの種の問題の議論を始めている。そののち繰り返しこの問題が登場する〔ウィトゲンシュタイン、『確実性の問題』、黒田亘訳、『ウィトゲンシュタイン全集』第九巻、大修館書店、一九七五年〕。

したのだと考えればいいではないかというわけである。もし誰かがこのようなこじつけめいた想定をもち出した場合、そしてそれをわたしたちが拒否したとすると、このことは、わたしたちはつねに世界ははるか昔にまで遡る過去をもっているという信念をもち続けていることを意味するのだろうか。この答えは正しいとは思われない。むしろ以下のようにいうべきだと思われる。無際限な過去にまで遡ることができる世界は、一種の枠組みないし文脈として機能しており、この枠組みのなかで、多くの問いを立てたり、意識的な探求を行ったりすることが有意味となるのだ。たとえば、化石の時代算定をしたり、山々の成立時期を推定したり、そこに海があったという仮説に基づいて地形のある特徴を説明したりすること、などなど、こうした営みが有意味となるのだ。この枠組みはひとつの仮定や信念ではない。枠組みとして、問いの対象となることなく単純に受け入れられている。実際、ここで取り上げたような奇妙な問いが提起されることでもないかぎり、枠組みに関わることについて問いを立てるなどということは思いつかないだろう。

このことはわたしたちが十分に注意深くないということを意味するのだろうか。わたしたちが信念に対して真に確固とした根拠にまで達していないことを意味するのだろうか。そうだとすると、わたしたちは知識を再構成し、世界は五分前に始まったわけではないという前提をつけ加えるべきなのだろうか。ウィトゲンシュタインの論点は、この種の基礎づけ主義的な試みは無駄だという点にある。わたしたちはつねに、また不可避的に、あらかじめ受け入れられた枠組みのなかで考えるのである。換言すると、極端に常識外れの哲学的な知性の持ち主であれば、数限りない問いを立てることができるだろう。わたしたちが答えようとしても終わりはないだろう。事柄の本性からして、何らかの枠組みがつねに働いており、それがわたしたちの行うことを有意味にしている。もちろん、わたしたちがいくつかのことを問題視することを学ぶと、枠組みは変換することもある。しかしその場合でも、何らかの枠組みは働いているので、枠組みというクラスとして見れば、それから逃げることはできないのだ。とりわけ、わたしたちが存在しているのはいつであり、どこなのか、といったことは、生きることの枠組みを形成しており、この枠組みとの関係ではじめて、わたしたちは、問いを立てたり議論したりすることを含めて、自分が行っているものごとに取り組むことができるのだ。

これとは対照的に、媒介的なアプローチでは、個々の信念はそれだけ独立して存在し、枠組みを前提せずに単独で成り立っているかのように考えられている。そのために、規準を考慮するだけで信念の正当化について考えることができると見なされる。なぜこのように考えられるのだろうか。なぜなら、それが正しく賢明だと思われるからである。なぜなら、わたしたちは間違うことがあったからであり、枠組みはしばしば信頼のおけないものだと示されてきたし、誤謬を含んで成立してきたこともあるからである。たとえば、もともとのわたしたちの文明に関する大きなスケールでの歴史的時間枠組みは、「文字通り（literally）」ではないにしても、聖書の物語の内部におさまっていた。というのも、近代に至るまで時間枠組みは、現在のような形式では扱われていなかったし、似たような多くの伝説が通常理解されてきたような仕方で理解されていたからである。物語は、世界の始まり以来の一連の重要な出来事の系列を示していた。ところが時を経て、一八世紀になり、またそれ以降では、「時間の暗い深淵（dark abyss of time）」の感覚が生じることになった。この新しい枠組みのもとで、聖書の権威をあらためて主張するために、世界は遠い過去の印を含んで最近生成したという仮説が、「直解主義者（literalist）」による応答として登場することになったのである。

このように、多くの訂正がなされてきた。そして訂正がなされた時には、通常はその正当な理由が存在していた。そうだとすれば、たとえわたしたちが適切な理由なしにいくつかのことを信じていることに対して意識的でないとしても、わたしたちはつねに理由を必要としているのだといって何が悪いのだろうか。枠組みを無批判に受け入れることは、わたしたちは決して間違えることはありえないという独断論の一種につながるのではないか。いや、必ずしもそうではないのだ。というのも、時間枠組みに関していま見たように、間違いと訂正には筋書きというものがあるからである。ほかにも、より陳腐なよく知られている困難がある。たとえば、人間は、だまされたり、薬物を飲まされたり、情報を改ざんされてきた。間違いをめぐるさまざまな物語が、わたしたちの立場を批判するために提起されうるだろう。この種の想定が提起された場合には、この物語に関して、十分に点検する必要があるだろう。接触説の提唱者からの応答は、このような（例外的な）事例の場合であっても、世界の一般的な把握という文脈のなかで論じられねばならないというものである。

強調したいことは、以下の点である。批判を免れた要素、解釈を受けていない印象、あるいは「単純観念」などに訴えかける基礎づけ主義的な正当化を有意味なものと認めることができない以上、わたしたちはつねに枠組みの内部で思考していることになる。たとえその枠組みは提起されるかもしれない批判や修正に対して盤石だというわけではないにしても、である。どんな時にもわたしたちが枠組みに対して抱いている確信は、わたしたちが枠組みの内部で活動しているときにもっている実在への接触感覚を反映している。この確信は、これまで予期しえなかったいくつかの点で（ほとんど必ずといえるほど）間違っていることが明らかになるかもしれない。しかし決してすべてが間違うということはない。なぜなら、こうした間違いも修正された枠組みの内部でしか対処できないからである。枠組みの内部では、わたしたちはもちろん理由を与え、規準を引き合いに出して問題に対処する。わたしたちは表象を形成し、それらについて本当に当てはまるのかどうかを問題にする。しかしこれらすべては、当然と見なされている実在との接触というより広い文脈のなかで生じることである。当然と見なす想定は間違いかもしれないが、しかしそのすべてが間違いということは決してありえない。これが、接触説がとらえ、媒介的説明が見逃していることである。

枠組みのおかげで、ある仮定は、先に取り上げた「五分前」の物語のように、くだらないように見えたり、ばかげているように見えたりする。ひょっとするとわたしたちは間違っているかもしれない。ひょっとすると大変な革新者が何か新しいことを見つけるかもしれない。そうしたことも起こりうるだろう。しかしいつもそうだというわけではない。たとえば、現代のホロコースト否定論者によるこじつけだらけで異常なまでに疑い深い仕方でなされる議論を考えてみればいいだろう。

正当化に関する理解を区別する第二の特徴は、わたしたちが時間に住みついている仕方に関するものである。わたしたちがどこに／いつ存在しているか、何をしているのか、などのような事柄についての一般的な感覚は、経路依存的（path dependent）である。わたしがここローレンシャンにいることを知っているのは、ここに来たからである。ものごとの把握は、無時間的な現在時制や瞬間的な現在時制で表現されるだけではない。わたしたちは完了時制で表現される理解の仕方ももっている。わたしたちはここにいるが、それはここまでやってきたからだ。昔の言葉遣いには「we are come」という表現もある。

わたしたち時間的な存在者によるものごとのとらえ方は、事態はこれこれしかじかであるという現在時制の主張の連なりによって表現されており、そのなかには過去の出来事についてのものだとされる記憶が基準となるものもある、という具合になっているわけではない。このような過去の出来事は無限定過去（aorist）の出来事ということもできるかもしれない。バンヴェニストの有名な議論によると、フランス語の完了形（le passé composé）は記述された出来事を話者の状況に結びつけるのに対して、無限定過去（le passé simple）はこの関係を不確定にしておくとのことである。[23] ここで強調したいのは、わたしたちの実在把握のある側面は完了形の時制によってのみ適切に表現できるということにある。ちょうど、あなたがここにいることを知っているという場合のように。

このことは接触的見方における真理の自己立証的性格（self-authenticating）の基礎の一部をなしている。あなたはここにいるから、あなたはそれを知っている。ここにいるというこの知識はここに来たということと不可分である。わたしたちは実在の経過的把握（transitional grasp）と呼びうるものを手にしている。この点に関しては、のちに他の見解を論ずるときに利用可能となる議論の様式と結びつけて再度戻ってくることにしよう。ここでは、夢を見るというありふれた事例を取り上げておこう。わたしたちは目覚める。これが、わたしたちが実在と接触して本当に世界内に存在していることを保証してくれる。同じような点をプラトンが問答法との関係で指摘している。あなたは自分がここにいることを──真の実在と接触していることを──知っている。なぜならあなたは苦労して間違いから脱してここまで登ってきたからである。

夢に関連した懐疑的議論に備わる説得力は、デカルトの第一省察においてみたように、わたしたちを夢の内部に置くことに基づいている。その時、実際しばしばそうであるように、わたしたちはだまされうる。しかし、目覚めたという完了時制の意識のなかでは、もはや問題は起きない。

それでは、生きていること自身が夢のようなものだという想定はどうなるのだろうか。カルデロン[訳注1]のように、人生は夢（La vida es sueño）、ということはないだろうか。ひょっとするとそうかもしれない。しかしそれはより深い目覚めとの関係でのみいえることである。そして、そのような目覚めにおいてのみ人生は夢のようだということがわかるのだ。

デカルトの場合のような夢の困難に関する媒介論的な解釈によると、わたしは、これまでもっともらしい現れに遭遇していたが、その現れがいままでは非現実的に思われるという状況にあると見なされる。しかし、完了時制の意識にとっては、夢の現れがもっともらしくなかったことは明らかである。夢での事態はすべてとりとめがなかったからである。目覚めてから記述しようとすればわかるように、夢はひどく不規則で気まぐれである。ただ夢では、そのようなあり方に対して批判的な距離をとることができないか、あるいは、その距離が非常に小さいのだ。同じことは多くの幻覚に関してもいえる。

以上見てきた二つの論点は相互に関連している。個々の意識や個別的なものの把握はそれらを含むより広範な枠組みを受け入れることのなかに埋め込まれており、そのなかで意味を与えられている。この枠組みの受け入れは全体論的である。この受け入れを個別的な把握の集まりに分解することはできない。同じことを別の観点からいえば、この受け入れは不可避である。すべての個別的な把握は枠組みの受け入れを前提しており、それに依拠している。第二に、この全体論的受け入れは時間的な奥行きをもっている。この点はハイデガーが時間性（Zeitlichkeit）という概念によって探求した。

接触説と媒介説のあいだにある中心問題は枠組みに関係している。もちろん、接触論者たちはいくつかの問題は規準をもち出すことによって取り扱いうることに賛成している。とくに枠組み内部のなかで取り上げられる問題の場合がそうである。しかしすべての問題がそうだというわけではない。媒介説は、

（23）Émile Benveniste, *Problèmes de Linguistique générale*, vol.1 (Paris: Gallimard, 1966), chap.19〔E・バンヴェニスト、『一般言語学の諸問題』、岸本通夫監訳、みすず書房、一九八三年、一五章。訳注――訳書は原書の全訳ではないため章の番号が異なっている〕.

〔訳注1〕カルデロン・デ・ラ・バルカ（一六〇〇―一六八一）。スペインの劇作家。代表作に『人生は夢（*La vida es sueño*）』がある。

このような取扱いの仕方をすべての場合に適用しようとする傾向をもっている。媒介説の中核にあるのは、有力な方法とその普遍的な適用可能性に頼ろうとする姿勢である。容易に生じるかもしれない錯覚に陥っているのではないかという疑念をもって、探求へ向かう心の姿勢を取ろうとする。あるいは、有能な法廷弁護士に見られるような法廷スタイルを採用している。あなたに提供されているまとまった描像をそのままただ受け入れることはしないでください。細かく分析してください。ジョーンズさん、あなたは実際には何を見たのですか。どうか正確に話してください。推論を交えることはしないでください。

この姿勢は、ガリレオ革命と不可分であり、ものごとの常識的で「自然な」見方が信頼できないという意識によって説得力をえてきた。太陽はたしかに「沈んでいく」ように見える。手押し車は押すのをやめて手を離すやいなや止まるように見える。しかし、わたしたちは事態はまったく違った仕方で起こっていることを知っている。この優秀な法廷的方法にいかなる制限を設けることも拒否するのが基礎づけ主義なのだ。それがデカルトとロックがわたしたちに提供してくれたものだ。あなたは純粋な所与から出発し、責任ある推論によって〔知識の体系を〕築き上げていく。実際、この古典的な認識論は有力な方法を存在論化したものである。謎に対処し信頼に足る知識の体系を構築する正しい仕方は、問題を小さな問いへと分解し、推論の道筋を確定し、推論を含まない出発点へとさかのぼり、そして信頼のおける手順にしたがって組み立てることにある。ひとたびこの方法が思考にとってすべての目的に役立つ特効薬であると思われるようになると、人々は、これが世界を取り込む（taking in the world）ときに心が実際に働いている仕方であると信じるに至る抗いがたい動機をもつようになる。というのも、もしそう信じないとすると、唯一の信頼のおける方法が、世界についての知識を形成するという最も重要な文脈で役立たないという破滅的な結論を引き出さねばならなくなるからである。こうして認識論が存在論を支配することになる。基礎づけ主義が、心が実際に機能する仕方を定義するというわけである。ただし、心は、ずさんな仕方で、不注意な仕方で、あるいは外的権威にしたがって機能することもある。しかし、注意深く、自己吟味を行い、自己責任を自覚して機能することもできるのだ。

わたしたちはお互いに誤解することが容易に起こりうることを理解できる。媒介的な伝統によって養われた想像力にとっては、わたしたちは通常は信念に対して理由を与えることができ、理由が正しいことを示す規準を見出すことができるように思われる。このことが不可能になることが起きたとすれば、それは、あらゆる解釈に先立つ純粋な所与という最下層に達したからである。この純粋な所与は「訂正不可能（incorrigible）」なものである。それを疑うことはできるが改善したり修正したり検討したりすることはできない。したがって、接触論者が、「わたしたちはここにいるから、ここにいることを知っている」といったことについて語ったり、確定可能な規準なしに把握するものごとについて語ったりすると、ごく自然に、「訂正不可能」な事柄について語っているように思われてしまう。しかし、すでに先に見たように、決してそうではないのである。枠組みは批判され修正されることがありうるのだ。しかし、修正が可能でありながら規準なしに知りうるものといったことは基礎づけ主義者にとっては意味をなさない。こうして、しばしば相互にすれ違ったままで議論は終わる。

皮肉なことに、この注意深く構成された基礎づけ主義の理論はもうひとつの反省されることのない描像（Bild）を産出することになってしまっている。批判されるべき新たな「常識」を産出することになってしまったのだ。第二章ではこの批判に取り組みたい。

5

媒介説へ導く動機のいくつかは、これまでの議論のなかに潜在的に含まれている。それらは、権威にしたがってものごとを簡単に受け入れることを好まない、あるいは、最初に与えられるもっとも安易で都合のよい解釈を受け入れることを好まない、といったような批判的意識を体現した姿勢に現れている。それはまた、あまりにもしばしば軽率すぎる仕方で受け入れられる信念の根拠について自己責任に基づいて検証することを求めるものである。しかしこうした動機はたんに認識的姿勢に関わるだけではない。自由と個人の責任のようなより広い理念の一部に関わるものでもある。こうした理念は、科学の実践の仕方に関わるのみではなく、およそ世界内存在するあり方一般を規定するものである。

実際、わたしたちは、個人的責任の倫理が西欧近代の中核的要素であり続けてきたことを理解している。この倫理は、プロテスタントとカトリックのどちらの側においても、宗教改革の精神にとって中心的であり、さらには、それは世俗化された形式をとることによって、理性と自律の理念として、また、自治という政治的規範として表現されるようになった。実際、「批判的」という言葉は称賛のキーワードとなり、自己描写としても、この言葉は自己の姿勢を推奨する役割をもつものと理解されている。

より深いレヴェルでは、世界から離脱する姿勢は強力な倫理的方向づけによっても支えられている。この姿勢は、自由、責任、そして自己自身の思考を反省することによってえられる自己透明性などと不可分であると見なされるかぎり、大いに重要視される。さらにこの姿勢によって実現される世界の客観化は世界を確実に制御するための条件でもある。わたしたちが自分たちは一定の道徳的意味や精神的意味を示している宇宙のなかに存在していると考えるかぎり、わたしたちの態度はものごとに内在している意味によって決定されているし、また、そうであるべきだろう。しかし、世界は、機械論的であり、作用因の領域であり、内在的な目的を含まないものであることをひとたび理解するようになると、わたしたちは世界を中立的な領域として自由に扱うことができるようになる。そしてこの領域では、わたしたちの主な関心は自分自身の目的にどのような影響が及ぶかということだけになる。道具的理性が唯一の適切なカテゴリーとなり、知識は力の基盤と見なしうることになる。

より深いレヴェルでは、世界から離脱することは力の起源であるだけではない。それは、脱呪術化の道具でもある。世界は、霊的なものや魔法の力の働く場所であることをやめる。人間が大昔から生きるうえで抱いてきた恐れや畏敬の原初的な起源のひとつは、ひとりひとりの子供時代のなかでは何度も新たに反復されうるものであるが、それが否定され干上がってしまう。霊的なものや力に翻弄される存在という大昔からの感覚と関係して、傷つきやすさという感覚が存在している——しかし他方、この傷つきやすさは耐え難いものだったという直観が勝ることにもなった。古くから抱かれてきた恐れに勇敢に立ち向かい、意味を含んだ宇宙が提供してくれるニッチのなかでの快適さの感覚を放棄するには、努力と勇気が必要だった。そしてこのことが、自尊心の感覚を生み出すのである。

世界から離脱した近代の主体という考え方は、自由で批判的な主体を生み出した勇気と努力を称賛することによって、自己満足の言説を生み出し続けている。典型的なのは、フロイトをコペルニクスやダーウィンの継承者たる近代のヒーローのひとりとして描くアーネスト・ジョーンズによる描写である。これら近代のヒーローたちは、不快をもたらす真理や、苦痛をもたらすことさえある真理と直面するために、意味を内在した世界という自己満足的で慰めを与えてくれる描像を喜んで放棄した。意味のある世界では、地球が宇宙の中心だったり、人間は動物からまったく違っていたり、あるいは、人間の精神は身体感覚よりはるかに高い位置を占めていたり、といった具合にさまざまな仕方ではあるが、そうした描像によって人間は自らの位置について自尊心をもつことができた。

このように、媒介的認識論は妥当で信頼のおける信念を生み出すうえで効率的と見なされているだけではなく、それ以上のことがこの認識論に生じてきた。力強い理念と崇高の感覚が、この世界から離脱するという存在の仕方に結びつき、媒介的見方に反対できず、適切な代わりの見方が存在しないかのように思わせるようにしている。媒介的見方を脱構築する試みを理解するためには、世界から離脱する姿勢がロマン主義の時期以来、力を蓄えてきた強力な反動を生み出してきたことにも注意を向ける必要がある。この離脱的姿勢は、わたしたちを世界から、自然から、社会から、ひいては自己の感情的自然からさえ切り離してしまう、という感覚がだんだんと大きくなってきた。わたしたちはいまや分断された存在であり、和解が必要なのだ。自然に対する道具的な姿勢は、自然との交わり（communion）や自然のなかに含まれているという感覚を不可能にしてしまう。自己責任はわたしたちを一人称単数というあり方に押し戻し、対話的なもの（the dialogical）に対して独語的なもの（the monological）に優位を与えるように仕向ける。

これらすべての不満の種が、それが正しいか間違っているかは別にして、媒介的見方への反対者を力づけるのに役立ってきた。媒介的見方と接触的見方という二つの解釈のあいだでの争いは、科学的方法に関する血の気のない論争に終わるようなものではまったくないのである。この論争は、近代における二つの対立する倫理的で形而上学的な情熱に深く巻き込まれたものなのだ。

第二章　媒介主義の描像から逃れる

もちろん、知識の媒介説がウィトゲンシュタインのいっていた意味でたんなるひとつの「描像」、しかも歪んだ描像であることに納得するには、そうした描像を「脱構築」してきたさまざまな議論に精通しなければならない。そして第一章の末尾で述べたように、脱構築が生じたわたしたちの文化圏での争いに少なくとも二〇〇年の歴史があるとするなら、媒介説が論駁され新しい現代的な接触説が生まれる過程もまた、それなりの時間を要してきたといえるだろう。

さて、媒介説への反論には二つの基本的な軸がある。第一章で述べたように、この間違った描像では、知識は外的実在についての（正しい）内的な表象と理解される。（1）この見方に対する反論のひとつの軸は次の主張からなる。わたしたちが世界を把握することについて、そのすべてが例外なく表象を介して行われていると考えることはできない。たしかに表象を含んでいるだろうが、表象だけで話が尽きるわけではなく、もっといえば、表象は世界を把握するための枢要な部分でさえない。（2）もともとはデカルトに由来する支配的な描像によれば、表象のような内部の像は個人の心のなかに置かれている。

適切に理解するならば、知識というものは、表象から作られているだけでなく、第一義的には個人の心の内部に位置を占めている。心は交流することもあり、図書館や百科事典やインターネットのサイトのように社会資源の形態をとって存在することもある。しかしながら、そうやって共有される知識であっても、つきつめてみれば個人の知識が寄せ集まったものでしかない。妥当な知識を最初の入力から組み立てる作業はまずは独語的な過程として成立する。そこで反論の第二の路線は、こうした知識の独語的テーゼに向けられる。反論側が提示しようとするのは以下のことである。そもそも世界の把握ははじめからすべて共有されており、この共有された世界の把握が、社会に流通する特定の言語や文化形態に導かれて、二次的に個人に分け与えられていくにすぎない。もちろん、わたしたちは世界の把握に個人として付加や変様をもたらすことができる。しかし、各人が外界から受容するものはもともと共通しており、この共通しているものに負荷や変様がつけ加わり、影響が与えられるのである。

（1）の路線にそった反論は表象を優先することに、そして（2）の路線にそった反論は表象が個人的であること、すなわち独語的要素を優先することに反対する。

本章以降の各章では、まず（1）を扱う。ある意味では、この反論の最初の一手はカントに見ることができる。たとえカントは重要な意味で媒介説に留まり続けた人物であるとしても、このようにいえる。そしてヘーゲルがいまひとつの重要な段階を代表する。しかしながら、表象の優先にとって代わるアプローチが全面開花するには、二〇世紀の上半期まで待たなければならなかった。

1

予想されるように、第一の反論／脱構築にはさまざまな流れがある。そのひとつが、所与の神話への攻撃、つまり、知識の根拠は解釈以前の段階で受容されたデータにあるという考え方への攻撃である。しかしこの攻撃は、経験というものを問題の多い概念にしてしまうように思われる。わたしたちは、理性的に思考し、論証と推論を行い、世界についての一定の理解にたどりつく。けれども、多くの知識論が維持しようとするわたしたちの理解の枠組みによれば、わたしたちは世界からも学ぶのである。すなわち、わたしたちは世界からものごとを取り込んで世界を知るようになるのであり、それを基礎にしてはじめて理性的思考を行う。このように知識には二重の源泉があるということこそ、さまざまな媒介的認識論がとらえようとしたことだった。知識が成立するためには、まず受容性が入力という基礎的な要素を生み出し、次に理性的に思考するはたらきがそれらの要素を処理して学問的知識を生み出すというのである。

しかし、まさに媒介的要素が設けた境界のために、知識の二つの源泉が協働できる姿をうまく考えることができなくなってしまうように思われた。自明な解決だと思われたものでも、懐疑論や非実在論（nonrealism）と結びついた別の一群の問題を広げる結果にしかならなかった。こうした懐疑論や非実在論については以下で論じたい。そうした解決は、因果的な用語だけで受容性を理解する見方、さらには、受容性はそれ以上は遡れない特定の結果を生み出すことにほかならないといった見方に結びつくだろう。そして、理性的思考はそうした結果を有意味にするためにできることをする、というわけだ。

しかしそれ以上に、境界があるという考え方自体が大きな問題であると思わせる可能性もある。一方の批判的で理性的な思考活動は、わたしたちが実際に行うこと、つまり、自発性と自由の領域にある活動である。ところが、世界についての知識が問題になるかぎり、知識は世界のあり方に対応しなければばならず、自発性は受容性と何らかの仕方で結びついていなければならない。しかし、もしも自発性が無際限に自由であるとすれば、この結びつきがどのようにして可能になるのかを理解するのは難しい。なぜなら、自由な自発性が世界と接するところで、自発性は、ガリレオ以降の堅固な「自然法則」が支配する世界に到達しなければならないからである。自然と自由の両者に不可解に根を張る境界的出来事が分裂症的性格を示すことは、知識の源泉を二重化する見方をとるかぎり避けられない。

　そしてだからこそ、原因の領域と理由の領域とのあいだに境界的出来事があるという、こうした見方自体が矛盾しているように思われだした。境界的出来事は、原因と理由の両方に根を張り、いわば両生類的でなければならないだろう。けれども、原因と理由それぞれの本性はお互いに矛盾してはいないだろうか。一方には、対象、現実化した事態、あるいは、外的刺激が人の受容器にもたらす因果的な最終産物、がある。他方には、これこれであるという内容をもった一定の主張（claims）、さらに広い範囲にわたりいろいろな見解を受け入れるための理由として機能するもの、がある。このような検討があって、哲学者のなかからは、（純粋な）所与、つまり解釈以前の純粋無垢の事実といったものは神話であると非難する声があがったのだった[1]。

　問題の核心は、世界からの情報を取り込むという意味での経験をどう説明すればよいか、である。一方で、わたしたちは世界から情報を受容しなければならない。その意味でわたしたちは受動性に加担する者だ。他方で、わたしたちは世界からの情報を「つかみ取る」方法を知っていなければならない。わたしたちは能動性に関与する者だ。これら二つの性格はどのように結びつくのだろうか。

　これこそ、近代的な認識論によって特徴づけられる近代哲学の伝統にとって悪名高い問題である。著名な古典的哲学者のなかには、経験についての納得のいく理論が何もないことを特徴としている者までいる。ライプニッツは最終的に経験をまるごと否定し、世界の像がモナドの内部に世界と寸分違わず実現しているとした。ヒュームはライプニッツとは異なる方向の極端に走り、人間のありとあらゆる知識はすべて経験をとおして生じると主張した。ヒュームに「経験主義者」という大それた名が付せられるのもこのためだ。しかし、ヒュームの路線は経験の能動的次元をぜんぶ否定するという代償を払わなければならない。そのため、経験が拾い上げるものは、お互いにばらばらな情報でしかなく、哲学者ではない普通の人々にとっては否定しがたく思われる情報どうしのつながりは、心が投影したものにすぎないと見なされる。自己でさえ、こうした戯画化された受動主義のなかに消え去ってしまう。

知ってのとおり、カントが挑戦したのはヒュームとライプニッツとを結びつけることだった。少なくとも、カントは、自発性と受容性をどうやって統一させたらよいのかという問題の核心を見てとっていた。ところが、カントもまた知識の媒介論的構造に深く捕われていたため、信用できる解答を与えることができなかった。(2)

2

とはいえ、媒介論的な見方への反論のなかで二〇世紀にいちばん影響力があったのは、本書でこの先

(1) John McDowell, *Mind and World* (Cambridge, MA: Harvard University Press, 1993), lecture 1〔ジョン・マクダウェル、『心と世界』、神崎繁、河田健太郎、荒畑靖宏、村井忠康訳、勁草書房、二〇一二年、第一講義〕を参照。

(2) ここでの記述はサミュエル・トーデス (Samuel Todes) のたいへん優れた仕事を参考にしている。トーデスの博士論文は、執筆終了後の長い時間をへて *Body and World* (Cambridge, MA: MIT Press, 2001) として出版された。

「メタ批判的」と呼ぶ流れだった。[3] その名が示すとおり、メタ批判とは、一階の批判的理論を支えている根拠への探究を指す。一階の批判では、わたしたちの日常的知識や科学的知識を相手に、それらが知識として成立する条件を反省し、知識についてわたしたちが抱いている前批判的な普段の見方を揺さぶろうとする。これに対し、メタ批判は、この一階の批判それ自身が成立するための条件を反省し吟味する。

しかし、こうした、何かを可能とする条件の吟味は、媒介論的伝統の創設者たちが未だ踏みこんだことのないような、それまでとは異なった次元でなされる――カントはこの次元を無視しなかったのであり、だからこそ彼は転回点に立っている。メタ批判が試みるのは、批判という営為が理解可能でなければならないとするなら、さらには、世界経験そのものが理解可能でなければならないとするなら、いったいどのような文脈が与えられた前提として受け入れられねばならないか、ということの探究である。正確にいうと、媒介説の前提を理解可能にしてくれる〈世界のなかの心〉の理解があるとすれば、それはどんな理解なのだろうか。そして、この〈世界のなかの心〉の理解の仕方は、現にわたしたちが生きている経験についての理解と矛盾なくかみあうのだろうか。このことを探究するのである。

第一の問への答えは、すでに第一章で展開してきた。そこでは、〈世界のなかの心〉についてのデカルト的見方を、たとえば二元論的分類がもつ重要さをはっきりさせることで明確化しようとした。そしていまや、第一の問いへの答えだけでも、媒介論的アプローチを大いに動揺させかねない。媒介論的アプローチは、何よりもまず、基礎づけ主義のもくろみ、つまり、もうそれ以上遡ることのできない純粋所与にまで掘り進んで、強固な知識の基盤を発見しようというもくろみとともに発展した。こうした事情があるために、この企ては〈世界のなかの心〉についてのある特定の立場を採用することに依存しており、したがって、それとは別の立場や考え方があるといわれることは、媒介主義者にとって破壊的影響力をもつ。というのも、もし、媒介論的アプローチの議論が、〈世界のなかの心〉の解釈にもいろいろあるなかで、ある決まったひとつの解釈を受け入れなければ進められないのであれば、知識の基礎に到達したという主張も無効になるからである。もちろん、このデカルト的な〈世界のなかの心〉の解釈のほうが、しっかりと根拠づけられうるというのであれば話は別である。

基礎づけ主義を自己矛盾へ追いやるこのような議論の進め方は、かつてヘーゲルが『精神現象学』(4)の序論部で行い、効果を発揮した。序論部で示されたのは上記の箇所で述べたかったことと同じである。基礎づけ主義は、ウィトゲンシュタインがいった意味での描像に捕らわれているかぎりでしか歩みを進めることができない。言い換えれば、それ以外の考え方は不可能なのでまったく疑うことができない、そう感じさせてしまう一定の考え方のなかに、わたしたちが無反省に埋め込まれているかぎりでしか、基礎づけ主義は歩みを進めることができないのだ。

しかしヘーゲルの関心は、序論部でも上述したプラグマティズム的な反論を越えていた。彼は第二の問い、つまり、わたしたちが世界を経験しているということを理解可能にする条件とは何かという問いを続けて探究したいと思っていた。ヘーゲルによれば、そうした条件は一連の否定的運動から定義され

（3）ここでの記述はハーマンによるカント批評『理性の純粋主義に関するメタ批判』（一七八四年執筆）（J. G. Hamann, *The Metacritique of Pure Reason*）からヒントをえた。関連書籍として、ヘルダーの『純粋理性批判のメタ批判』第一巻（一七九九年執筆）（J. G. Herder, *Understanding and Experience: A Metacritique of the Critique of Pure Reason*）がある。

（4）ヘーゲル、『精神現象学』、序論（G. W. F. Hegel, "Introduction," *Die Phänomenologie des Geistes* (Hamburg: Meiner Verlag, 1988)〔『精神の現象学（上）』、『ヘーゲル全集』第四巻、金子武蔵訳、岩波書店、一九七一年〕. ヘーゲルによれば、認識論的伝統の主流は〈世界のなかの心〉について一定の描像を前提にしているという。つまり、心はいくつかの道具をつうじて実在を把握できる、もしくは、実在は「媒介」をつうじて心にやってくる、このどちらかの描像を前提にしているという。

る。否定的運動をとおして、それぞれの場面で、以前の考え方の不十分さが明らかになり、それに応じて考え方に修正がなされる。それゆえ、適切な考え方に通じる道程は、弁証法的運動と規定される。そして「経験」概念自身も、批判を介して移り行く契機を表すようになり、これまでよりももっと豊かな意味をもつようになる。

ここでしたがいたいのは、この第二の弁証法的な形式の議論である。この議論を使えば、その都度、認識についての理論は、それぞれが妥当であるためにはしたがわねばならないはずの背景条件に違反していることを示すことができる。ヘーゲルはこの種の議論をカントに向けて行ったのだが、皮肉なことに、ヘーゲルが依拠している議論様式自体はカントが創始したものだった。

この議論は、経験を理解可能にする条件を探究するなかで採用される基礎づけ主義的な方法と呼べるかもしれない。カント自身がこの方法を非常に有効に使っている様子は超越論的演繹論で見ることができる。カントは、離脱的描像に対する主だった「脱構築者」たちが使い続けた議論の道筋を最初に創始した人物だった。すでに述べたように、この議論は、離脱的描像を切り崩すために、離脱的描像で記述されたさまざまな操作が有意味となるのに必要な背景を明るみに出す。こうすることによって、背景が、離脱的な見方の指定する範囲内に収まりきらないことが明らかになる。そして離脱的な説明は、ひとたびその背景を込みにして理解されれば、維持できない姿をおのずからさらけだしてしまうのだ。

カント自身は、二〇世紀のカント継承者ほどには、この議論をさらに先に進めることはなかった。しかし、少なくとも、初期の媒介説モデルの中心的特徴のひとつを動揺させたのがカントであることは間違いない。超越論的演繹論を構成する諸議論はさまざまな仕方で解釈できるけれど、そのひとつは、経験主義に信奉されてきたいわゆる入力の原子論なる見解を葬り去ったことだ。入力の原子論がヒュームをとおしてカントに伝わったとき、カントが感じたのは、それが示唆しているのは、実在の知識は、(それがのちにどうなるかは別にして)原初的なレヴェルでは、粒子的な断片、すなわち個々の「印象」というあり方をしているということだった。この見方では、最初の段階での情報は、もっと後の、それらの断片が合成され、たとえば原因と結果の関係についての信念をつくる段階からは分離できると見なされる。わたしたちは、自分たちがそうした因果関係についての信念を形成していることを知っている。しかし、反省的に精査する態度をとれば(すでに見たように、これは近代の認識論の基本的態度だった)、わたしたちが軽率に飛びついてしまう結論レヴェルから、知識の基礎レヴェルを切り離すことができる。こうした分析から明らかになるといわれているのは、たとえば、「原因」と「結果」とのあいだにわたしたちが軽率にも挿入してしまう必然的連結といった関係に対応するものは、現象の領野には何もないということである。(5)

カントはこうした考え方全体の力を挫くために、その前提を明らかにした。カントによれば、経験主義は、ひとつひとつ独立した粒子的な印象を潜在的な情報として扱っている。粒子的な印象のそれぞれは、何かについての印象だと主張されている。そして、感覚の印象と反省の印象という経験主義者に認められている原初的区別をすることは、まさに印象に対して「〜について」という性格があることを認めている。わたしの頭のなかで鳴り響くブンブンした音と、隣の林から聞こえてくる雑音は、前者がわたしの感じる成分であり、後者が外部の出来事についての情報をわたしに教えてくれるように思われる、

(5) David Hume, Section VII, *An Enquiry Concerning Human Understanding*. See *Enquiries* by David Hume, ed. L.A. Selby-Bigge (Oxford University Press 1902), 60–79〔デイヴィッド・ヒューム、『人間知性研究』、斎藤繁雄、一ノ瀬正樹訳、法政大学出版局、二〇〇四年、五四—七〇頁〕.

という点で区別される。したがって、粒子的な「感覚」でさえも、実際に（経験主義が主張する意味での、つまり反省と対置される意味での）感覚であるためには、感覚はこうした「〜について」の次元をもっていなければならない。これは後に「志向性」と呼ばれるようになるが、カントは、認識対象への必然的関係、と呼んでいた。「しかしわたしたちは、あらゆる認識とその対象との関係についてのわたしたちの思想が、何か必然的なものを伴っていることを見出すのである[6]」。

この点を担保にしてカントは議論を進める。もしも印象の内容が印象ごとに完全に独立しており、印象は自分以外のものといっさい関係しないと本気で考えるなら、知識に備わる対象への関係は不可能になってしまうだろう。印象に「〜について」という性格を認めることは、印象をどこかに、少なくとも、わたしのなかとは対置される世界のなかに位置づけることである。つまり印象に対して、世界のなかの場所を用意することである。そしてその世界は、多くの点で、わたしには不確定で未知であるとはいえ、完全に不確定で未知であることはありえない。この世界がもつ統一性という性格は、何かが粒子的な情報として登場することの前提となっている。そのため、粒子的な断片が何を意味していようと、ひとつの断片が他の断片といっさい関係しないということはありえない。経験主義的な哲学が好んだ単純印象という想定を理解可能にする背景条件は、ヒュームが提案しているように思われる過激な意味を印象にもたせることをかえって禁止するのだ。そして、この背景条件に抗おうとすれば、不整合をまねくことになる。個々の印象同士のあいだのすべての関係を本当に取り除いてしまったら、わたしたちが何かに気づくということもいっさいの意味を失うだろう。「知覚は、その場合にはいかなる経験にも属せず、したがって対象を欠き、表象の盲目的戯れにすぎず、夢にすら及ばぬものとなってしまうだろう[7]」。

『純粋理性批判』における超越論的演繹論とそれに関連する議論は、近代哲学のターニングポイントだといえる。現在から振り返ってみると、カントのこの種の議論は、近代の離脱的描像自身が要請している背景を明確化する最初の試みだったといえるだろう。すなわち、近代の離脱的描像が理解可能だと記述するさまざまな活動のために要請している背景を明確化し、そうすることで離脱的描像の基礎を崩しにかかった最初の試みだったということだ。カントがもたらしたこの転換をたどっていけば、哲学の地形の全貌が一変する。なぜなら、背景を理解するという問題がはっきり表に出ることになるからである。そして、近代の認識論が想定する規範的手続きを存在論化することから生まれる物象化された見方には、まさに、この背景を理解するという論点を見えなくさせてしまうという看過できない特徴があるのだ。そこでは理解可能性の条件も内的性質として、心の要素や心のプロセスの内に組み込まれてしまう。家が赤色である、テーブルが四角である、というのとまったく同じように、孤立した印象がそれ自身、理解可能な仕方で、情報であると見なされる。孤立した印象はすべて、外界の対象と同じような仕方で、粒子状で分離可能な存在のあり方をもつことになる。ロックは単純観念を建築材と類比的に扱っていた[8]。しかしそうした見解が忘れ去っているのは、何かが理解可能な仕方でXであるということは、何かが理解可能な仕方でXと見なされることに等しく、そして、何かが何かと見なされるためにはつねに必ず文脈的な条件が存在するという点である。

(6) Kant, *Kritik der reinen Vernunft*, A104. *Critique of Pure Reason*, trans. Norman Kemp Smith, A104 (London: Macmillan, 1929), 134〔カント、『純粋理性批判(上)』、『カント全集』第四巻、原祐訳、理想社、一九六六年、二一五頁〕.
(7) Ibid., A112〔同上、二二七―二二八頁〕.
(8) Locke, *Essay Concerning Human Understanding*, 2.2.2〔ロック、『人間知性論(一)』、一五九頁〕.

カントが行ったこうした革命は、近代認識論の原子論を一掃する。この点でカントは、その後に続くすべての哲学者の先陣を切っていたということができる。ある意味で、認識主体についての説明を脱物象化するまさにこのような一手は、本質的に全体論をとる傾向をもっている。以前なら要素に組み込まれていたものが、いまや、すべての要素が共有する背景に帰されるようになるからだ。

ハイデガーとウィトゲンシュタインは、こうしたカントの先駆的論証に続いた。ハイデガーは『存在と時間』のなかで、事物はまず世界の一部分として開示されると論じている。事物は、配慮的な適所性の相関者（the correlates of concernful involvement）として、適所性の全体系の内部で開示される。ハイデガーのこの見方は、離脱的描像の基本特徴がもつ説得力を弱める。第一に、カントにならって、入力の原子論が適所性の全体という考え方によって否定される。加えてこの見方は、古典的描像の別の基本特徴の説得力をも弱める。すなわち、最初の入力は意味のない中立的なもので、後に認識主体が入力に意味を帰属してはじめて意味が与えられるという考え方も弱める。この考え方は、事物が世界内で開示されるのは第一には道具的なもの（*zuhanden*）としてだ、というハイデガーの見方により否定される。最初に事物は中立的に知覚され、その次にわたしたちが道具的という性格を中立的事物に投射すると考えるなら、それは根本的誤謬である。(9)

『存在と時間』におけるハイデガーの考察は、ときに共感のない読者から軽視されることがある。ハイデガーは、存在論の問題と哲学的に格闘していると自ら主張しているのに、やっていることといえば、日常的に存在するあり方の興味深い記述であり、それは、哲学的存在論の問題とは関連がない、というのだ。わたしたちは、通常、事物を、道具や障害物として、わたしたちの活動との関わりのなかで取り扱っている。そのとおりだ。でも、中立的な情報のほうが優位であるということに関して、このことがいったい何を明らかにしたというのだろうか。もちろん、わたしたちは、事物を中立的対象として意識することなど実際にはほとんどない。けれども、だからといって離脱的記述が間違っているということにはならない。わたしたちの平均的で日常的な意識そのものも、ひとつの構築物であることを肝に命じなければならない。ものごとは現れるとおりにあり、心でさえ現れるとおりにある、といったようなガリレオ以前に遡る誤謬を犯してはならない。こんなふうに、「現象学」に反対して離脱的見方を支持する人々は口をそろえて非難する。

しかしハイデガーの意図は、明らかに別のところにある。彼のもくろみは、日常的なレヴェルで世界の内に生きることがどのようなことなのか、わたしたちにたんに思い出させることにあるわけではない。ハイデガーの議論は、カントと目的を共有しており、カントの場合と同様に、上述した批判への回答として引き合いに出すことができる。ハイデガーが明らかにしようと目指したのは、ものごとを中立的な対象として把握することも、世界内存在というあり方を背景としてはじめて出現できる複数の理解可能性のうちのひとつである、ということであり、しかも、背景としての世界内存在においては、ものごとは道具的存在のあり方（ready-to-hand）をするものとして開示される、ということだった。ものごとを中

（9）「これらの存在者の存在様式は道具的存在性である。しかし、道具的存在性は、たんなる把握のされ方の特徴でしかないと理解してはならない。つまり、さしあたり出会っている「存在者」を説得して、道具的存在性の「外観」をとらせたかのように理解してはならないし、また、あたかもさしあたってそれ自体では事物的に存在している世界素材というものが、こうした仕方で、「主観的に色づけられた」かのように理解してはならない」。Heidegger, *Being and Time*, trans. John Macquarrie and Edward Robinson (Oxford: Blackwell Ltd, 1967), 101. Heidegger, *Sein und Zeit* [Tübingen: Niemeyer Verlag, 1967], 71〔ハイデガー、『存在と時間（I）』、原佑、渡邊二郎訳、中央公論新社、二〇〇三年、一八四頁〕.

立的に把握しようとすれば、もともとは世界に巻き込まれているというあり方のひとつであるはずのものごとへのわたしたちの姿勢に、変様が迫られる。ハイデガーはカントのように論じている。離脱的に記述された行為自身がそもそもわたしたちに理解できるのは、世界へと向かう行為に枠組みを与え続ける姿勢（an enframing and continuing stance to the world）——離脱的態度と対立する姿勢——の内部に、この行為が埋め込まれているからである。だから、離脱的に記述された行為が原初的で根本的であることなどありえない。離脱的に記述された行為を理解可能にする条件そのものが、離脱的描像の想定を禁じてしまう。つまり、ものごとを中立的に把握する姿勢こそ、わたしたちの生において模範的かつ基礎的な地位を占めるという想定を禁じてしまうのだ。

このような可能性の条件についての議論、つまり先に述べた姿勢を理解可能な仕方で現実化する条件についての議論は、ハイデガーでは、「根源的」（*ursprünglich*）という言葉を用いて進められる。この言葉には、「時間的に先である」だけでなく、もっと強い意味がある。わたしたちの根源的姿勢は、時間的に先に登場するだけでなく、根源的姿勢を変様させてしまうその後に続くものの条件としても登場する。加えて、可能性の条件についての議論は、ハイデガーが繰り返し使用する「さしあたって、たいてい」（*zunächst und zumeist*）というフレーズによっても進められている。このフレーズもまた、一見するとたいして意味がないように響く。だが、「さしあたって、たいてい」という言葉は、ある存在様式、時間的により以前から頻繁にあるという存在の仕方だけでなく、背景ではないもののために背景を提供するという存在の仕方を意味するのに使われている。

ここで、ハイデガーの主張は容易に誤解される可能性をもっている。たしかに、わたしたちは、意味の棲家である世界の内につねにすでに生きてしまっていて、科学や離脱的記述が用いる中立的な言葉を使って世界を理解するようになるのは、その後でしかない。しかしこのようにいったからといって、中立的記述に登場する概念が意味のある概念によって定義されなければならないということや、事物的存在のあり方（the present-at-hand）が道具的存在のあり方（the ready-to-hand）によって定義されなければならないということがいわれているわけではない。

言葉が理解可能になることと、そして／あるいは、事物が姿を現わすことのさまざまな方式とをそれぞれ取り上げて見てみよう。たとえば、事物は、わたしたちの行為に対する意味をもって、ギブソンの言葉を使えば、アフォーダンスとして現れる。この環境はわたしたちを取り囲み、あの環境はそのなかで動き回れる。動き回ることを邪魔する環境もあれば、やりたいことをやりやすくしてくれる環境もある。あるいは事物は、魅力的もしくは不快に、心地よくもしくは苛《いら》つかせるように、気持ちを落ち着かせるもしくは不安をかきたてるように、姿を現わすこともある。これらはすべて、わたしたちにとっての意味によって事物が理解可能になる例である。

しかし、事物が中立的な様式で現れる場合もある。その場合、事物はわたしたちにとっての意味では現れず、実在を中立的に描くことに専心する離脱的主体に現れるように現れる。この現れ方は、「科学」の核心に、特に自然科学の核心にあって自然科学を特徴づける理解の様式である。

さて、理解可能性のこれらの様式のあいだには、おそらく一定の秩序がある。しかも、そうした秩序自体も一種類以上あるかもしれない。そのひとつが、様式が発生する場合の必然的な順序である。ハイデガーやメルロ＝ポンティの仕事からはっきりわかるように、事物がわたしたちにとっての意味をもって現れる「関与的」な様式（“engaged” mode）は離脱的な様式より発生の順序が先でなければならない。たとえば、個体発生や発達の研究者が論じてきたように、言葉を話し始めたばかりの子供は、注意を向けた対象物が自分にとっての感情的意味をもつような文脈がないと、新しい概念を学ぶことができないという。(10) 自閉症の子供では、他者と感情を共有して応答し合う文脈が形成されにくいため、概念を一般化することがとても難しく、健常な子供に比べて概念の獲得が著しく遅れる。子供が最初の言葉を学ぶという儀式は、まさに聖体拝領の瞬間であり、子供が強烈に望み求め、それなしには成長ができない、いわば注意の共有が起こる瞬間である。

さらに例を出そう。子供は、グラムやキログラムという言語を学ぶよりも前に、もち上げにくさやもち上げやすさによって、重さを区別することを学ぶ。

しかし、こうした理解可能性の必然的順序関係が論理的依存関係でないことは、はっきりしている。一方の概念の把握は、他方の概念の把握を必要条件とはしていない。これに対して、たとえば、結婚制度を少しでも理解していなければ「独身者」という概念は理解できないし、生活のなかで物価の果たす機能を理解していなければ「インフレーション」が何であるかを理解できない。たしかに、関与的様式に通じていないかぎり離脱的様式に至れないので、前者は後者に先行していなければならない。この先行性は、個体発生における必然的な順序である。だが、このことは、関与的様式が科学の用いる離脱的言語を把握するための論理的な条件となることを何ら意味しない。結婚と独身者、物価とインフレーション、のような概念間の関係とは違って、「一〇キログラムの重さがある」のような述語と「重すぎる」という述語は、後者が前者を理解可能にする論理的必要条件のような仕方で関係しているわけではない。

ハイデガーとメルロ゠ポンティが提起したことは、関与的姿勢が離脱的姿勢よりも発生的に必ず先行するだけでなく、さらに、関与的姿勢はわたしたちの生にとって不可欠なものであり続けるということだった。わたしたちは、ものごとが関与的姿勢のなかで現れるあり方をすることから決して「脱皮」することはない。ものごとがこのような現れ方をすることは、世界のなかを動き回り事物と交わりながら日常を送るわたしたちには避けることができないのだ。市内を車で運転するとき、のろのろと走るあの車の右に入り込めることや、前方から迫りくるトラックと衝突する前に道を横切れることを、わたしたちは見てとっている。車を運転しているときのあちこちの空間は「アフォーダンス」として把握されている。先に示したハイデガー用語に戻れば、関与的様式は、わたしたちが「さしあたって、たいてい」であるときの様式、いわば「とりあえず、ふつうは」(firstly and mostly) であるときの様式である。けれども、この様式のときに把握されたアフォーダンスは、離脱的な科学において使用される言語を理解可能にする論理的に必要な要素ではない。

さて、カントの先駆的議論が二〇世紀でも再演される現場に戻ってみると、ウィトゲンシュタインの『哲学探究』の議論の進め方はカントの元々の議論と軌を一にしていることがかなりはっきりわかる。ある意味でウィトゲンシュタインは、カントが入力情報の原子論に対して行った批判を、意味の原子論に対して行っている。ここでウィトゲンシュタインが標的にしている言語と意味についての理論は――ウィトゲンシュタインによれば、その典型的な表明をしたのはアウグスティヌスなのだが――離脱的見方を支持する人々によって支持され発展させられたものでもある。意味の原子論では、言葉に意味が与えられるのは「名指す」もしくは「表示する」という関係で言葉と対象が結びつけられるからである。

(10) Stanley Greenspan and Stuart Shanker, *The First Idea: How Symbols, Language, and Intelligence Evolved from Our Early Primate Ancestors to Modern Humans* (Cambridge, MA: DaCapo Press, 2004).

ここには、デカルト以後の認識論に見られる入力の原子論と類似した考え方が見てとれる。しかしそれだけに留まらない。入力の原子論と意味の原子論の両者は、デカルト以後の心についての理論のなかで織り合わせられ一連の古典的な主張へと成長していった。その代表格はロックである。彼によれば、言葉が意味を獲得するのは、対象を直接表示することによってではない。心のなかには、対象を表象する観念というものがあり、言葉が意味を獲得するのは、この心のなかの観念を表示することによってである。[11] ロックがアウグスティヌス説をこのように改定したことで、各人はそれぞれ異なる言語を話しているのかもしれないと想定できる道が開かれてしまった。同じ言葉で名指されている対象であっても、各人の心のなかでは異なる観念が対応しているのかもしれない。当人以外の誰にも知りえないことを意味する言語、つまり完全に私的な言語が、いまやはっきりと可能なように思われ、容易に解けない懐疑的呪いとなった。ウィトゲンシュタインが大規模な論陣を組んで迎え撃った相手は、こうして「近代的な武装を施された」アウグスティヌス的理論だった。

意味の原子論も、入力の原子論に対してカントが突きつけたのとまったく同じ理由から支持できない。意味の原子論の支持者たちは、名指しの儀式によって言葉に意味が与えられると想定する。あるいは、言葉の名指す対象を指さすことで言葉に意味が分け与えられると想定する。『哲学探究』でのウィトゲンシュタインの議論のすぐれた部分は、この種の「直示的定義」が成功するための条件を示した点にある。ウィトゲンシュタインによれば、言葉の直示的定義が成功するのは、言葉を学ぶ人が、言語のさまざまなはたらきや、いま使っている特定の言葉が言語のはたらき全体のなかでどんな役割を果たすのかについて、すでに相当なことを理解しているという条件が満たされたときでしかない。そしてここでは、この言語の関連する部分〔直示的に定義される言葉〕の「文法」が前提されている。なぜなら、その文法は

「新しい言葉の配置される場所を示している」[12]からである。何かを名指すことは原初的で自己完結した操作に思われる。しかし、そう思うとき「忘れられているのは、たんなる命名行為が意味ある行為であるために、すでにこの言語のなかには膨大なことが準備されていなければならないということなのだ」[13]。

ウィトゲンシュタインは、この引用箇所ではっきりと、理解可能性の条件を語っている。言葉の意味が名指される対象との指示関係だけから成り立っているとする考え方——本質的に原子論的な考え方——は、個々の指示関係が成立し意味をなすには背景の理解が必要不可欠であることが明白になったとたんに失脚する。しかも、背景の理解というものは、ひとつひとつの言葉にではなく、言葉がそれぞれの役割を果たしているさまざまな言語ゲームに関わっていて、究極的には、そうした言語ゲームが有意味になる生活形式全体に関わっている。たしかに、アウグスティヌス的言語理論は、わたしたちの言語理解の一部分をモデル化することには成功している。しかし、この一部分がどうして理解できるのか、その条件に注意を向けるとき、アウグスティヌス的言語理論は言語理解一般のモデルとしては破棄せざるをえなくなる。この理論は、背景の理解を物象化する手口によって生まれた。ひとつひとつの〈言葉‐もの〉関係に背景の理解を組み込み、〈言葉‐もの〉関係だけで自己完結するようにした。だから、こうした理論の束縛から逃れ出るための一歩を踏み出すには、個々の〈言葉‐もの〉関係の成立には背景が不可欠であること、そして、背景をその多様性と豊かさのすべてにわたって探索できることを理解する必要がある。

(11) Locke, *An Essay Concerning Human Understanding*, 3.2.2〔ロック、『人間知性論(三)』、八五—八六頁〕.
(12) Wittgenstein, *Investigations*, para 257〔ウィトゲンシュタイン、『哲学探究』、二五七節〕.
(13) Ibid〔同上、二五七節〕.

このような背景理解は言語を学ぶことによってはじめて獲得するものであるが、アウグスティヌス的言語理論は、このような背景全体の理解が、最初に学ぶ〈言葉‐もの〉関係にすでに組み込み済みであると想定している。しかしこれは、第二言語を学ぶときに置かれる状況である。第二言語を学ぶとき、わたしたちは、ひとつの言葉が背景全体のなかに位置づけられることがどのようなことかを、すでに知っている。そして、通常、他者がいま教えようとしている言葉が背景全体のどこに位置づけられるのかを理解する。こうした第二言語習得の条件を母語の獲得の場面に読み込んでしまうことが誤りなのである。「すると（…）こういってよい。アウグスティヌスは、人間の言語の学習を、あたかも外国に連れて行かれた子供がその国の言語を理解できないでいるかのように描いている。つまり、その子は、すでにひとつの言語はもっているけれど、この言語だけもっていないかのように描いている[14]」。

より最近では、ロバート・ブランダムが、こうしたさまざまな形式の全体論を使い、フレーゲ的伝統と関連させながら、認識論と言語哲学の再定式化を深く広範囲にわたって行っている。

ブランダムの提案は、表象を基本概念とする理論から推論に中心的役割を置く理論へと転換しようというものだ。表象にもとづく理論は、これまで述べた媒介的伝統が立てた古典的な枠組みにしたがっている。そうした理論は、わたしたちが個別的な表象状態を同定でき、同定した表象状態によって粒子的な内容を把握し、そして最後に、それらの内容を合成して〔認識される〕事象の全貌をつくりだしていると想定する。

これとは反対に、推論を基礎におく立場は、一定の全体論を前提にする。新しい情報を獲得すると、すでにはたらいている事象把握の全体にその情報が入り込んで全体を再構成するため、それまでなかった新しい推論ができるようになる。たとえば、トラが公園に逃げ込んだという事実を新たに知ると、わたしはそれまで知らなかったことも知るようになる。公園には行かないほうがいい、とか、メーベルおばさんはびっくり仰天するだろう、いや、美容院からの帰り道だったらかなりまずいな、とか、動物園の管理者は思っていた以上にずっといいかげんだった、とか、動物園管理委員会の委員長に愚かで無能な弟を任命した罰として次の選挙では今の市長を断固ひきずりおろさなければならない、とか……。

一言で言い換えれば、推論による繋がりを絶った完全に孤立した情報というものなど、どこを見わたしてもない、ということなのだ。(15)

3

媒介主義がはっきりと脱構築されだしたのは、二〇世紀に入って、上記の路線に沿って、経験を有意味にする条件を明示的に細かく検討する議論が現れてからである。こうした路線上で、媒介的描像の歪みがあらわになり、それと同時に、対抗馬たる接触説が練り上げられていった。媒介主義に代わる接触説にとって本質的なのは、ある種の全体論である。接触説の観点から見ると、媒介的な描像の輪郭が浮き彫りになり、そうして、他の点では大きく異なるさまざまな媒介説であっても、それらを束ねる原理がはっきりと見えてくるのである。

(14) Ibid., para. 32〔同上、三二節〕.

(15) Robert B. Brandom, *Making It Explicit: Reasoning, Representing, and Discursive Commitment* (Cambridge, MA: Harvard University Press, 1994) 特に第二章を参照。*Articulating Reasons: An Introduction to Inferentialism* (Cambridge, MA: Harvard University Press, 2000)〔ロバート・ブランダム、『推論主義序説』、斎藤浩文訳、春秋社、二〇一六年〕特に序論と第一章を参照。*Tales of the Mighty Dead: Historical Essays in the Metaphysics of Intentionality* (Cambridge, MA: Harvard University Press, 2002).

しかし、今でも媒介説に埋め込まれている人々には、こうしたことは何ひとつ見えない。そうした人々は、昔のデカルト的認識論であれ、経験主義的認識論であれ、すでにきっぱり手を切ったと自称することがほとんどだ。だから、そうした人たちは、あなたはデカルトの遺産の相続人だといわれても、驚きはしても傷つかない。こうして論争は、古典的認識論を真に論駁したのは誰なのかをめぐって勃発する。一方では、リチャード・ローティやドナルド・デイヴィドソンのような人物が、古典的認識論に引導を渡したと自称している。けれども、ヘーゲル以降の脱構築運動の流れを汲む人たちからは、彼らも、いまだに媒介主義に陥っていると見なされている。他方、そうした脱構築者たちも、同じく伝統的なわだちからいまだに抜けきれていないと見られることがある。脱構築者たちは、経験を可能にする条件といった問いにいまでもこだわり続け、そうした問いを、無益であり、錯誤の元凶だとして捨て去らないから、というのである。(16)

たとえば、ローティは、現代の哲学において独自の立場を保ち、「反実在論者」「相対主義者」「主観主義者」と描かれることの多い人物である。けれども、ローティ自身は、こうした数々のレッテルを拒否した。ローティの言い分に耳を傾けてみよう。わたしたちは、使いみちが途絶えたあとも辛抱強く残存するたくさんの哲学的二分法から解放されなければならない。無益な哲学的二分法は葬り去ることができること、二分法はわたしたちの思考の価値を少しも高めないこと、これをわたしたちは学ぶべきである、そうローティは指摘する。ローティは、ロックが用いた「下請け労働者」という言葉を使って、極度に控えめな態度で自分自身を形容する。曰く、わたしがやっているのは「創意に富む［偉大な］開拓者たち［たとえば、フレーゲとミル、ラッセルとハイデガー、デューイとハーバーマス、デイヴィドソンとデリダ］からガラクタだと指摘されたことを、残らずかき集めて捨て去ることだ」。(17)

ハイデガーとメルロ＝ポンティに連なるわたしたち二人は、このローティの意見を受け入れられない。事実、ローティとチャールズ・テイラーは、この問題についてしばらくあれこれ論争していた。論争のあいだ変わらなかったのは、二人とも、自分はデカルト的な表象主義的認識論の手から脱しているが、相手はそれに捕らえられていると考えていたことだった。ローティにいわせれば、わたしたち二人が「認識論なるつぶれたサーカス小屋──わたしたちの同僚の多くは、いまだにこの巨大なキャンヴァス生地の下で、あてもなくもがいているらしい[18]」──から逃れるには、何よりもまず、哲学の伝統にまかりとおる区別と問題、たとえば、枠組み／内容という語り方や、実在との対応といった問題を破棄せよという。それに対して、わたしたち自身は、こうした問題や区別は根本的に作り変える必要があると考えている。ローティはミニマリストである。ローティの考えでは、思考は実在にどう関係するのかという問題、つまり（ローティが皮肉ることの好きな仰々しい大文字用語を再び使ってよければ）〈心〉と〈世界〉との関係の問題を、わたしたちは一切合切とにかく忘れてしまうのがいちばんよいのである。かたや、わたしたちは、マキシマリストである。わたしたちの考えでは、哲学者はそうした問題について考え続けねばならない。そして、たいへんな仕事になるけれども、認識論の伝統から引き継いでしまった哲学的問題への歪んだ理解を矯正する必要がおおいにあるのだ。

(16) チャールズ・テイラーは、この論争とすれ違いを“Overcoming Epistemology,” chap. 1 in Charles Taylor, *Philosophical Arguments* (Cambridge, MA: Harvard University Press, 1995) で論じている。
(17) Richard Rorty, *Truth and Progress*, vol. 3 of *Philosophical Papers* (Cambridge: Cambridge University Press, 1998), 8.
(18) Ibid.

なぜ、わたしたちはこのように考えるのか。それは、わたしたちの文化に根を下ろし、わたしたちの思考と行為を枠づけている描像は、あまねく深く浸透し、すべてが明確化されないまま自明なものとして疑われることがないために、そうやすやすと歩み去ることなどできないからである。この描像の正体を突きとめ、そのどこが間違っているかを見定めたとき、はじめてわたしたちは描像から解放される。いや、たとえ間違いがわかったとしても、描像から逃れるのは必ずしも容易ではない。ディヴィドソンやローティを気取って、描像を捨ててしまったと安易にいってのけ、描像にいっさいの考慮も払わないというのは、結局、描像の奴隷のままでいることに変わらない。

この論争は、さらにどう続ければよいのだろう。媒介的描像は、元気がなくなったとはいえ、まだ息をしている。この事実をどうやって伝えたらよいのだろう。ひとつのやり方は、意見の違いの根底にあって合意している部分を確認するところから議論を始め、そして、お互いの違いを理解する最善の方法を見つけることだろう。わたしたち二人とローティらの側で確実に合意していることは、デカルトが立ち上げた基礎づけ主義の企図は見当違いの代物だった、ということである。もちろん、反基礎づけ主義は、いまの時代には広く受け入れられた賢明な立場だろう。現代のほとんどすべての哲学者が、デカルトの大胆な計画——絶対に否定できない基礎的成分から確実な知識を組み立てるという計画——は見当違いだということに合意するだろう。クワインからハイデガーまで、そして、さまざまな立場のポストモダニズムの思想家も、この結論には同意できると思う。

だが、こうした広範囲にわたる合意は、見解の大きな食い違いを隠してしまいかねない。現に、反基礎づけ主義の論証は複数ある。それぞれのアプローチはぜんぶ異なっている。それらは、まったく違う考え方を基礎に出発し、まったく異なる結論を導き出し、そして似ても似つかない人間学的・政治的帰結を生み出すに至っている。さらに、反基礎づけ主義として共通したテーゼをもってはいても、それが異なった概念で把握され、多くの主要な考え方の違いを生み出している。各陣営は、反基礎づけ主義をそれぞれのやり方で理解しながら、お互に他の陣営を「共通点の理解がまったくない」と非難して、にらみ合っている。

では、何がいったい共通点なのだろうか。わたしたちの考えでは、それは、デカルト-ロック的な基礎づけ主義は次のような理由から失敗する、とする見解だ。すなわち、基礎づけ主義によれば、確実性を生み出すためになされる論証は、要素を確立するところから出発して（どんなことが真であるにせよ、わたしは〈赤い・ここ・今〉を確信している、ということから出発して）、全体を根拠づけるまでに至らなければならない。しかし、要素から全体の根拠づけを行うには、個々の要素を分離しなければならないが、そんなふうに要素は分離できないのである。これが共通点なのだ。いわゆる全体論がここで障害になるというわけである。いや、ちょっと待ってほしい。全体論にも注意しなければならない。全体論であっても、サーティーワン・アイスクリームとおなじくらい、たくさんの種類が実際にはある。そしてここで指摘している全体論は、クワイン-デイヴィドソン的な全体論ではない。クワイン-デイヴィドソン的な全体論は、まずもって検証の全体論だからである。それは、ある議論領域にある命題もしくは主張は単独では検証できない、というものだ。けれどもこの全体論は、派生的にのみ意味についての全体論でしかない。なぜなら、この全体論によっては、観察された主体の発話に意味を帰属することによって成立する主張は、他のほとんどの主張と同じように、単独では検証できず、他の主張とひとまとめになってはじめて検証できるということしか指摘されないからである。

言い換えれば、クワインの全体論とは、デカルト的かつ経験主義的な古典的教説である入力の原子論を承認したとしても通用するテーゼなのだ。しかも、デイヴィドソンの理論も基本的には同じである。他者の言語を学ぶこと、すなわち、他者の発話を解釈する「意味の理論」を開発することは、全体論的にしかできない。(「ガヴァガイ」という)特定の音がそれを発する人にとって「ウサギ」を表す言葉であることを学ぶためには、発話者の欲求や信念のみならず、この人の発話の意味に関するその他たくさんの主張を真と見なさなければならない。これらすべての真だと見なした主張が総動員され、この人の行為と発話を理解しなければならない。この人が興奮して「ブルック、ガヴァガイ」と大声をあげていて、彼が指さす方向に、林に向かってとび跳ねて行く一匹のウサギがいるとしよう。ここで、「ブルック」は「捕まえる」を意味するという仮定や、この人は空腹であり、ウサギが好物で、昼食にありつくためにこのウサギを捕まえるのをわたしに手伝ってほしいと思っている、などなどといった仮定を一緒にすることで、これまで一度も耳にしたことのない「ガヴァガイ」なる言葉が「ウサギ」を意味すると信じる非常に強力な根拠を手にできるのである。

しかしながら、ここに住んでいる人たちはウサギを食べる慣習がなく、この人は空腹でもなく、彼は僧であり、ウサギが走り込もうとしている林は聖なる場所であり、この部族では毛のフサフサした小動物は「汚れたもの」と分類される、という仮定をしたらどうだろう。すると、大声をあげた男の興奮は、美味しい食材への期待ではなく、この動物が聖なる場所を汚すことを表していることになる。このとき「ガヴァガイ」の翻訳は「ウサギ」ではなく、「汚れた獣」もしくは「毛の生えた小動物」になるだろう。

さて、以上、根源的解釈の個別事例にクワイン型の全体論を当てはめて見てきた。単一の発話同士の意味が等しいことを、それ自体で検証することは決してできない。解釈される言語ならびに、その話者の信念と欲求についてのさまざまな仮定全体からなる文脈のなかでしか、意味の検証はできない。同様に、コミュニケーションがどこからまくいかないときにも、たとえば、相手の要求にこたえたつもりだったのに相手は満足しないでかえって怒りだすといったときにも、相手をきちんと理解するために、いままで真だと見なしてきた仮定のうち、少なくともひとつは必ず変更しなければならなくなる。わたしは「この人は空腹だ」という最初の仮定のもとで、ウサギを追いかけ飛びかかり捕まえるが、ウサギをつかんだまま聖なる林のなかに滑り込んでしまう。残念だが、このとき、わたしのおせっかいな行為は、恐怖と狼狽をもって迎えられる。わたしは当惑する。おかしい……この人は、わたしに、ほかのものを捕まえて欲しかったのだろうか。わたしがここで起こっていることをきっちり理解するには、かなり長い時間がかかるだろう。

しかし、注意しなければならない。以上の（まったくもって妥当であり重要な）全体論のテーゼは、入力の原子論を仮定している。つまり、このテーゼは、発話の意味を理解するには多数の事実や仮定を相互に関係させなければならないことを教えてはくれるが、そうした事実や仮定は他の事実や仮定との関係をいっさい抜きにしてそれぞれ独立に同定できると考えられている（それらは独立に検証できないにもかかわらずである）。男が「ブルック、ガヴァガイ」と興奮して発話している、ウサギが林の前の空き地を走りすぎる、ウサギの方向を男が指さす……こうした事実と、これ以前にわたしの集めたさまざまな仮定、すなわち、この部族はウサギを食べる、朝食を食べてから今までにそれなりに時間がたった、などなどといった仮定が合成される。これらすべての要素があるとしたうえで、この話者に妥当する意味の理論を生みだすために、要素はどのように合成しなければならないかということを、デイヴィドソンは説明する（すなわち、要素は寛容の原理にしたがって合成しなければならない。寛容の原理とは、話者の発話文をだいたいのところ真にせよ、話者の思慮を合理的にせよ、という原理である）。しかし、要素自身は与えられているのである。以上が、わたしたちが念頭に置いている検証の全体論という考え方だ。

わたしたち自身が主張している全体論は、もっとずっと根源的である。それは「ゲシュタルト全体論」と呼べるかもしれない。ゲシュタルトは部分のたんなる総和と見なせないという点は、これまで何度もいわれてきた。別の言い方をすれば、ゲシュタルトが含む有意味な要素は、それ単独では同定できず、要素が何であるかは全体との関係においてしか定まらない。たとえば、ある高音が歌のサビの部分だったとしよう。このとき、サビの音であるという音の特徴は、この音そのもののなかにはない。同じ音でも別の歌のなかにあれば、まったく異なる価値をもつからだ。この種の全体論は、入力の原子論の力を完全に削いでしまう。各要素が何であるかは、全体との関係、そして他の要素群との関係のなかでしか判明しない。要素それぞれがまず単独で同定され、その次に、真という結果をもたらす一定のやり方で要素が合成されなければならない、というのではない。そもそも要素をそのように単独で同定することが不可能なのである。

ここで、ゲシュタルト全体論について語るときに「意味」や「価値」という用語を使い始めた点に注意して欲しい。ゲシュタルトとは有意味な全体のことだ。ゲシュタルト概念は、前に述べたカントの議論と繋がりのある、いろいろな全体論へとわたしたちを連れ戻す。それらはみな一様に原子論を拒否しようとした。その第一の理由は、どんな要素であれ、要素が何であるかは、「意味」(*Sinn, sens*)によって決まり、そして、この意味は、より大きな全体のなかにその要素が占める位置を定めることでしか決められないから、である。そして第二の理由は、さらに厄介になるが、より大きな全体自身は、要素のたんなる寄せ集めではないから、である。(19)

第二の理由をもう少し明確にしたい。基礎づけ主義において知識を再構成する「要素」は、明示的な情報（たとえば、〈赤い・ここ・いま〉、「ウサギがいる〔ガヴァガイ〕」）である。しかし、これらの情報が当の意味をもつことを可能にしている全体とは「世界」である、言い換えれば、社会的実践によって作られた、共有理解の場である。わたしは、林や林の前の空き地を安定した背景とし、そこからウサギを取りだすから、ウサギに気がつく。わたしがこの〔理解の〕場にすでに足場をもっていないかぎり、ウサギを見ることはできないだろう。気を失う寸前のように、いわばクラクラしていて、ウサギがかけだす場面の全体がぼんやりしていたら、「ウサギがいる」といった明示的な情報を受け取ることはまったくできなかっただろう。ただし、わたしがすでにこの場所に足場をもっていたということは、わたしが明示的な情報をさらに手に入れたかどうかとは何ら関係がない。たしかに他の明示的情報が何らかの役割を果たすこともあるが、だからといって、そうした情報を入手すればこの理解の場に足場をもてるというわけではまったくない。わたしがすでにここに足場をもっているのは、わたしの対処能力、すなわち、この文化のなかで育まれたこの身体的存在としてのわたしが獲得してきた能力が発揮されているからにほかならない。

(19) デイヴィドソンの仕事にまつわる混乱の一部は、彼が「意味の理論」(theory of meaning)を提起したことにある。意味の理論という言い方は、ゲシュタルト全体論とのつながりを予想させる。しかし、「意味(meaning)」そのものは、検証の全体論とゲシュタルト全体論とでは、異なる意味をもつ。デイヴィドソンが提案しているのは、言語的意味の理論であり、さらにいえば、ここでの言語的意味とは、わたしたちの言い方では「指示的(designative)」な意味である。つまり、デイヴィドソンの意味の理論とは、言語表現の登場する文が、文の真理条件としての世界の特徴とどのように関係するかによって、当の言語表現の意味を定義する、そういった理論である。しかし、ゲシュタルトを構成する有意味な要素が意味(Sinn or sens)をもつのは、ゲシュタルトが、その外部にあるものと関係するからではない。ゲシュタルトの要素が意味をもつのは、各要素が、相互に関係し合いながら、各要素から形成される全体と関係するからである。このことからして、メルロ＝ポンティが、わたしたちの世界内存在(*être-au-monde*)を記述する際に、ゲシュタルト理論を繰り返し利用していたのはただの偶然ではない。

以上見てきたように、ある型の「全体論」というものは、反基礎づけ主義をとる人々のあいだで、おおむね合意されたテーゼとなっている。その後の意見の食い違いはすべて「これこそ明らかに全体論から帰結することだ」といって各自が自己の見解を主張したり、「これこそ全体論的な背景の本性だとはっきり思われる」といって各自が背景をさらに詳しく説明したりするときに生じる。こうして、ある論者にとって自明に思われることが他の論者にとってはまったく受け入れられなくなってしまうのである。

わたしたちの説明もこれと似たような事情にある。人の対処能力は、自己とその世界についての全体的感覚を組み込んでいると見ることができる。この感覚は、かなり多様な範囲の能力を含み、かつ、そうした幅のある能力によって担われている。そうした能力の一方の極には、その時々で「心のなか」にあったりなかったりという仕方で人の所有する信念がある。そしてもう一方の極には、世界のなかを動き回り、周囲のものごとに賢く対処する能力がある。主知主義はこの二種の能力をまったく異質なものとして見るように仕向けてきたが、現代の哲学は、このふたつは非常に似ており、かつ、相互につながり合っていることを明らかにしてきた。

ハイデガーが教えてくれたように、動き回る能力も世界をある種の仕方で「理解する」能力として語ることができる。そしてもちろん、こうして非明示的に事物を把握することと、言語表現によって明示的に理解することとを整然と区別する境界線を引くことはできない。二つの領域の境目には穴が開いており、明示的に言葉で表現され理解されたことも、練習すれば、言葉に表現されない技能知へ同化することができる。それは、ヒューバート・ドレイファスとスチュワート・ドレイファスが人の学習場面で明らかにしてみせたとおりである。[20] また、ものごとの非明示的把握も逆方向に移動でき、それまではたんに体験されるがままにやり過ごされていたことを、わたしたちは言葉を用いて分節化できる。しかし、それだけに留まらない。状況を理解する個々の場面では、明示的知識と非言語的な技能知とがつねに混合している。

地元の動物園からトラが逃げたことを、言葉で知らされたとしよう。すると、自宅裏の林のなかを歩いて通るとき、わたしには、林の奥まったところが、それまでとは異なった姿で現れ出す。そこは新たな価値を帯び、わたしの周囲に新しく力線が引かれる。この力線が引かれた環境のなかで、トラが襲ってくるかもしれない方向は無視できない場所となる。動物園からトラが逃げたという明示的情報のために、わたしにとってのこの環境の意味が新しい姿をとったのである。

ここからわかるように、個別のものごとを理解し、情報を取り込む場となっている全体は、わたしの世界の意味をなしていて、多数のメディア・媒介者によって担われている。それら多数のメディアとは、言語的に定式化されたさまざまな思考はもちろん、さまざまな対処能力に内在する理解だけでなく、一度も疑問視されたことはないが言語的思考が当の意味をもつための枠組みとなる事柄（たとえば、決して疑問視されない、ものごとの全体的な姿。これがあるため、世界は五分前に始まったとか、世界はその扉の向こう側で断絶しているといった、第一章で考察した奇妙な憶測がわたしたちの念頭に浮かぶことはないような事柄）である。そして、ものごとを把握する活動のなかには、一定のメディアとの相性が明らかによいものもあるが（ウェーバーの資本主義論を知る活動や自転車に乗る活動を考えてみよう）、そうであるにもかかわらず、わたしたちの文化におけるマルチメディアの世界と同様、あるメ

（20）Hubert Dreyfus and Stuart Dreyfus, *Mind over Machine* (New York: Free Press, 1986, paperback 2nd revised edition, 1988)〔ヒューバート・ドレイファス、スチュアート・ドレイファス、『純粋人工知能批判——コンピュータは思考を獲得できるか』、椋田直子訳、アスキー出版局、一九八七年〕.

ディアと別のメディアとの境界は実際にはとても曖昧であり、また、トラが出没するかもしれない林をうろつくときのように、わたしたちにとって最重要な理解活動のほとんどはマルチメディア的な出来事である。さらに、ここで支配的である全体論のおかげで、わたしが行うありとあらゆる理解は、この全体に依存していて、間接的な仕方ではあるがマルチメディア的なかたちをとっている。

おそらく、ここまでわたしたちが述べてきたことは、反基礎づけ主義者の全員が合意することだろう。しかし、考察を先に進めると、あっというまに議論の分岐点にたどり着いてしまう。たとえば、世界という背景についての上述してきた描像を認めるならば、世界把握についての表象的描像や媒介的描像と呼んできたものは認められなくなるだろう。なぜなら、媒介説の特徴は、内部と外部とを明確に区別することにあり、これを認めると、わたしたちの世界把握は、把握される対象から原理的に切り離して理解できることになってしまうからである。

この内部と外部の分離こそ、わたしたちが阻止し脱構築しようとつねに努めてきたもともとのデカルトのもくろみでは間違いなく中心的役割を果たしていた。一方の心のなかには、情報の候補となるもの——観念、印象、センスデータ——があり、もう一方には「外部世界」があって、そうした情報の候補となるものが外部世界についての情報をわたしたちに伝達すると見なされた。こうした二元論が、時代を下ってからは、より洗練されたかたちを取るようになったことは、すでに見たとおりである。もはや表象は「観念」ではなくなり、言語論的展開と歩調をあわせて、文としてとらえなおされた。この点はクワインに即して確認したとおりである。あるいは、カントに関して確認したように、デカルト的な二元論そのものが根本的にとらえなおされた。二元論は、オリジナルとコピーではなく、形式と内容、型枠とそれを充たすものというモデルで見られるようになった。

どのようなかたちであれ、媒介説は、内的なものと定義しうる何かを措定する。すなわち、認識することに主体の側で貢献しており、かつ、外部にあるものから区別できる何かを措定する。したがって、媒介説は「内部／外部」説（"inside / outside" accounts）（略して〈内／外〉（I／O））と呼ぶことができるだろう。

こうするとまたもや、一連の懐疑的問いかけや、それらを組み合わせた問題が続いて登場する。もしかすると世界は、表象と本当は合致していないのではないだろうか。ひょっとすると、わたしたちの型枠に還元できないほど著しく異なる型枠をもっているため、共通した真理の基準を作ることさえできない他者に遭遇するのではないだろうか。こうした疑問が、ひどく軽率な現代の相対主義の根底にある。

けれども、全体論的でマルチメディア的なものごとの把握のはたらきをよく考えてみれば、こうした内部と外部の二元論は、まず間違いなく一気に葬られることになるだろう。たしかに、明示的な信念というメディアだけに注目するなら、内部と外部の分離は当然だと思われるかもしれない。月についてのわたしの信念は、たとえいま月が見えなくとも、現在のわたしの思考作用のなかで現実化した仕方でもつことができる。さらには、月の存在が作り話で実際には月が存在しなくとも、もつことができるだろう。しかし、世界のなかを動き回り、対象にはたらきかける能力に含まれるものごとを把握するはたらきの場合には、信念のような内部と外部の分離は不可能である。月についての信念とは違って、この身体化した能力は、主体がはたらきかける対象が存在しなければ現実化できない。野球のボールを投げる能力は、ボールが存在しなければ発揮できない。この街やこの家のなかを動き回る能力は、当の街や家のなかを実際に動き回るときにしか現実化しない。

だから、こういいたくなるかもしれない。そうした身体化した能力は、理論的な信念とは異なり、心のなかに存在するのではなく、全身のもつ運動能力のなかに存在するのだと。しかしこれは、埋め込まれているということの遠慮がちな言い方だ。ここでいわれている身体化した能力は、〈この環境のなかで動く〉（move-in-this-environment）能力のなかにある。街のなかを動き回る能力は、たんにわたしの身体のなかに存在するのではない。〈通りを歩くわたしの身体〉（my body-walking-the-streets）のなかに存在する。同様に、魅力的で魅惑的であるというわたしの能力は、わたしの身体や声にではなく、〈対話者との会話におけるわたしの身体や声〉（body-and-voice-in-conversation-with-an-interlocutor）のなかに存在する。

メルロ＝ポンティは上手なサッカー選手を範例にあげながら、身体化した主体が周囲の状況とかみ合う様子を記述している。「動き回る選手にとって、サッカー場は（…）力線（「タッチライン」や「ペナルティエリア」を区切る線）に満ち、またいろいろな領域（たとえば相手選手のあいだの「オープンスペース」）に区切られている。各領域は、まるで選手に気づかれていないかのように、選手に一定の行為を要求し、行為を開始させ、行為をガイドする。サッカー場は、選手に与えられているのではない。選手の実践的志向に内在する項として、現前している。選手はサッカー場と一体となって、たとえば「ゴール」がどこにあるのかを感じ取る。ゴールのありかは、たとえば、選手自身の身体の水平面と垂直面が選手にじかに感じられるのとまったく同じように、感じられる[21]」。

このような記述の後に、メルロ＝ポンティは、わたしたちがものごとに対処している最中にものごととどのように直接接触しているのかを一般的に記述している。そうした場面では、対処活動は、その状況の感覚に応答しながら安定して流れ続ける技能活動として必ず経験されている。そしてこの経験の一部には、対処活動がうまくいっているのかいないのかの感覚が含まれる。最適な〈身体‐環境ゲシュタルト〉からのズレを感じると、最適な身体‐環境関係に近づこうと活動が変化し、この「緊張」を和らげようとする。しかしこのとき、最終目標となる最適な〈身体‐環境ゲシュタルト〉が主体の脳や心のなかで表象されている必要はない。人はただ、緊張や不均衡の感覚を少なくするように反応するよう引き寄せられるだけである。メルロ＝ポンティによれば「わたしたちの身体は、「われ思う」にとっての対象ではない。身体は、均衡を目指して運動する生きられた意味が束になったものだ[22]」。だから、巧みに対処する活動にはゴールの表象など必要ない。対処活動は、主体が心のなかに目的を抱かなくとも、合目的的になることができる。メルロ＝ポンティによれば、「身体を動かすことは、身体をとおしてものごとを目指すことである。それは、ものごとが求めてくることに自己を応答させることである。そのようなことは、いっさい表象と関係せずに、身体において生じる[23]」。

この無媒介な、身体をベースにした志向性と、表象的な志向性とを区別するために、メルロ＝ポンティは、刻一刻と変化する状況に身体が応答することを運動志向性（*motor intentionality*）と呼んだ[24]。運動志向性が表象志向性より基礎的であり、表象志向性を可能にすること、そして、実際にどのように可能に

（21）Maurice Merleau-Ponty, *The Structure of Behavior*, trans. Alden L. Fisher, (Boston: Beacon, 1967), 168–169〔メルロ＝ポンティ、『行動の構造』、滝浦静雄、木田元訳、みすず書房、一九六四年、二五〇頁〕.

（22）Maurice Merleau-Ponty, *Phenomenology of Perception*, trans. Colin Smith, (London: Routledge & Kegan Paul, 1962), 153〔メルロー＝ポンティ、『知覚の現象学（1）』、竹内芳郎、小木貞孝訳、みすず書房、一九六七年、二五五頁〕.

（23）Ibid., 139〔同上、二三三頁〕. 技能に長けた行為者が最終目標となるゲシュタルトに向かって運動するために、その最終目標を表象する必要などない。この主張に納得してもらうため、メルロ＝ポンティはシャボン玉をたとえ話に使う。シャボン玉の始まりは、石けん水の膜の変形である。石けん水は、一部に力が加えられると、いくつかの法則がたまたま同時にはたらき、その結果、系全体を最終的に球形にするような反応が起こる。しかし、球形になるという最終結果は、シャボン玉を生み出すときに、いかなる因果的な役割も果たしていない。

（24）Ibid., 110〔同上、一九一頁〕.

するのかということを理解するには、メルロ＝ポンティとジョン・サール、それぞれの行為論を対比するとよい。

サールは、身体運動が行為となるためには、行為内意図（intention in action）――当該行為の充足条件を表わす命題的表象――が原因となって身体運動が引き起こされねばならない、と主張する。サールは次のように仮定する。行為をするありとあらゆる場面で、行為者は、どうなったら行為が成功したことになるのかを行為に先立って認識できなければならず、そして、この行為の目的を前もって表象することは行為そのものから分離できる。つまり、行為しても世界のなかで目的が達成されないこともあるが、だからといって心のなかで目的を達成しようという意図をもつことは、そうした行為の成否の影響を受けない、というわけである。ここで再び、今度は行為の領域において、〈内／外〉の区別に直面することになる。

たしかにサールは、目的を達しようと試みる志向性を正しく記述してはいる。しかし、没頭する対処活動という現象に戻って考えてみると、人が対処活動に没頭するときに活動が成功する条件を表象して動作が統率される必要などないことがわかる。むしろ、先ほど見たように、行為者が状況の誘導に応じて反応することに没頭してさえいれば、どうすれば均衡に達するのか、均衡に達するとどんな感じがするのかを前もって表象的に知らなくとも、緊張の緩和は必ず生じるはずである。だから、現象学者であれば、サールが提示した成功条件の他に、改善条件（condition of improvement）とでも呼べるような条件を導入するようになる。サールが〈内／外〉の描像に捕らわれて見えなくなっているのは、運動志向性は、世界内での改善条件を直接感受するのであり、そのため、活動の充足条件を表象する必要はない、ということである。

日常的な身体技能には、行為内意図によって因果的に引き起こされてはいないたくさんの運動が含まれているように思われる。サールは、この事態を正当に扱うため、さまざまな素質〔capacities〕や能力〔abilities〕やそうした類のものから構成される背景と呼ばれる概念を導入している。サールは、巧みな対処活動の本性を解明するには表象的な行為内意図は何らかの仕方で補完されなければならないと考えているのだから、純粋な表象主義者とはいえない。にもかかわらず、このことによって彼は〈内／外〉描像から根本的には解放されることはなかった。サールの主張によれば、没頭した対処活動それ自身には、志向性はないが、「志向性は、諸能力からなる背景という水準にまで達している」[25]。このスローガンがいわんとしているのは、以下のことである。行為している最中、行為者は、自分がやろうとすることを意識していなければならない（少なくとも、意識することができなければならない）。行為を実行するのに必要なことには、こうした意識すること以外にもたくさんあるが、それらはすべて、非表象的な背景となった能力と見なすべきである。そして、この非表象的な背景能力が、充足条件をそれ自身ではもたない身体各部の補完的運動を因果的に引き起こす。ところが、このような論の運びは、表象主義者に典型的に見られるものだ。というのも、問題となっている現象〔身体の技能活動〕が心的表象を使って説明できないとき――この場合は、行為内意図では説明できないとき――残された唯一の選択肢は、純粋に因果的で機械論的な説明を与えることだと思われているからだ。巧みな行為をしているときに生じている意図以外の活動は、何であろうとすべて意味のあるものではありえず、したがって、意味のない機械的原因が引き起こした結果でなければならない、そう思われている。

(25) John R. Searle, "Response: The Background of Intentionality and Action," in *John Searle and His Critics*, ed. E. Lepore and R. Van Gulick (Cambridge: Basil Blackwell, 1991), 293.

しかしこのサールの分析は、新たな問題を後に残す。ひとつの行為に含まれるたくさんの身体運動は、それぞれ自身の充足条件をもたないため、当然、志向性ももたないことになる。ところが、サールは、補完的な身体各部の運動も志向的になされている、と指摘する。〔志向性のない運動、したがって充足条件のない運動が、どのようにして志向的な運動になるのかという疑問への〕ここでのサールの解決策は、行為を構成する個々の補完的運動は、志向的になるために、関連する行為内意図によって何らかの仕方で因果的に引き起こされていなければならない、というものだ。サールによれば「志向性は、意志行為の最下部のレヴェルにまで達する。そのため、たとえば、上手なスキーヤーが本来的な意味で志向性をもつのは、山を滑降するというレヴェルである。しかしそうであるにもかかわらず、山を滑降する運動を構成するたくさんの補完的運動のほうも志向的運動といえる。なぜなら、それらの補完的運動も、滑降するという運動の流れがもつ本来の意味での志向性が統御しているからである[26]」。もっとも、この「最下部のレヴェルまで達し、統御する」ということは、まったくのミステリーのままだ。

しかし、技能活動という現象に一度でも注目すればわかるように、行為内意図は、運動の流れの最下部に達する必要もなければ、運動の流れを直接統御する必要もない。行為の成功条件を表象することが行為者の補完的身体運動を直接統御している、というのではない。目下の緊張を軽減することにひきつけられる感覚がわたしたちには備わっているのだから、改善条件を感覚することこそ、運動を統御する仕事を引き継ぐ候補である。だとすれば、行為内意図は、より基礎的な運動志向性を開始させるきっかけにしかすぎないだろう。より基礎的な運動志向性があるからこそ、状況に直接応答するように身体は動機づけられるのである。

したがって、対処活動は、それが続いているあいだ、あらゆる目的志向的活動の基盤を与え続けている。さらにいえば、運動志向性は物理的因果の用語を使って解明できない。なぜなら、運動志向性は、なすことがふさわしいと感じられる動作をするよう迫る感覚をつねに伴っているからだ。また運動志向性は、行為内意図が身体運動を因果的に引き起こす場合のような、心的原因が引き起こした結果だと理解することもできない。その理由はまさしく、心的表象――今の場合は行為内意図――が身体を間接的に動かす方式を説明するにも、運動志向性が前提になるからである。要するに、運動志向性が表象志向性を可能にしている。

周囲のものごとともに生きることには、ある種の理解（「先行理解」と呼んでもよいかもしれない）が必ず伴う。周囲のものごとは、わたしたちの目的や欲求や活動に対する意味もしくは関連性をもって、わたしたちに現れる。丘をのぼる小径を歩くあいだ、目的地で予定されている面倒な会話のことで頭のなかがいっぱいになっている。そんなときでも、わたしは、今いる場所の特徴を、邪魔するところ、支えてくれるところ、隙間になるところ、もっと注意して歩くように誘うところ、自由に走ることを誘うところ、などとして見ている。たとえ、わたしがそうした特徴を実際に考えていなくとも、それら周囲のものは、わたしにとってそうした関連性をもっている。わたしは、そうした数々の特徴に囲まれた周囲のなかに自分の歩むべき道を見出している。

こうした先行理解は非概念的である。言い方を変えれば、先行理解では言語は直接的にはいかなるはたらきもしていない。言語をとおして、わたしたち（人間）は、事象に注意を向ける能力、すなわち、

(26) Ibid.

あるXをXとして選び取る能力を授かる。わたしたちは、あるXを、「X」という記述を（正しく）担っているものとして選び取る。そしてこうした選び取りにより、「X」という記述による同定が、批判的吟味にさらされる領域へと移される（これは本当にXなのだろうか、Xの属する語彙はこの分野やこの目的にとって適切なのだろうか、といった具合である）。あるとき、何らかの不具合か、あるいは、たんにそれ自体に興味がわいたため、上で述べたような丘を歩む技能知のいくつかの側面に注意を向けることがある。そして、ものごとを「〔ここは行為を〕邪魔するところ」や「〔ここは行為を〕促進するところ」のように分類し始める。こうした概念的な分類は、世界のなかでのわたしの生き方を変えることにつながる。しかし、そのような分類をしなかったとしても、いつでもわたしは世界のなかに生きて世界に対処している。

　日常的な対処活動は概念的ではない。しかし同時に、日常的な対処活動は、生気のない純粋に因果的な仕方では理解できない。後者の否定的主張は、二通りに解することができる。〔第一の〕最も大きな見方は、たとえば認知主義といった立場に共通する野望に反して進むものである。というのも、認知主義は、将来的には、経験を形式的な記号表象の操作に還元して説明することを明確な目標としているからである。一九八〇年代に、アクタークリティック法に基づくTD誤差強化学習〔訳注1〕と呼ばれる、モデルフリー〔訳注2〕な非表象的機械学習アルゴリズムが提案され、このアルゴリズムを組み込んだ機械がバックギャモンを学習し、エキスパートと同等の水準でプレーできることが証明された。こうした成功を基礎にして、近年は、対処活動に神経科学的なアプローチが展開され、神経の振舞いによって対処活動を説明すると同時に、表象に訴えずに行動をガイドできる脳のはたらきが明らかにされようとしている。(27) このような事実は、おそらく、状況に応じた巧みな対処活動を非認知主義的に説明しようとする点で、現象学者と神経科学者とがともに歩み寄ってきているといえるかもしれない。巧みな対処活動を支えている脳における基盤にモデルフリーな説明を与えようとすることは、わたしたちが提案する、実在との接触を基盤にした巧みな行為についての現象学と一致するし、この現象学を支持してもいる。

〔訳注1〕TD誤差（強化）学習とは、ある行動を選択したときに、予想された見積もり評価値と実際にえられる評価値との誤差を用い、誤差を0に近づけていくことで最適な行動を学習するアルゴリズムである。アクタークリティック法は、このTD誤差学習の手法のひとつである。この手法は、アクターと呼ばれる行動を選択する機構（確率分布）と、クリティックと呼ばれる評価をする機構（誤差に基づいてアクターの確率分布を更新する）とを独立させ、アクターによる行動選択と、その結果えられた状態の評価値と見積もり値との誤差にもとづいてクリティックが行動選択の確率分布を更新するという過程を繰り返し行い、確率的な行動選択を学習する。

〔訳注2〕「モデルフリー」とは、理解しようとする対象の目下の振舞いや状態と過去の履歴のみから、将来の振舞いを予測するアプローチ。これに対立する見方として「モデルベース」がある。モデルベースは、対象を、その内部モデルに基づいて理解し、シミュレーションによって対象の行動を予測する。

(27) 神経科学では、手順をふんで対処する能力は複数の脳領域からなる系によって生み出されることが、すでに確立されている。この系は、皮質下の大脳基底核を中心とする複数の領域からなり、そこには大脳皮質‐線条体回路も含まれるため、扁桃体のような大脳辺縁系の領域ともさらにつながりがある。大脳辺縁系は、経験をとおした身体技能の強化学習に必要となる報酬シグナルを出すところである。報酬は、たとえばドーパミンといった、大脳辺縁系の神経モジュールが分泌する物質によって発現されるが、報酬はまた、世界とのやりとりが目下どんなふうに進行中なのか、あるいは、それがどう完了したのかに対する身体的な情動反応でもある。このような報酬系の存在は、脳というものが身体に埋め込まれていること、そして、脳が世界との関わりから切り離せないことを要請する。この報酬系の一部となっている大脳皮質前頭前野は、適切な顕著化を生み出すことに関連すると考えられている。顕著化がはたらくことで、生物個体がパースペクティヴに応じた行為をするために必要な区別、すなわち、前景と背景の区別、が創りだされる。ただし、ここでパースペクティヴといわれているものは、研究の文脈や研究者ごとに実にさまざまな名称——ゴール、タスク、構え、状況の感覚、行為への傾向性——で呼ばれる。Stuart Dreyfus, "System 0: The Overlooked Explanation of Expert Intuition," in *Handbook of Research Methods on Intuition*, ed. M. Sinclair (Cheltenham: Edward Elgar Publishers, 2014), 15–27 を参照。

でもいずれにせよ、対処活動のメカニズムの解明は、期待は見込まれているものの前途茫洋としていて、まだ達成できていない。そこで〔第二の解釈になるのだが〕、動物やわたしたち自身が行う概念以前の活動を理解するには、先行理解のようなものを手段とするしかない。つまり、世界が動物や人間に干渉する実態を、関連性に訴えることで理解しなければならない。言い換えれば、動物や人間を行為するもの（active）と見なす、ということである。

思うに、行為するものと見なすという優遇措置は、たったいま指摘したように、動物にも拡張しないですますことはできない。けれども、わたしたち人間では、この優遇措置をとらえなければならない理由は動物よりもはるかに強力である。わたしたちが、世界との交渉活動のある特徴に注目し、それを言葉に表現するとき、その特徴は、ある思いがけない事実をたんに発見しただけのようには思われない。[28]たとえば、道を曲がって風景が一変したときや、わたしたちの行為に（ジュルダン氏のおしゃべりといったような）風変わりな学名がついているのを知ったとき、のようには思われない。〔訳注3〕むしろたとえば、この会話がずっと不快だったのはわたしが嫉妬していたせいだということを、最後の最後でわたし自身が認めるにいたったとき、わたしは、自分が嫉妬していたことに、ある意味、これまでまったく無知ではなかったと感じる。だからわたしは、自分が嫉妬しているという事実を知ることなく、自分が嫉妬しているということを知っていたのである。このときの嫉妬は、既知と完全なる無知とのいわば中間的身分にある。それは、一種の原知識（protoknowledge）であり、概念を用いて注目すると変形が起こるようにすでに準備された環境であるといってもいいだろう。もちろん、その一方で、変形しないようにする抵抗する力もここにはあり続けていただろうが。

これまでの論述では、メルロ゠ポンティだけでなく、ハイデガーの仕事にも依拠してきた。この二人に、概念的な思考活動は日常的な対処活動のなかに「埋め込まれている」という先述したアイディアが見出せる。こうした発想の要点は、いわば二口で飲み込むことができる。一口目は、対処活動は〈さしあたって、たいてい〉行われる、ということである。わたしたちは、まさしく対処する乳児として始まり、その後になってはじめて語ることへと導かれる。そして、大人になってからも、生の多くの部分は、そうした対処活動に占められている。そうでないことなどありえない。わたしたちは、何かに注目するために、別のことをやり続けていなければならない。たとえば、厄介な会話について考えながら小径を歩き続けている、あるいは、理論的な問題について（ひょっとしたら、ランチをどうしようかと）必死に考えながら蒸留実験器具を手に取って実験室のなかをうろうろし続けている、といった具合に。

しかし、二口目はもっと深いところに至る。それは「背景」という言葉でつねに表現されるポイントである。わたしたちの生のなかに概念を使って注意を向けるという出来事が起こるには、膨大な数の対処活動を絶対に欠くことのできない支えとしなければならない。このことは、図書館と実験室とを行ったり来たりするには、心を運んでくれる乗り物がなければならないという意味で、下部構造の支援が必要だということに尽きない。ここにはもっと根本的な事態がある。それは、わたしたちが携わる個々の思考が現にあるように理解されるには、背景の理解を必要とし、そしてこの背景理解は、まさしく、日常的な対処活動に宿る、ということである。

（28）Moliere, *Le Bourgeois gentilhomme* (Paris: Pierre Bordas, 1977)〔モリエール、『町人貴族』、鈴木力衛訳、岩波書店、二〇〇八年〕.

〔訳注3〕ジュルダン氏は貴族になりたいと強く望んでいるが、学もなく無知で常識知らずであるため、貴族になるための学習を積もうと学識者を家庭教師にする。しかしそれも滑稽な会話のやりとりに終始してしまう。このやりとりに「ジュルダン氏のおしゃべり（M. Jourdain speaking prose）」なる名称が与えられた。

小径をのぼって、野原に足を踏み入れ、そして気づく。アキノキリンソウが咲いている、と。この「アキノキリンソウが咲いている」といった世界についての粒子的な見方は、〈内／外〉説によれば、最も基礎的な位置を占めていると理解されることが多い。ただし、基礎づけ主義からの圧力のために、こうした粒子的な見方は、さらにもっと基礎的なもの、たとえば、〈黄色い・ここ・いま〉に強制的に還元され、アキノキリンソウも、その後の推論によってはじめて構成されるものと見なされるような場合を除けばという条件つきではあるが。古典的認識論の誤りのひとつは、こうした種類の粒子的な見方のなかに、世界についての知識の構成材料を見つけようとしたことだった。わたしたちは、そうした個々の断片を少しずつ段階的につなぎ合わせて知識を作っている。基礎づけ主義者は、そう考えなければならなかった。

カントが〈内／外〉の区分を克服するという（非常に骨の折れる）仕事をした重要人物だといえるのは、ひとつには、先に論じたように、知識が原子的要素から組み立てられているという描像を葬り去ったからである。もっとも、カントもまた別ヴァージョンの〈内／外〉の区分を作り出したのだけれど。「アキノキリンソウが咲いている」のような知覚内容（percepts）からであろうと、あるいは「黄色い・ここ・いま」のような知覚内容からであろうと、知覚内容から世界についての眺めを組み立てることはできない。なぜなら、何かが知識の構成要素となることに先立って、すでに世界のなかで自らの居場所を獲得していないかぎり、それが知覚内容と見なされることはないからである。最低でも、知覚している主体としてのわたし自身が取り囲まれているという感覚や、この黄色の小片は知覚主体が動き回っている環境の特徴であるという感覚がなければ、何ものも知覚内容にはなりえないだろう。もしこうした見当識（orientation）をすべて取り去った状況をあえて考えようとすれば、およそ経験とは思えないまでに変貌したもの、カントの言葉では「夢にすら及ばぬもの」[29]しか残らない。黄色は外部世界のなかにあるのか、それとも、頭のなかにあるだけなのかといったことをいっさい除外してしまったら、黄色を経験することとはいったいどんなことになるのだろうか。それは、まさに分離されバラバラにされた経験であって、世界の眺めを作りあげるという期待のかかった構成材料ではないだろう。

したがって、世界についてのわたしたちの理解は、クワイン的全体論とは異なる意味で、最初から全体論的なのである。単純で独立した知覚内容のようなものは存在しない。より広い文脈の内部におかれなければ、何かが知覚内容という身分をもつことはできない。そして、この文脈は、理解され自明視されながらも大部分は注目されないままにある。さらにいえば、この文脈すべてに焦点を当てることができないのは、文脈が非常に広範囲にわたって枝分かれしているからという、ただそれだけの理由によるのではない。文脈のすべてに焦点を当てることができないのは、文脈が決まった数の部分から構成されてはいないからである。このことは、自明視された背景が特定の状況でうまくはたらかなくなるとき、背景がはたらかなくなる方式は何通りあるかを反省してみればよい。そうした数をはっきりと定めることなどできないのだ。

このように、背景を整然と区切ることができないという点に訴える手口は、『哲学探究』と『確実性について』の議論のなかでウィトゲンシュタインが好んで用いた手法である。以前にも指摘したように、ウィトゲンシュタインは、たとえば、直示的定義を理解することはたんに個物を確定するだけのことではない、ということを明らかにした。〔直示的定義を理解するとき〕直示的定義を取り囲んでいる全体の理解がある。すなわち、話題にされているものはどんな種類のものなのか（形なのか、それとも色なの

（29）Kant, *Kritik*, A112〔カント、『純粋理性批判（上）』、二二七―二二八頁〕.

か）の理解や、これは意味を教えるひとつの方法であるという理解、などからなる全体の理解がある。わたしたちが普段行う探究では、世界の存続は当然のことだと見なされている。だから、宇宙は五分前に始まったということが「発見」――もし発見できるとすればだが――されると、わたしたちのなすことの手順全体が根底から傷つけられる。けれども、以上が意味することは、わたしたちがこれまで除外してきたさまざまな事象を収録した確定的リストがあって、このなかに、宇宙が五分前に始まったことも入っている、という具合に理解してはならない。

さて、この無限定に広がる背景理解は、わたしたちの日常的対処活動をとおして維持され、進化してきた。アキノキリンソウが咲いているというわたしの認識は、それにふさわしい文脈によって支えられている。たとえば、わたしはいま野原に足を踏み入れている、とか、今は八月だ、といった文脈によって支えられている。そしてわたしは、こうした背景のすべてに焦点を合わせているわけではない。自分がどこにいるのかということをわたしが知っているのは、わたしがここを歩いたからだ。自分がいついるのかということをわたしが知っているのは、わたしが夏のあいだ生き続けてきたからだ。しかしこれらは反省的な推論ではない。それらは、日常的な対処活動をするときにわたしがもっている理解の一部分である。もちろん、もっと反省的な態度をとり、アキノキリンソウが存在する地球上の地理的場所やアキノキリンソウが存在する季節などを理論的に理解することもある。それはちょうど、地図を描いて、普段歩き回る環境を整理して理解するのと同じである。しかしこうなったとしても、日常的対処活動のなかに反省的知識が埋め込まれることが終わりになるわけではない。地図を使っても歩き回ることができなくなれば、その地図は役に立たなくなり、当然、わたしにとっていかなる意味でも地図ではなくなる。理論的知識は、知識としての身分を保つためには、日常的な対処活動と関係をもつように位置づけられていなければならない。

このように、反省的な理論的知識は日常的な対処活動に埋め込まれていることは不可避である。しかし、もっと強い意味でもそうなっている。つまり、どんな反省的、概念的思考活動の場合も、それらがもてる内容は、背景的理解によって成立する文脈内に思考活動が位置づけてきたものにかぎられるのである。そして当の背景的理解は、日常的な対処活動の基盤であるとともに、日常的対処活動のなかで生み出されるものなのだ。

第三章　信念の確認

　さていまや、認識の媒介説と手を切った反基礎づけ主義も、そうでない反基礎づけ主義も、たいして違わないように思われるかもしれない。結局のところ、どちらももともとのデカルト主義の企てを放棄することには同意しているのだ。しかし、実際には、表象主義の認識論と手を切らないかぎり、デカルト的な哲学的見方の大部分は生き残ることになる。

　このことは「実在論」と「反実在論」をめぐるさまざまな論点の全体を見ることによって理解することができる。媒介説は、これらの問いが意味をなすようになるための文脈を提供している。〔それに対して、〕ハイデガーやメルロ＝ポンティのように、もしこの考え方から抜け出せば、これらの問いは意味をなさなくなる。あるいは、そうすることで、人は問題のない実在論、もはや大胆な哲学的「テーゼ」ではない実在論に目覚めることになる、といったほうがよいかもしれない。

　しばしば指摘されてきたように、媒介説は反動によって懐疑主義、相対主義、そして、さまざまな形式の非実在論に結びつく。ひとたび真理を確立するための基礎づけ主義の議論が上手くいかないことがわかると、自己に閉じこもり超越的な世界との接触を失った主観というイメージが残されることになる。そしてこのイメージは、不可知なもの（たとえば、物自体［Dinge an sich］など）、思考の私秘性（私的言語の議論）、あるいは相対主義といったテーゼを容易に生み出す。とくに最後の相対主義の場合には、それぞれの心が自分自身の知覚内容というスクリーンの手前から世界に接近するという描像、ないし、自分自身が作り出した鋳型で世界を把握するという描像が前提となるが、こうした描像をとると、論争を合理的に調整する道はなくなるように思われる。論争の当事者たちは、それぞれが自分の像のなかにすっぽり入っているのだとすると、どのようにして自分の議論を共通して入手可能な要素に基づけることができるというのだろうか。

懐疑主義あるいは相対主義から出発して、ある種の反実在論を採用するのは、当然かつ魅力的な展開である。[1] 問題が合理的に調停できないのなら、どうしてそれを真正な問題として受け入れるのか。どうして、ここにそれについて正しかったり間違ったりできるような事実があることを認めるのか。わたしたちの言語あるいは観念あるいはカテゴリーが外部にある実在、すなわち物自体と対応しているかどうかは決して知ることができないのだとすると、そもそもこの超越的実在について語るどんな正当な理由があるのだろうか。わたしたちは超越的実在に「実在」の地位を認めることを拒否しなければならなくなる。こうして「反実在論」に至るわけである。

これらの非実在論にとって決定的なのは、実在とそれに関するわたしたちの像という常識的な区別、すなわち、あるがままの世界とわたしたちの見る世界、道徳的に本当に正しいこととわたしたちが正しいと考えること、などの区別を否定する考えである。皮肉なのは、ここで否定されている区別が、そもそも表象主義の考え方によって二分法として樹立されたものであったということである。

こうして、基礎づけ主義がある意味で非実在論と同じ土俵で議論していること、つまり、媒介説によって整えられた土俵で議論していることが明らかとなる。これらの理論は、わたしたちの表象は心のなかにしかなくて、実在に触れていないのではないかという恐怖（さらには、わたしたちは悪霊［malin genie］の被害者なのかもしれないという恐怖）を呼び起こす。基礎づけ主義は、そうした恐怖に対する応答である。だからこそ、わたしたちの科学的‐哲学的な共同体のうちでは、さまざまな相対主義および非実在論の理論に対して、そして、ついでにいうと、そうした理論を唱えているとされるローティに対して、しばしば怒りに満ちた反応があるわけである。こうしたことが生じるのはなぜかといえば、文化全体が媒介説のパースペクティヴに捕らわれており、ひいては、現実との接触を失って取り返しがつかなくなった状態という悪夢を理解できるからである。しかし、科学は、わたしたちがそのように接触を失った状態にあるわけではないことを前提としているように思われる。それゆえ、相対主義や非実在論のような理論を夢想する人は反科学的である、〔反科学論者という〕敵に塩を送っている、わたしたちの文明を破壊している、云々ということになる。

ローティは正当にもそうしたかたくなに保守的な反応に驚いたりしない。しかし、それに対する彼の対応は、彼がきわめて重要な仕方でまだ同じ精神的な土俵に立っていることを示す。ここで問題となる媒介説は「表象」と呼びうるものを媒介的要素と見なす。ここで意図されている「表象」とは、定式化された知識ないし明示的な知識の断片、すなわち、基礎づけ主義的な認識論の理論に出てきた表象であ

（1）ここでは一般的な懐疑論について述べている。これよりも特殊な形式の懐疑論もあり、それは科学を標的にして、通常の日常的な実在は無傷のままにする。この限定された形式の懐疑論は第七章でとりあげる。

る。第一章で説明したように、媒介に関する考え方にはさまざまなものがある。デカルトとロックの場合、重要な要素は「観念」であり、粒子的な心的内容であり、それは、心のなかの小さな複製物とも、that節でしかとらえられない主張というかたちでの知識ともつかないもので、両者の間を揺れ動いているようなものだった。その後、カントは、そのような内容は最低限の場合でも何らかの包摂判断を含むものであると主張した。一部の論者は、これらの基本単位を心の外に出して物質のうちにおこうとした。そうしてクワインの「表面刺激」[2]が生まれた。しかし、二〇世紀には、言語論的転回とともに、真だとされる文のようなものないし信念が基本単位とされるようになった。

さて、わたしたちが「表象主義者」と呼ぶのは、知識はもっぱら表象によって構成され、そして思考は表象の操作を伴う、と考える人たちである。セラーズとマクダウェルの言葉で表現するならば、表象主義者とは、理由の空間の住人は信念だけだと考える人々のことである。言い換えると、表象主義者とは、わたしたちの信念はものごとに対する背景的な把握のうちに埋め込まれているというハイデガーないしメルロ＝ポンティの考えを（わたしたちの見方では）理解しそこなった人々である。

（もちろん、理由の空間を信念だけによって構成されるものとして定義することはできる。そして、理性的な思考活動（*reasoning*）、すなわち、信念に根拠を与える活動のことを考えれば、これは一理ある考えでもある。しかし、この狭い定義にしたがうと、わたしたちがどのようにして知覚において信念を形成するかをとらえることができない。これについては以下ですぐに論じる。知覚における信念形成は、世界に関するわたしたちの思考のすべてに本質的な支持を与えるものなので、それを原因の空間に含めると破滅的な間違いを犯すことになる。）

さて、その意味で、ローティはデイヴィドソンと同様に、まだ表象主義者なのである。たとえば、デイヴィドソンは次のようにいう。「斉合説の特色は、簡潔にいえば、ある信念をもつ理由として認められるのは別の信念だけだという主張にある」[3]。そして、この考えが対応説に含まれる真理と両立可能であることを主張しながらも、デイヴィドソンは自分がこの意味での斉合説を支持したいのだと明らかにする。それと同じ箇所で、デイヴィドソンは肯定的な仕方でローティを引合いに出す。「わたしたちがすでに受け入れているものを参照しないかぎり、いかなるものも正当化とは見なされない。また、斉合性とは異なるテスト方法を見つけるために信念や言語の外側に出ることなどできない」[4]。この点について二人は同じ意見のようである[5]。実際、このような姿勢、および、それと結びついた因果と正当化の間の鋭い区別は、この領域におけるローティの戦略の中心的な部分であるようである。

これは明らかに表象主義者の見方である。〔この表象主義の見方のもとでは〕理由の空間の住人として認めることができるのは信念だけである。しかし、ここでは別のことも指摘しておきたい。この見方は驚くべき発見として提出されているわけではない。当たり前のことを明確にしたものとされている。信念を正当化できるのは、もちろん別の信念だけだというわけである。どうしてこれがそれほどわかりきったことなのだろうか。いうまでもなく、〔信念を正当化する〕別の方法があるとしたら「信念や言語の外

（2）W. V. O. Quine, "Scope and Language of Science," in *The Ways of Paradox, and Other Essays* (Cambridge, MA: Harvard University Press, 1976).

（3）Donald Davidson, "A Coherence Theory of Truth and Knowledge," in *Truth and Interpretation: Perspectives on the Philosophy of Donald Davidson*, ed. Ernest LePore (Oxford: Blackwell, 1992), 310〔ドナルド・デイヴィドソン、「真理と知識の斉合説」、『主観的、間主観的、客観的』、清塚邦彦、柏端達也、篠原成彦訳、春秋社、二〇〇七年、二二四頁〕.

（4）Rorty, *Philosophy and the Mirror of Nature*, 178〔〔ローティ、『哲学と自然の鏡』、一九四頁〕.

（5）*Rorty and His Critics* のイントロダクションにおけるロバート・ブランダムによるローティの立場の説明も参照せよ。*Rorty and His Critics*, ed. Robert Brandom (Oxford:Blackwell, 2000), xiv.

部に出る」しかないからである。別の方法になりうるものとして、信念と「経験の法廷」の突き合わせを論じるにあたって、デイヴィドソンは同様の見解を述べている。「そのような突き合わせは意味をなさない。というのも、皮膚の外部に出て、自分の気づきが向けられている内的な出来事を引き起こしているものを調べることなど、もちろんできないからである(6)」。

ここで強調したいのは、ローティもデイヴィドソンも媒介説の基本的な構造に寄りかかりながら、自分のテーゼが明白であることを示そうとしていることである。「外部に出ることはできない」。これは〈内／外〉説の基本的なイメージである。わたしたちは自分自身の表象のうちに封じ込められており、それゆえ、表象の外部に立って、それを「実在」と比較することなどできない。これは標準的な描像であり、そもそも非実在論者の理論はここから生まれてきた。そしてここでは、この描像がそれを否認しようという議論のうちで発動される様子が見受けられる。捕らわれの身になるというのは、こういうことである。

この斉合説の主張が明白であるどころか端的に間違いであることを示すためには、媒介説を離れて、ハイデガーやメルロ゠ポンティが主題的に取り上げた埋め込まれた認識活動 (embedded knowing) の観点から考える必要がある。もちろん、わたしたちは実在との照合によって自分の主張を確認する。「ジョニー、あっちの部屋に行ってきて、絵が曲がっていないか教えてくれ」。ジョニーはいわれた通りにする。彼は、絵が曲がっているという (問題とされた) 信念を自分自身の信念と照合させるわけではない。彼は部屋を出るとき、問題となる事柄に関して一定の見解を持っているが、確認するというのは、問題とされた信念を問題となる事柄に関する自分の見解と比較することではない。確認するというのは、問題となる事柄に関する信念を形成すること、この場合であれば、部屋に行って絵を見ることによって信念を形成することである。

これはじつに単純な作業に聞こえるかもしれないが、実際は、気の遠くなるほど多くの一連の技能を修得していることが前提となっている。わたしたちはそうした技能をすべての高等生物と同じようにもっているのである。何かを見るためには、目の前の未規定な光景を規定的にして、背景を安定させて、ひとつの対象に焦点をしぼって、見る条件を最適にする必要がある。見るというのが単純な働きに思われるのは、わたしたちは見ることに非常に熟達しているため、すべてが順調に進んでいるかぎり、もはや自分が何をしているかに気づかないからでしかない。しかし、さまざまな障害のケースに注目することで、知覚するという過程のさなかにいる自分自身をとらえることはできる。『知覚の現象学』におけるメルロ＝ポンティの独自の重要な貢献は、そのようなケースを使って、知覚対象の構成における複雑な相互作用、すなわち、知覚野、事物、および、メルロ＝ポンティが身体図式と呼ぶもののあいだでの複雑な相互作用に注意を促したことにある。

まず、目の前の光景を規定的にする必要がある。通常、この段階はわたしたちにとって非常に自然なものとなっており、ほとんど瞬間的に通過されるが、普通でないケースではそれに気づくことができる。メルロ＝ポンティは、最初は未規定で不安定な光景に見えるものを見るという例を挙げている。「難破船に向かって海岸線を歩いていると、その煙突や帆が砂丘の縁にある林に溶け込んでいたとしよう。すると、これらの細部が突然船の一部となり、船と分かちがたく結びつく瞬間が訪れることになる。船に接近するあいだに類似性や近接性を知覚しており、それが最終的にひとつになって船の上部に関する一

（6）Davidson, "A Coherence Theory," 312〔デイヴィドソン、「真理と知識の斉合説」、二二八頁〕.

枚の絵を作り上げたわけではない。わたしが感じたのは、対象の見えがまさに変わろうとしていること、積乱雲が嵐の逼迫を告げているように、この緊張が何ものかの到来を告げていたということだけだった。すると突然、目の前の光景は、わたしの曖昧な期待を満足させるような仕方で再組織された」(7)。

目の前の光景は、規定的な対象へと整えられるとともに、背景のうえの図へと組織される。すると、わたしたちの身体図式は自動的に作動して背景を安定させる。まるでわたしたちはその技能をつねにすでに獲得されたものとしてもっていたかのようである。視覚の場合だと、たとえば、照明の水準が設定され、客観的には〔光の〕強度が大幅に変化しても、明るさは一定であるように経験され続ける。それゆえ、何らかの活動に熱中していると、照度計で測定される明るさがどんどん暗くなっていっても、自分でも驚くくらいほぼ完全な暗闇のなかで仕事をしている状態になるまで、知覚される明るさは一定に保たれる。同じように、客観的には照明の色が大きく変化しても、物体の色は変わらないように見え続ける。これがわかるのは、夕暮れどきに自然な色をしているように見えた光景を撮影して現像したら、オレンジ色に見える写真が返ってきたときや、雪の日に電灯で照らされた室内を外から見ると、黄色がかって見えたのに、自分の身体が白熱灯の光のなかに入るやいなや特に色味はついていないように見えたときなどである。光景の垂直次元の感覚も同じ仕方で設定されて維持される。メルロ゠ポンティはゲシュタルト心理学者の実験を参考に次のように報告する。逆さメガネをかけて、世界についての知覚が反転した被験者を自由に動き回らせたり事物を扱わせたりしておくと、最初は方向がわからなくなる期間があるが、その後、世界は正立し、被験者はスキーをしたり、自転車に乗ったりできるようにもなる。

背景の恒常性、ないし、メルロ゠ポンティのいうところの背景の水準については以上である。その一方で、図もまた安定させられている。物体に近づくとき、その網膜上の像は急速に拡大するが、その物体は恒常的な大きさをしたものとして与えられる。メルロ゠ポンティが指摘するように、身体をもって動き回る主体とちがって、カメラは大きさの恒常性を維持しないので、映画では、電車は近づいてくるにつれて急速に大きくなっているように見える。また同じ理由から、カメラの近くにある鼻や足は巨大化している。大きさの恒常性が崩れるのは、このように動けばその物体をつかむことができるという感覚がなくなった場合だけである。それゆえ、飛行機の上からは、おもちゃの車や家のようなものが見える。それと同じように、物体の実際の色が周りの物体の色に影響されていても、あるいはまた網膜に投影された物体の形が知覚者の運動とともに変化しても、物体の形や色は身体図式によって一定に保たれる。通常は気づかれずに成し遂げられている知覚的体制化という、この注目すべき働きを理解する手がかりとして、メルロ゠ポンティはセザンヌの試みを取り上げる。セザンヌは、さまざまな色とパースペクティヴから静物を描くことによって、見る者に対象が安定した色と形をとりつつある感覚を与え、それゆえまた、ルネサンス式の遠近法や印象派の光そのものを描こうという試みよりも説得力のある仕方で物体の実在性の感覚を与えようとしたのである。

物体を取り囲む線としての物体の輪郭は、視覚世界ではなくて幾何学に属している。リンゴの形を連続的な線によって描いたとき、その形をした物体が作られる。しかし、輪郭とは観念上の限界で

（7）Maurice Merleau-Ponty, *Phenomenology of Perception*, trans. Donald Landes (London: Routledge, 2013), 17〔メルロー゠ポンティ、『知覚の現象学（1）』竹内芳郎、小木貞孝訳、みすず書房、一九六七年、五一頁〕.

あって、リンゴの側面はそれを目指して奥行き方向に遠ざかっていく」。輪郭がいかなる形も表さなかったら、物体からは同一性が奪われてしまうだろう。一本の輪郭線を描き出すだけだと、奥行きが犠牲になる。すなわち、事物を目の前に広げられたものではなく、豊かな備蓄のある無尽蔵の実在として現前させる次元が犠牲になる。それゆえ、セザンヌは抑揚のついた色で物体の膨らみを追いかけ、青色で複数の輪郭線を示すのである。これらの色や線のあいだを跳ね回っているうちに、視線は知覚の場合と同じように、すべての色や線のあいだから生じてくるひとつの形をとらえる(8)。

最後に、わたしたちは知覚的光景に対する最適の把握が手に入るように自分自身の位置を定める技能を身につける。すでに見たように、行為において、わたしたちは自分の予期が継続的に現実化するように運動する技能を発達させる。メルロ＝ポンティは、そのような運動が知覚において機能する特別な方法を指摘する。通常、最初に物体が見えたとき、わたしたちは物体までの距離を不均衡な状態にあると感じ、その不均衡は、よく見えるように動くことでなくすことのできるものだと感じられる。そしてわたしたちは、事物の全体をその細部と一緒に取り込めるような視点に向かうように導かれる。メルロ＝ポンティは、行為と知覚の両方において最大の把握を手に入れようとする傾向性の役割を総括して、次のように述べている。「わたしの知覚が可能なかぎり多様で可能なかぎり明晰に分節化された光景を提示してくれるとき、そして、わたしの運動意図が期待される反応を世界から受け取りながら展開するとき、わたしの身体は世界をしっかりとつかんでいる。この知覚と行為における最大限の明瞭さが、知覚的地盤、わたしの生活の背景、あるいは、わたしの身体が世界と共存するための一般的環境を定めるのである(9)」。もちろん、わたしたちは物を見ることに熟練しているので、行為の場合と同じく、知覚においても、最適な視点に至るまでの運動は、ほとんど一瞬のうちに起きて注意が向けられないのが普通である。ここでもまた、メルロ＝ポンティは見事に、そのような技能的活動が気づくことができるくらいゆっくりと行われている事例を見つけてくる。彼が気づかせてくれるのはこういうことである。「美術館の一枚一枚の絵と同じように、それぞれの物には、それがそこから見られることを要求するような最適の距離、そこから眺められると自らを最も多く差し出すことになるような向きがある。それより近すぎても遠すぎても、過剰か不足によって不鮮明な知覚しかえられない。それゆえ、わたしたちは最大限の見えやすさへと向かい、顕微鏡を使うときのように、よりよく焦点を合わせようとする」[10]。

実際、美術館では、自分が均衡へと引き寄せられているのがわかる。というのも、わたしたちは知覚に関しては熟練しているため、通常の物体を知覚するときは、見るための最適の位置へとただちに引き寄せられるのが普通だが、絵はそれぞれについていろいろ試しながら最良の把握を見つけなければならない点で特殊なケースであるため、最適点の周りを行ったり来たりすることになるからである。

どちらの場合においても、身体的な存在として、わたしたちは自分の見ているものに顔を向け、対象の大きさに対して適切な距離に移動し、対象とのあいだに妨げのない視線を確保する必要がある。この

（8）Maurice Merleau-Ponty, "Cézanne's Doubt," in *Sense and Non-Sense*, trans. H. L. Dreyfus and P. Dreyfus (Evanston: Northwestern University Press, 1964), 14–15〔メルロ＝ポンティ、「セザンヌの疑惑」、『意味と無意味』（滝浦静雄、粟津則雄、木田元、海老坂武訳）所収、みすず書房、一八頁〕.

（9）Ibid., *Phenomenology of Perception*, 261.〔メルロー＝ポンティ『知覚の現象学（2）』、竹内芳郎、木田元、宮本忠雄訳、みすず書房、一九七四年、七〇頁〕.

（10）Ibid., 315–316〔同上、一四六頁〕.

ようにして、わたしたちの技能は、物を見るためには物からの光に因果的な作用を受ける位置にいる必要があるという、知覚の因果説で明らかにされた事実を踏まえたものとなっている。それゆえ、そもそもわたしたちの知覚技能は、わたしたちを物理的実在と接触させるにあたって、おのずと物理的制約を踏まえている。実際、わたしたちは対象に対して最適の把握をえることにあまりに長けているため、そもそも知覚するためには自然の制約に自らを合わせることを覚える必要があるという事実に普段は気づかないのだ。何らかの妨害によって、新たに姿勢を取り直したり、新しい位置に移動したりすることになった場合にかぎり、無意味な自然からの因果的影響と有意味な知覚経験のあいだの断絶が最適な把握に到達することに伴う全体的活動によって架橋されていることがわかるようになる。

以上の技能はすべて、目につかない仕方で作動することによって、身体をもつすべての主体に物の世界へのアクセスをもたらす。それゆえ、ジョニーに、どうして絵が曲がっていると主張するのかを問いただしたとしたら、おそらく、見てきたからだとしかいえないよ、というだろう。しかし、どうしてそれを確実に見たと考えるのかをしつこく尋ねたら、ジョニーはたぶん、自分の認識論的技能を披露し始めるかもしれない。彼は、こう指摘するかもしれない。照明は全体的に良好だったし、何も視界を妨げるものがない位置から見たし、全体像を見失わずに細部を見るのにちょうどよいくらいまで絵に近づいていた。そして、これらの最適な条件のもとで、絵は曲がって見えたのだ、と。

もちろん、絵が曲がって見えていたことは、絵は曲がっていた、というジョニーの信念を「動機づけた」のであって、それを正当化したわけではない、と反論することはまだできる。すなわち、メルロ＝ポンティお気に入りの月の錯覚のケースのように、ジョニーは曲がった絵のように見えるものを見ることになっただけかもしれない。そして、わたしたちが月は地平線にあるときのほうが天頂にあるときよりも大きく見えるからといって、そうだと信じるわけではないのと同じように、ジョニーには絵の見え方だけに基づいて信念を形成することは正当化されていなかったかもしれない。しかし、ジョニーは他にも技能をもっていて、壁と床が直角に交わっているかどうかなど、関係があるかもしれないことを確認することができる。そして、認識論的技能のうちで関係のあるものをすべて使って、錯覚の源泉のうちで関係のあるものがすべて確認されたとき、ジョニーは自分が形成した信念にしたがい、絵は実際に斜めに曲がっているのだと結論する権利をもつことになる。

知覚において、世界からの因果的衝撃は、他の信念を正当化したり、他の信念に正当化されたりするような信念を単純に与えてくれるわけではない。これが教訓である。むしろ、因果的入力は複雑に入り組んだ一連の認識論的技能を呼び起こし、その認識論的技能が安定した経験を生み出し、さらにその経験がわたしたちに信念を形成するように仕向ける。そして、用心深い人や錯覚が起きていると思っている人は、さらに多くの認識論的技能を行使して、そのとき背景が普通かどうかを確認することができる。そうしてはじめて、わたしたちは他の信念の正当化に役立つ信念をもち、そこから信頼可能な推論をできるようになる。

ジョニーに指示を出したときには、彼がほとんどの人と同じように、どうすればこうしたことについて信頼可能な見解を形成できるかを知っていることが想定されていた。つまり、ジョニーは、どのように進んでいき、どのように対象に対して適切な距離をとって適切な方向に向かって立ち、メルロ＝ポンティが物に対する最大の把握（prise）と呼ぶものをえればよいかを知っている。何がジョニーの信念を正当化するかというと、それを問いただすような機会があったとしたらの話ではあるが、その答えは、物に対する最大の把握をえる方法を知っていること、このような仕方で物を扱えることなのである。これはもちろん、彼が他の方法で物を使ったり、手で扱ったり、物のあいだを動き回ったりできることと分けられることではない。ジョニーは、確認に行くとき、この複合的な対処能力を使う。自分の対処能力に対する感覚によって、彼は自信をもって自分の判断を報告することができる。そして、彼に能力があるのだとすると、こうした自信をもつのは正当なことである。ジョニーにもいくつかできないこと(たとえば、その絵がルノワールかどうか〔を判断すること〕)はあるが、物に対する最大の把握をえることはできるのだ。

以上は、ある種の文脈においては、自分の皮膚の外部に飛び出るという突拍子もない筋書き[11]まで振り切れてしまわずに、信念を事実と照合するということがまったく申し分なく理解できることを示している。デイヴィドソンとローティが当たり前だと考えたことは間違っていたのだ。

これによって、わたしたちは自分ではある描像から抜け出しているつもりでも、その描像に捕らわれたままでいる可能性がある、ということも示されたと考えたい。わたしたちは、思考に枠をはめられ、自分が唱えたり受け入れたりする議論を条件づけられることによって、描像に拘束される。そして、自分ではそのことに気づきもしないのだ。というのも、そのなかで動き回っているかぎりは目につかないというのは、枠組みというものの本性の一部だからである。

ある意味で「表象主義」を理由にローティを非難するのは、この上なく不公平であるように思われるかもしれない。ローティ自身が「表象」について語ることを激しく非難しているではないか。「わたしは言語にしても知識にしても、両者は絵を描くことや表象すること、あるいは、対応することとは何の関係もないと考える。それゆえ、わたしは命題を定式化して検証することは、テイラーが「うまくやること(dealing)」と呼び、ドレイファスが「対処(coping)」と呼ぶものの特殊事例にすぎないと理解している」[12]。しかし、このように命題〔的態度〕を対処というあり方のうちに取り込んでしまうと、まさに媒介にまつわる問題の核心が素通りされ、ローティはジレンマに直面することになる。命題〔的態度〕は、対処の実践とちがって、世界を表象し、それゆえ内容をもつか、そうでなければ、信念のような命題〔的態度〕は内容をもたない。前者の場合、命題〔的態度〕の充足条件はそれが充足されているかどうかと分離できるという意味で、命題〔的態度〕は内的なものであることになる。しかし、後者の場合、ローティによれば、どうして信念などの命題〔的態度〕は他の信念を合理的に正当化できるというのだろうか。

ここで立ち戻りたいのは、自分はある考え方を拒絶する、というだけでは、必ずしもその考え方が埋め込まれている描像から這い出たことにはならない、という点である。その描像がどのように自分を捕らえて放さないのかも調べて明らかにする必要がある。ただ立ち去るだけでは、この仕事を避けることになってしまうのである。

第一章で媒介説の伝統を四つの要素によって説明した。その説明に立ち戻るならば、ローティも、そしてローティとは別の仕方でデイヴィドソンも、この伝統の内部にいることを理解することができる。四つの要素というのは、（1）「介してのみ」構造、（2）内容の明示性、（3）その内容の向こう側や裏側には回り込めない〔という考え〕、そして、（4）心的なものと物的なもの、理由の空間と原因の空間という二元論的分類であった。さて、ローティとデイヴィドソンは（1）を激しく拒絶する。ところが、ローティは（4）は認めており、ローティほど明確ではないにしろ、デイヴィドソンもそうである。し

（11）Davidson, "A Coherence Theory"〔デイヴィドソン、「真理と知識の斉合説」〕.
（12）Richard Rorty, "Charles Taylor on Truth." In *Truth and Progress*, vol. 3 (Cambridge: Cambridge University Press, 1998), 95–96.

かし、媒介説の伝統が息づいているのがよくわかるのは、彼らが（2）と（3）を受け入れるからである。世界に対するわたしたちの把握の内容は明示的な信念として理解されなければならない（2）。そして、理由の空間において、これらの信念の向こう側や裏側に回り込むことはできない（3）。信念を正当化するのは信念だけであるというわけだ。

しかし、前述のジョニーの事例は、わたしたちが理由の空間において信念の向こう側や裏側に回り込めること、そして、わたしたちがジョニーが行ったような仕方で信頼可能な信念を生成できるのは身体的主体として実現される世界との原始的接触のおかげだと理解できることを示している。つまり、関与的対処とは、原因の空間と理由の空間が合流する場所であり、それは、わたしたちが触発されるとともに能動的であり、事物に干渉されるとともに事物を理解する領域において生じる。ここに見られるのは、問題から立ち去ることによって、抜け出したいと思っている描像に捕らわれたままになってしまう典型的な場合である。〔このままでは〕どのようにして認識する主体が世界に関する信頼可能な正当化された知識を獲得するのかを考え抜くことはできない。一方で、信念が世界との因果的接触から生じてくることはわかっている。他方で、自分たちが正当化のために一定の手続きや規準を活用していることもわかっている。事物とのこの二つの関係を探究することはできるが、どういうわけだか、それらを関係づけることはできないのである。

両者を関係づけることができるのは、間違った描像を乗り越えて、ハイデガーやメルロ＝ポンティがそうしたように代替案を打ち出す用意ができている場合だけである。そうしてはじめて、当たり前だと思っていたことが、どれほど間違っていたかが理解できるようになるのだ。

それゆえ、ローティは、基礎づけ主義、実在論、反実在論などの問題に対する自らの対処法全体によって、わたしたちが論じてきたような捕らわれの可能性に対して、ますます脆弱にならざるをえなくなる。ローティの見方は、本質的には、ある種の相対主義や非実在論とよく似ている。正当化というのは、究極的には、わたしたちのこちら側でのやり方に訴えるものでなければならない。わたしたちのやり方が相手側のやり方と違っているならば、〔その違いを〕理性によって調停することはできない。しかし、ローティは「相対主義者」と「非実在論者」という（忌み嫌われた）肩書きを拒絶する。そのためにローティは、要するに、相対主義や非実在論の立場と基礎づけ主義とが答えを競い合うことになる問題を問うのをやめようと、わたしたちを説得しようとする。うまくやることや対処には、さまざまなやり方があるというだけなのである。語彙は道具である。「さまざまな語彙がわたしたちに信念をもたらし、それらは環境のさまざまな局面に対処するにあたって、とても役に立ったり、あまり役に立たなかったりする」[13]というのだ。

しかし、これまでの考察は、ある種の問いからは気軽に立ち去るわけにはいかないことを示唆する。媒介説の考え方（mediational construal）とわたしたちが世界に埋め込まれていることを強調する考え方（embedded construal）（すなわち、ハイデガーおよびメルロ゠ポンティ）のどちらのほうが適切なのだろうか。〔ローティによれば、〕わたしたちは、このように問うことを単純にやめられるはずなのである。しかし、わたしたちは自分の思考が一方の考え方によって統制されているのを見出す。これは避けられないことであり、わたしたちが世界に埋め込まれていることを強調する見方のほうは、その理由を明らかにすることができる。わたしたちは、ある意味で、自分が知っている以上のことを「知っている」。この鉤括

(13) Brandom, introduction to *Rorty and His Critics*, xiv.

弧が意味するのは、わたしたちが事物に対してもっているまだ分節化されていない感覚である。世界について思考するにあたって、わたしたちはつねに、この感覚か、この感覚を歪んだ仕方で理論化したものを頼りにしている。斉合説に関して見てきたように、わたしたちは哲学するときにそうしているわけだが、それにかぎった話ではなく、まったく日常的な場面で世界のなかのものごとを調べようというときもそうなのである。わたしたちが行う区別のうちでローティが役に立たないと考えるものは、わたしたちの実践のうちに埋め込まれている。たとえば、独立の対象としては解釈できない自己理解と、あらゆる記述の変化を通じて不変の独立の実在――そこに存在しながらケプラーを待ち構えていた太陽系のような実在――のあいだの区別は、わたしたちの実践のうちに埋め込まれているのである。ケプラーが楕円軌道を新たに提案したとき、その軌道を天体が自己理解しつつ行動する様子を記述したものとして扱ったわけではない。ケプラーの探究全体の枠組みとなっていたのは、天体は昔からずっと楕円軌道で運行してきたのであり、自分の理論は過去・現在・未来のすべての観察を理解可能にすることになる、という考え方であった。わたしたちは、〔ケプラーの理論に〕大げさな形而上学的な論評をもち込んで上乗せしているわけではない（ケプラーの正多面体に関する見方には、そうした趣があるが、それはここでは関係ない）。わたしたちは、ケプラーの探究の本質的な枠組み、すなわち、探究に意味を与え、それがなかったら探究は大いに違った仕方で遂行されたであろう枠組みを明確にしているだけなのである。(14)

実際のところ、ローティが、わたしたちは世界から因果的に干渉されているといっているときには、まさに、この枠組みに関する理解に基づいているのだ。このようにいったからといって、新しい発見がなされたわけではない。これはむしろ、活動している人間主体であれば、誰でも知っているはずのことを明確にしたものにすぎない。錯乱した観念論者は例外かもしれないが、実際、これはこの領域におけるすべての理論に共通の基盤である。しかし、この事実に言及することは許されるが、さらに一歩進んで、ハイデガーやメルロ＝ポンティのように、思考が能動的主体性に埋め込まれている仕方を記述することは禁じられているのだとすると、それはいかなる隠された境界線があってのことなのだろうか。わたしたちが自分の思考や行為を実際に理解するときに用いる枠組みに関する理解を明確化してはいけない理由などないはずである。

1

そういうわけで、ローティの目標はわたしたちと同じで、デカルトから受け継がれてきた旧来の媒介的認識論から自由になることにある。だが彼は、（マクダウェルの言葉を使うと）心と世界に関する問題群全体から立ち去ることによって、それを成し遂げようとする。すなわち、どのように理由の空間と原因の空間を関係づけるか、どのように思考は身体的で社会的な行為のうちに埋め込まれているか、といった問題からは立ち去ればよいというのである。それに対して、わたしたちの考えでは、旧来の認識論に明確に示された歪んだ描像から自由になるには、それと格闘し、その正体を突き止め、それがどこでおかしくなってしまったのかを見ていくこと、つまり、ハイデガーやメルロ＝ポンティのしたようなことをしないで済ますわけにはいかないのだ。

（14）Charles Taylor, "Rorty and Philosophy," in *Richard Rorty*, ed. Charles B. Guignon and David R. Hiley (Cambridge: Cambridge University Press, 2003), 171–172.

正しいのは誰だろうか。わたしたちは自分たちが正しいのだと主張したい。その根拠は、これらの心と世界に関する問題から完全に逃れることはできない、ということにある。世界についての明示的な思考は、自分たちの世界内存在に関する暗黙的でほとんど分節化されていない背景的感覚という文脈のうちにあり、それによって意味を与えられている。あるレヴェルでは、わたしたちはつねに否応なしに、心と世界に関する問いに対する何かしらの答えを生きているのである。

だからこそ、わたしたちが自分は媒介的描像から自由になったのだと宣言したとしても、依然として、この描像はわたしたちの理論的な想像力を支配しかねないのだ。このことは、ただ立ち去るだけという戦略の限界に関する注意喚起となるはずである。他方、ローティがこれらの問いを退けることによって、ごく当たり前のこととして受け入れられるような事柄を否定せざるをえなくなっていることに注目することで、この戦略のおかしな点を理解することもできる。つまり、世界について学習し、世界を記述し、自分たちが発見したことを伝え合う、といった実践を理解可能にする先行理解（preunderstanding）を明確に表現したものであるため、わたしたちとしては何らかの仕方で認めないではいられないことをローティは否定せざるをえなくなっている。たとえば、先ほどジョニーに出された指示の場合のように、わたしたちは主張を事実と照合して確認するようにお互いに要求する。また、わたしたちは、天体の理論の場合のように不変の実在に関して次々に出てきた解釈について話したり、間違いを正すことや誤りの少ない見方をえることについて話したりする。そして、このすべてに関係するのだが、わたしたちは表象という概念を拒絶する正当な理由をもたない。多くの日常的な簡単な文は、（もちろん、すべてがそうだということでは決してないが）事物のありようを伝えることになっている。こうした文は事物のありようの「像」を与えるものであり、そして、事物の実際のありようがこの像に対応すると、正しいことになる。このような表現を使う権利を否定しようとしても、代わりに似たようなものをもち出さなければならなくなるだけである。というのも、これらの表現は、確認する、否定する、主張する、同意する、などの活動が意味をなすための背景的理解を明確にしたものだからである。まさに、このような常識的で十分理解された意味において、何かに関する日常的な直説法の文はその何かを「表象」する。この部屋にはイスが一五脚ある。——さあ本当にあるかな？——数えてみよう（数えることそれ自体は信念ではないが、信念を生成する信頼できる方法である）。

ローティは「表象する」という言葉の使用をやめさせようとするが、自らはあいかわらず「信念」という言葉を使う。しかし、この言葉の論理には「表象」という言葉の場合と同じ背景的理解が組み込まれている。それは何についての信念だろうか。この事物についてAは正確には何を信じているのだろうか。それは真だろうか。正しいだろうか。ロうるさいプラグマティズムが表象という言葉の使用を許さなかったとしても、わたしたちは表象の論理に浸りきっている。さらに、いったん表象というものを否定すると、わたしたちが世界に埋め込まれていることを強調する見方の決定的に重要な考え、すなわち、表象が話のすべてでは決してありえないということ、表象だけでは不十分だということが理解できなくなる。いまや、一連の用語が禁止されているため、これを考えることさえできないのである。するとびっくり、斉合説を論じていても、結局まだあの描像に捕らわれたままなのである。

ローティの媒介説からの脱出は、心と世界に関する考え方のすべてが等しく暗黒に包み込まれた暗闇へと飛び込むようなものである。〔その暗闇のなかでは〕いくら目を凝らして見ても、ハイデガーやメルロ＝ポンティが実行して豊かな成果を残したような仕方で、あるレヴェルでつねにすでに「知っている」ことを明確にすることはできない。そのため、ローティの理論は奇妙にアプリオリな雰囲気をおびている。

〔ローティの理論によれば、〕真理に関するさまざまな文脈を区別して、異なる文脈においては異なる考察が主張を真にするのだということは許されない。正当化とは、結局のところ、わたしたちのいるこの場でのやり方の問題であって、こちらのやり方があちらのやり方より良いか悪いかを議論しても調停はできないと信じるしかない、というのである。これはある種の包括主義のようにみえる。つまり、問題や文脈には大変な違いがあるとか、信念や表象はある状況では成立するかもしれないが別の状況では成立しないかもしれないとか、さらには理性的な解決というのはある文脈では大いに結構かもしれないが別の文脈ではまったく成り立たないかもしれないといったことは、どんな意味においても認められないというのである。たとえば、アリストテレス力学からニュートン力学への移行に非常にしっかりとした根拠があったことは、わたしたちには確固としているように思われる。いったん移行が起きると、それによって変則例も解消されるので、元に戻るのは不合理なことになる。すなわち、いったん学習したことを忘れるでもしなければ、元には戻れないのである。ここではよりよいものへの交替（supersession）が起きている。しかし、それと同じようにバロック音楽はルネサンス音楽に取って代わったのだと主張したとしたら、それはおかしいだろう。ほかのケースは、この二つのケースのあいだにあり、事情はもっと複雑である。しかし、女性が投票権をえようと奮闘していた頃に、それに反対する理由として挙げられていたものについて考えてみるとよい。そのなかに今でも真顔で繰り返すことができるものがいくつあるだろうか。かつて女性は政治的判断ができないと考えられていた。女性にまだ政治的責務が認められていなかった頃、人々は、これを信じることができたし、また実際に信じていた。しかし、女性が政治的責務を一世紀ものあいだ果たしたのちには、この信念はもう奇妙にしかみえない。いま知っていることの多くを忘れてしまうのでもなければ、もう一度これを主張することなど不可能なのだ。

ローティが近代哲学の狭隘な合理主義的伝統から非常に多くのものを捨て去っているにもかかわらず、アプリオリに考えるという最も腹立たしい習慣を保持して、きわめて一般的な考察に基づいて大規模な結論を下しているのは、ある意味で残念なことである。概念枠の違いは調停可能だろうか（この廃棄すべき用語を使ってしまって申し訳ない）。それに対して、すべての文脈に共通の何らかのきわめて一般的な特徴に基づいてイエスかノーで答えられるはずだ、と想定されている。しかし、この種の合理主義的な哲学の束縛を本当に脱したならば、それぞれの新しい文脈をよく調べるほかに方法はないのだとすぐにわかることだろう。

2

このようにして結局のところ、世界に関する経験のなかで原因の空間と理由の空間がどのように関係するのか、まだ説明できていないのである。この関係をめぐるアポリアを解決し、ひいてはあの描像から抜け出すために何が必要であるかは、おそらく今なら、よりよく理解できるだろう。原因の空間と理由の空間のあいだの堅固な境界を突破するには、（1）前概念的な種類の理解を認めて、それが事物を概念で述定するための基礎となるのだと考える必要がある。言い換えると、概念より下層にあって理由の空間のなかで機能する何かを認める必要がある。そのためには、（2）この前概念的な理解を関与的な主体による理解、すなわち、自分の目標、必要、目的、欲求に基づいて事物の意味（sens, Sinne）を決定する主体による理解として考える必要がある。これらの意味は自発性と受容性、制約と努力の組み合わせから生じる。特定の目標や必要によって規定された存在者が世界を理解するためには、世界をこうした組み合わせによって生じる意味に則って取り込まなければならないのである。それゆえ、ある意味で、それらの意味は実在からわたしたちに押しつけられている。だから、実際に生じるのは、勝利か敗北、成功か失敗、成就か挫折のいずれかである。つまり、（一定の限界を越えると）自分でこうした意味を否定したり変更したりすることに決めるわけにはいかないのである。しかし、それと同時に、この意味が開示されるのは、わたしたちが自分の周囲を理解しようと努力することを通じてのみなのである。

しかし、（3）この制約された前概念的な理解が起きる原初的で不可避な場は、世界との身体的な交渉である。この点において、メルロ＝ポンティが打ち出し、のちにトーデスが拡張して展開した提案が決定的に重要なのである。事物の意味のうちで最も根源的で不可避なものは、世界におけるわたしたちの身体的存在に伴うもの、ないし、それと結びついたものである。つまり、わたしたちの領野は、上や下、近くや遠く、簡単にアクセスできるか届かないか、つかむことができる、避けることができる、などといった観点から形づくられている。

しかし、（4）わたしたちの人間性の本質は、この原初的な関与的なモードの中心から自分自身を外せる能力によっても成立している。つまり、離脱的で普遍的な観点から、すなわち、部外者ないし「高次」の視点から、事物を見られるようになることにもある。これは西洋文化においては、「どこでもないところからの眺め（view from nowhere）」を少なくとも名目上は獲得しようとする試み、ないし「絶対的な観点」から事物を記述しようとする試みという独特の形式をとっている。ただし、この離脱的なモードが、ある重要な意味で派生的であることは理解しておかなければならない。先に触れたように、関与的なモードのほうがさしあたりたいてい（prior and pervasive）成り立っている。わたしたちの出発点はつねにそこにあり、これはときどき離脱するための基盤としてもつねに必要なのである。しかし、ここでの依存関係が発生的なものであり、何よりもとくに、概念的なものではないということは明確にしておく必要がある（第二章の議論を参照）。

　このような四段階の見方をとれば、所与の神話を克服して、媒介説の逆説的な境界を越えていくことができることになる。同時に、この歩みは反実在論への誘惑をも解消する。これはとくに（3）の段階のおかげである。事物に対する把握が、根源的には、事物への身体的関与による把握であることがわかれば、自分が周囲の実在に関するいかなる記述や意味帰属よりも深いレヴェルで、この実在と接触していることがわかる。これらの記述や帰属は間違っているかもしれないが、そうだとしても残り続けなければならないものがある。すなわち、こうした記述や帰属が間違った答えとなった問いが生じてきた世界、脱出することなど不可能な世界がそれである。というのも、わたしたちはこの世界を多くの仕方で必要としているからだ。突き詰めていくと、自分が誰なのか、自分は何を目指しているのか[15]を知るためにも、たとえそれが世を捨てて荒野に向かうことにあったとしても、この世界が必要なのである。わたしが実在に対してもつ最初の理解は、わたしが実在について作り出している像ではなく、実在との継続的なやりとりに与えられた意味である。わたしは実在を正確に把握できない場合もあるが、実在が切り離しようのない仕方で現にあることを否定することはできない。それゆえ、メルロ＝ポンティが述べたように、それらの言葉が本当に意味するところを見失ってしまっているのでもなければ、〔世界や実在が現にあることの〕否定など語ることさえできないはずなのである〔第五章注2を参照〕。

（15）Todes, *Body and World* における啓発的な議論を参照せよ。

（3）と（4）の段階は、実在論と反実在論の対立という問題に対するわたしたちの見解にとって決定的に重要である。しかし、この問題を追究する前に、関与的な主体性に関して第二章と第三章で素描してきた描像を完成させておきたい。

第四章　接触説——前概念的なものの場所

以上の議論を介して、わたしたちが置かれた状況に関するハイデガーやメルロ＝ポンティの記述、つまり、世界内存在（Inderweltsein/être au monde）の分析が、ジョン・マクダウェルによる二元論的認識論に対する強力な批判と結びつく箇所に到達したことになる。[1] マクダウェルがセラーズにしたがって攻撃する二元論とは、理由の空間と原因の空間のあいだの鋭い区分である。世界内存在（Inderweltsein/être au monde）の考え方にも、このような境界づけの余地はない。マクダウェルの議論と同じように、これらの考え方が説明しようとするのは、わたしたちの見解が知覚において世界によって形成されるときの場が、たんなる因果的な干渉ではなく、納得することによって信念が獲得されるような場所であるというのは、どのようにして可能なのか、ということである。これらの世界内存在という考え方に含まれた主張によれば、概念レヴェルでの信念形成だけに焦点を当てているのでは、このように納得することによって信念を獲得するといったあり方を十全に説明することは決してできないのだ。

わたしたちが自分の周囲に導かれて概念的信念を形成することができるのは、これらの周囲との前概念念的な関与のなかを生きており、それには理解が伴っているからである。これがわたしたちの主張である。この〔前概念的な〕空間でのやりとりの過程は、中立的要素のあいだの因果的過程ではなく、関連性を感じ取ってそれに応答する過程である。ここではそもそも外的な境界をもった内的な領域という考え方そのものが成り立たない。というのも、わたしたちが一定の関連性のなかで生きる存在であるという事実は、主体の「内部」に位置づけられないからである。この事実は相互作用そのもののなかにある。わたしが道を歩いて登り、自分の居場所をずっとわかっているとき、それを支える理解と技能知は一種の像としてわたしの「内部」にあるわけではない。そうなるのは、わたしが地図を描く段階に踏み出したときである。しかし、ここでは、そうした理解は自分が道を乗り越えていくことのうちにある。その理解は相互作用のうちにある。これは相互作用の外部で、関連する周囲がない状態では利用できないような理解なのである。この理解を〔周囲から〕引きはがせるものだと考えるのは、それを明示的知識、概念的知識、言語に基づく知識あるいは地図に基づく知識をモデルに解釈することにほかならない。このような解釈がもちろん、デカルトからロックを経由して現代の人工知能製作者に至るまで、〈内／外〉の伝統の全体がやろうとしてきたものである。しかし、まさにこのように考えることによって、境界が再形成され、知覚的認識の過程が理解不可能になる。

ところが、しばらくのあいだ、わたしたちの見解は、この点においてマクダウェル自身と一致していないように思われた。というのも、マクダウェルは、概念的なものより下のレヴェルに世界との認識的接触がある、という考えを拒絶するからである。マクダウェルは、理由の空間の正真正銘の住民は命題的な形式をもたなければならない、と考えているようである。[2] またマクダウェルは、正真正銘の信念が獲得される場所は概念によって形成されていなければならない、と誤解の余地なくはっきりと述べている。それに対してわたしたちは、命題的な形式をした信念は、それよりも原初的で「根源的（ursprünglich）」で認識的に豊かな仕方で世界と接触することに基づいてのみ生じうるものであり、この接触は前命題的（prepropositional）なだけでなく部分的には前概念的でもある、と主張している。

わたしたちのあいだの（少なくとも表面上の）違いをより明確にするために、マクダウェルがその豊かで能弁な著作で展開した議論の本筋を参照しよう。マクダウェルは自分の本の最初で、所与の神話にうったえたくなる誘惑を説明する。わたしたちは、自分が信念のいくつかを他の信念で正当化していること、ないし、他の信念からの推論の連鎖を通じて一定の信念にたどりついていることに気づいている。しかし、わたしたちは、これらの信念は「根拠づけられており、その根拠づけによって思考の外部にある実在に関係づけられて」いなければならない、とも考えている。「経験が知識の源泉となるはずであり、もっと一般的には、そもそも経験的判断の実在に対する関係というものがわたしたちの描像のなかで理解可能な仕方で成立しているはずなのだとすると、明らかに、そのような根拠づけがなければならないのである」[3]。

所与の神話は、この懸念に対する応答である。信念を他の信念で正当化する活動は、そのままでは「自己充足したゲーム（self-contained game）へと堕落する」おそれがあるが、「経験的正当化の究極的基

（1）John McDowell, *Mind and World* (Cambridge, MA: Harvard University Press, 1993)〔ジョン・マクダウェル、『心と世界』、神崎繁、河田健太郎、荒畑靖宏、村井忠康訳、勁草書房、二〇一二年〕.

（2）たとえば、彼は次のようなことをいうことがある。「しかし、判断を保証することになる関係というものを本当に理解するには、概念の空間の内部での関係、すなわち、含意するとか、確率を高めるといった、概念能力の潜在的な行使のあいだに成り立つ関係として理解するほかない」Ibid., 7〔同上、三二頁〕。ここで言及される「行使」はきっと命題的であるにちがいない。

（3）Ibid., 5〔同上、二八頁〕.

礎は外部から概念的領域に与えられる干渉にある（…）という安心をもたらすとされる考え[4]」によって この運命から救い出されるのだ、というわけである。

しかし、この救いとなるはずの考えは役に立たないことが判明する。もし基礎づけが「世界からの概念外的な干渉」なのだとすると、「その結果として、外部からの制約は拡張された理由の空間の外側の境界線で課されるものであり、それは外部からの粗暴な干渉として描き出されなければならない」ことになるからである。そしてこの境界のところで生じているのは、「異質な力の結果であり、世界からの因果的干渉が引き起こす結果であり、それは、わたしたちの自発性の制御の外側で作動する[5]」ことになるからである。

言い換えると、理由の空間はある地点で原因の空間と出会うが、この出会いは外部からの因果的衝撃というかたちをとる。この衝撃はわたしたちの信念の正当化に役立つとされているが、その本性そのものからして、これは不可能である。因果的衝撃であるということは、わたしたちは一定の環境において一定の信念をもつようになるだけであり、どうしてその信念がそこでの周囲状況において生じるのか、その理由に関する洞察はえられないことを意味する。そうすると、堅実な経験的正当化をえるという当初の要求はかなえられず、むしろ、懐疑論が生じる可能性のほうが高くなる。

そこでマクダウェルは、もともとの媒介説に含まれるパラドクスを指摘する。わたしたちの基礎的な「単純観念」は純粋に因果的な干渉を通じてえられるという事実は、それらの観念を疑いえないものにする。単純観念は純粋な所与なのである。思考は、ここから始まるしかない。ほかに選択肢はない。しかし、まさにこの事実によって、単純観念が自分の手にしている表象の向こう側にある世界へと信頼できるような仕方で導いてくれるようなものなのかどうか、疑わしく思われることになる。灼けつくような日差しがハエの温床であるように、媒介説の伝統は懐疑主義とさらには反実在論の温床なのである。（純粋な）所与の神話が問題なのは、そもそもそれが生み出されるきっかけとなったニーズに答えていないからである。しかし、それに加えて、所与の神話はわたしたちを過小評価している。知覚的に形成された信念はたんなるナマの所与としてあるわけではない。知覚というのは、まさに自分がもっている信念をもつことになった理由への洞察をもたらし、また、そのような洞察を増大させるのにも役立つような活動にほかならない。判断において一定の概念を適用する傾向は「ただ説明不可能な仕方で生じるわけではない。人が判断を行うとき、判断は経験によって自分から引き出されているのであり、その経験は判断に対する理由の役割を果たす。判断の背後にあるのはそのような判断への傾向性だけだとする描像においては、経験そのものが見失われてしまう」[6]。ここには現象学的な真理がある。そしてこれは経験的信念の正当化の論理の本質的な点を際立たせている。すなわち、経験的信念は背後に回りこむことのできない純粋な所与から始まるものではないという点である。これはわたしたちが第三章で、ジョニーが絵を確認するという例を取り上げて行った議論で伝えようとしたことでもあった[7]。

（4）Ibid., 6〔同上、二九頁〕.
（5）Ibid., 8〔同上、三二頁〕.
（6）Ibid., 61〔同上、一〇九頁〕.
（7）ここでマクダウェルの議論はわたしたちの議論と同じような進路をとる。そこではわたしたちが取り上げたのと同じデイヴィドソンの論文が批判的に取り扱われ、さらには信念の向こう側に乗り越えていくことの不可能性および自分の皮膚の外部には出られないことに関する同じ引用文が引かれる。同上第一講義第六節。デイヴィドソンの言及箇所については、“A Coherence Theory,” 307–319〔デイヴィドソン、「真理と知識の斉合説」、二一八―二五一頁〕を参照。

さて、理性的思考とは、規範に導かれる能力を行使することである。それゆえ、それはわたしたちのなかの自発性を行使すること、あるいは言い換えると、自由を行使することである。ここでマクダウェルはカントに賛同している。「カントが悟性を自発性の能力として説明するとき、そこでは理性と自由の関係に関する彼の見解が反映されている。つまり、理由による必然化は、自由と両立可能であるだけでなく自由を構成するものでもある、という見解である。スローガン風にいうと、理由の空間は自由の領域なのである(8)」。

いったん所与の神話の空虚さがわかると、この自由な自発性をどうにかして制約と結びつけることが問題となる。基礎づけへの要求という所与の神話を生み出す当のものと、この神話の正体を暴いて要求が満たされないままに放置されることのあいだでの動揺を止めるためには、「経験そのものを受容性と自発性が密接に結びついた状態ないし出来事として認識する必要がある(9)」。そして、「実在のレイアウトに開かれてあることとしての経験について語ること」ができるのでなければならない。「経験は、実在そのもののレイアウトが主観の考えることに合理的な影響を及ぼすことを可能にする(10)」。

わたしたちは、取り組むべき課題をこのように描き出している点においては、マクダウェルにすっかり同意している。わたしたちの知覚は、どのようにして制約されると同時に自由でありうるのか、どのようにして状況づけられていながら自発的かつ創造的でありうるのか、これが示されなければならない。これはわたしたちが第三章でやろうとしていたことにほかならない。そして、わたしたちは、この導かれた自発性は概念的なものよりも下のレヴェルで不可避的かつ根源的に生じる、つまり、先にジョニーのケースで見たように、概念的技能の行使はそれよりも深いレヴェルで認識的技能に依存する、という結論にいたった。制約と自発性がどのようにして結びつくのかを理解したければ、それを知覚のうちに見出すしかない。わたしたちはこの点においてマクダウェルに心から同意する。しかし、これを知覚のうちに見出したければ、「絵が曲がっている」などの信念を形成するための能力が前概念的な認識的技能に依存する仕方を明らかにする必要があるのだ。

この最終的な結論において、わたしたちはマクダウェルと袂をわかつことになるように思われる。第三講義におけるガレス・エヴァンズに対する批判のなかで、マクダウェルは、理由の空間が「概念的なものの領域の外部」[11]にある経験を含みうる可能性を断固として退ける。エヴァンズの理論はわたしたちの理論と同じではないが、わたしたちもこのような前概念的な種類の経験があることを主張したい。エヴァンズの理論に対する個別的な反論のほかに、マクダウェルが前概念的な種類の経験を退ける一般的な理由を探してみると、それは著作の本当に冒頭の部分から彼の立場に組み込まれていることが発見される。すでに第一講義第四節において、カントに「経験的知識は受容性と自発性の協働から生じる」という考えを帰属させたのちに、マクダウェルは挿入的な一文をつけ加える。「ここで「自発性」というのは、たんに概念能力が関与していることを示すラベルということでよい」[12]。残りの議論では、受容性と結びつけられなければならないものとして「概念能力」ないし「概念的内容」が強調される。わたしたちとマクダウェルの違いは次の点に帰着するようにみえる。どちらも世界との最も基礎的な

（8）Ibid., 5〔同上、二八頁〕.
（9）Ibid., 24〔同上、五五頁〕.
（10）Ibid., 26〔同上、五九頁〕.
（11）Ibid., 56〔同上、一〇一頁〕.
（12）Ibid., 9〔同上、三三頁〕.

接触のなかで自発性に決定的に重要な役割を与える。しかし、マクダウェルが概念の行使ではない自発性というものをまったく考えないのに対して、わたしたちはメルロ＝ポンティにしたがって、世界の原初的な把握において、まさに自発性が概念より下のレヴェルで行使されていることを記述してきたのである。

このことが意味するのは、わたしたちもマクダウェルもカントから基礎的な全体論的議論を引き継いでいるが、わたしたちのほうは、それをもともとの使用域から前概念的な領域へと移調させている、ということである。第二章で指摘したように、もともとの全体論的議論を展開したのはカントであり、これまで媒介主義に対する脱構築の議論のすべてがその議論を利用してきた。それは入力の原子論に反対する議論であり、その趣旨は、どのような粒子的な知覚内容もそれが現れる世界と関係づけられていなければならないということ、わたしたちは認識（Erkenntnisse）の断片のその対象（Gegenstand）への関係づけを必然的に行わなければならないのだということを示すことにある。マクダウェルはこれと同じ論点を取り上げる。「経験の対象は、より大きな実在に統合されたものとして理解される。この実在とは、そのすべてを思考のうちに包含することはできるが、そのすべてをこの経験のうちでとらえることはできないようなものである[13]」。しかし、そのように経験の対象がより大きな実在に統合されたものとして理解されるのは、わたしたちの「概念能力」が作動するためだと理解される。それに対して、わたしたちにしてみれば、たとえば、フィールドにいる優れた技能をもったサッカー選手にとってそうであるように、この種の全体論は前概念的経験のレヴェルですでに機能している。

先のサッカー選手に関する記述が前概念的な自発性のよい例を与えてくれる。カントとマクダウェルが「自発性」について語るのは、外部世界からの印象をただ受動的に受け取るのではなく、自分の周囲を能動的に解釈して理解する認識主体というものを見据えているからである。たしかに、わたしたちは概念を適用して周囲を理解することに多くの時間を費やしている。だがこれは明らかに、わたしたちがつねに行っていることではない。サッカー選手は、自分の前のフィールドを、守りの固いエリア、敵同士のあいだの「穴」になるかもしれない領域、守りが薄くて相手チームに突破されそうな方向などの区域に分節化することで、能動的に「理解」している。ギブソンの言葉でいうと、彼はアフォーダンスを把握している。そして、これはすべて概念の助けを借りずに行われる。（ただし、ここで使用した用語はわたしたちのものであって、ギブソンから引き継いできた語彙ではない。）

カント的な自発性が「合理的」なのは、たんに恣意的なものではないから、世界を理解すること、世界を正しくつかむことへと向かっているからである。それゆえ、道徳的な問題をあつかう高次のレヴェルでは「自由」について語ることができて、マクダウェルとともに「理由による必然化は、自由と両立可能であるだけでなく自由を構成するものでもある[14]」ということができるのである。自発性は、あらゆるレヴェルにおいて、正しくつかむという目標に導かれている。ある結論に至ることを明白に「強制されること[15]」は自発性の否定ではなく、自発性の最大の成就なのである。カント的な道徳的賢者とポラニー的な科学者においては自発性と必然性が内的に関係していることを見てとれるが、それと同じ内的関係は非反省的なサッカー選手においてもはっきりと見てとれる。彼もまた全能力を目一杯に働かせて、

（13）Ibid., 32〔同上、六八頁〕.
（14）Ibid., 5〔同上、二八頁〕.
（15）Michael Polanyi, *Personal Knowledge* (Chicago: University of Chicago Press, 1958)〔マイケル・ポラニー、『個人的知識——脱批判哲学をめざして』、長尾史郎訳、ハーベスト社、一九八五年〕.

フィールド内の変化し続ける力線を正確につかもうとしている。しかし、ここでの媒体は道徳的反省や理論的表象ではなく、攻撃と防御という行動的なアフォーダンスなのである。

わたしたちの自発性が、サッカーをしているときは前概念的でありうるが、道徳的な熟慮をしているときや理論を比較考察しているときはそうでないのは、わたしたちの生活における言語の位置づけと関係している。この問題は後で取り上げることになる。

そうすると、自発性について正しいのは誰だろうか。マクダウェルだろうか、わたしたちだろうか。おそらく、どちらも正しいのであって、一定のきめ細かな区別をすれば、両者の立場を調和させることは可能である。理由の空間が原因の空間とどのように関係しているかを示し、自発性がどのようにして導かれうるかを示し、そして、因果的な干渉がどのようにして能動的な解釈のうちに織り込まれうるかを示す、というマクダウェルの目標にわたしたちは心から賛同する。実際、わたしたちが第三章で示したのは、わたしたちを物理的実在と接触させるにあたって、知覚技能はそもそものはじめから物理的制約を自発的に踏まえているという事情であった。これは、デイヴィドソンが強調しつつも経験の外部のことだと考えた、知覚に関する基礎的な事実である。マクダウェルは、デイヴィドソンに反対して、わたしたちは実際にこの因果的制約を経験している必要がある、と考える。というのも、そうでなければ、わたしたちの知覚は世界と結びつかないことになるからである。しかし、知覚を徹底的に概念的なものだとするマクダウェルの説には、知覚技能が因果的接触を成り立たせる実際の仕方をとりこむ余地がないようにみえる。というのも、これは何よりもまず不可避的に前概念的なレヴェルで生じるからである。このような接触は言葉を話さない動物とわたしたちのあいだで共通のものなのである。(16)

しかし、ここで次のように問うのも有益かもしれない。知覚から学ばれることはすべて命題的な形式をもたなければならないとか、それより深いレヴェルというわたしたちが提案しているものは存在しえないとか、こう主張したくなる誘惑はどこから来るのだろうか。

おそらく、それは部分的には「理由の空間」は理性的思考の空間であるにちがいない、という感覚から出てきている。思考といってわたしたちが意味するのは、さまざまな命題を比較考察したり、命題を支持する理由を挙げたり、命題に対する代替案を検討したり、命題から帰結を演繹したりするときに行われる反省的‐批判的な活動である。これらの活動は、知識の候補として命題的に定式化されたものを明らかに必要とし、また、メタレヴェルでの記述と評価、たとえば、qはpから導かれるだろうか、rとsは両立不可能だろうか、といった記述や評価を可能にするような文によって記述を展開することを必要とする。しかし、理性的な思考は形成された信念に基づいて成り立つものでしかなく、これらの信念のほうはつねに、先にジョニーによって行使されたような、より原始的な認識的技能に直接または間接に依存しているというのに、ほんとうに理由の空間の全体を理性的思考に独占させてしまってよいのだろうか。

より根本的には、次の問題を検討すべきだろう。わたしたちは、この論争の文脈において、「概念的」そして「前概念的」ということで何を意味しているのだろうか。これらの用語は、わたしたちの言語において、完全に固定された意味をもつわけでは全然ない。哲学者のあいだでもそうである。動物は概念

(16) もちろん、ここにはわたしたちとマクダウェルのあいだで議論になる領域がもうひとつある。マクダウェルは、動物とわたしたちが「環境の特徴に対する知覚的感受性」をもつ仕方に大きな違いがあることを認めるように自然と強いられている。「知覚的感受性には、自発性の浸透したものと自発性から独立なものの二種類があるといえる」(ibid., 69〔同上、一二三頁〕; 64〔一一三—一一四頁〕も参照)。ある意味で、これは正しい。(以下で説明するような意味での)言語的次元がえられると、状況全体が一変する。しかし、わたしたちのように考えれば、〔二種類の知覚的感受性のあいだに〕実質的な重複部分を認めることもでき、このような重複部分があることは否定できないように思われる。

をもつだろうか。「もつ」と答えたくなるかもしれない。そもそも、わたしの犬は骨を認識できるし、自分の犬小屋も認識できるし、警官や野犬捕獲員を認識できる（牙をむいて、獰猛な唸り声をあげる）し、わたし、つまり自分の主人を認識できる（飛びついてきて尻尾を振る）からである。こうした行動には、車というもの、自分の車、警官（わたしは自分のシートベルトが締まっているかどうかを神経質に確認する）、そして家族の成員を認識するわたしの能力と明らかにどこか似たところがある。

このとき、線引きをしなければならないひとつの場所はない。しかし、わたしたちには前概念的な経験があるという提案を退けるにあたって、マクダウェルは明らかに、わたしたちが思考と呼んでいるものにおける概念の役割を念頭においている。「多くを要求する意味での概念能力にとっては、能動的な思考において利用できること、すなわち、それ自身の合理的信頼性に対する反省に開かれた思考において利用できることが本質的である。これが、わたしたちが経験の内容は概念的だというとき、「概念的」ということで意味していることである」[17]。さて、わたしの犬はたぶん自分が骨を同定したことの合理的信頼性を反省するわけではないので、ここには疑いなく違いがある。そのために別の用語（「多くを要求する意味で概念的なもの」とか？）を探すこともできただろうが、マクダウェルの使用法に素直にしたがって「概念的なもの」と呼ぼう。

しかし、その場合は、わたしの犬ができること、そして、わたしたちがサッカー選手や優れた技能をもった運転手として行うことを表すために別の用語を導入したほうがよいだろう。「原概念的（protoconceptual）」という言葉を使おう。猫を木のうえまで追いやるとき、わたしの犬は原概念に頼っている。というのも、ひまわりが太陽の方向を向くときのように、ただ環境に反応しているのではないからである。そうではなくて、彼の行為は獲物としての猫を柔軟に追跡しており、猫の動きのいくらかを予想してさえいる。しかし、それと同時に、わたしの犬が自分の頼りにしているカテゴリーを批判的に反省するようなことはないので、この世界に対する彼の把握に含まれるのは原概念なのである。

さて、能動的な批判的思考、十全で多くを要求する意味での概念使用が言語を必要とすることは明らかであるように思われる。ヘルダーなどにしたがって、わたしたちは言語の導入によって自分が語るものごとに対する「反省的な」姿勢をとるようになる、と主張することもできる。ここで「反省的」というのは次のことを意味する。ただ（ローヴァーがするように）骨に適切に反応するのではなく、何かを骨と呼ぶことによって認識するとき、わたしたちは正しいこともあれば間違っていることもある言葉を使っている。この正しい使用法という問題に感受的であることが、言語使用者の本質的な特徴である。わたしたちは、そのような感受性を帰属させることができないオウムなどの存在者については、いくら誤りなく「正しい言葉」を鳴き立てたとしても、それが何かを表現していたのだとは決していわない。もちろん、わたしたちがおしゃべりをしているあいだ、正しさの問題に焦点を当てていることはめったにない。そうするのは、確信を失って、まだ踏み入れたことのない言葉の深層を探っているときだけである。にもかかわらず、わたしたちはつねに正しさに敏感な状態にあり、だからこそ、お前のいっていることは間違っていないかという指摘のもつ重要性をつねにわかっているのだ。わたしたちが「感受性」という言葉でとらえようとしているのは、このような明確には焦点化されていない応答性である。

この焦点化されない感受性が明示化され、中心的なものとなるのは、わたしたちが二階の姿勢をとり、自分がものごとを認識／記述するのに使ってきた用語が正しいかどうかを問うとき、つまり、自分のそ

（17）Ibid., 47〔同上、八九頁〕.

れまでの思考の「合理的信頼性」を反省するときである。言い換えると、ヘルダー的な「反省的」姿勢という言語にとって本質的なものは、マクダウェルが「概念能力」と呼ぶものの核心にある。したがって、わたしたちの日常的な経験における言語の位置を見てみれば、わたしたちとマクダウェルを決裂させる問題点を探究できるかもしれない。この点には第二節で戻る。

1

しかし、どこに違いがあるのかは、まだ明らかでないように思われる。わたしたちとマクダウェルは、どうも話がかみ合っていないようである。マクダウェルとドレイファスの二人のあいだでは長く興味深い議論が続いており、これは最近、その論争に対する論評集に結実している。[18] マクダウェルはこの議論の最後に、ドレイファスに対して行った応答において、自分にはわたしたちが前概念的なものの典型だと考えるような没入的対処をとりこむ余地がない、という見方を退ける。それどころか、マクダウェルは、ドレイファスに次のような異議を申し立てている。ドレイファスは、概念が作動するのは、わたしたちが一歩引き、距離をおき、自分の行っていることを反省するときだけだと想定している、と。しかし、これは正しくない、とマクダウェルは主張する。彼は没入的対処という現象は完全に受け入れる。ただし、彼は（理性のない動物においてはそうではないが、人間においては）これをも概念能力の行使だとみる。そして彼は、ドレイファスを「離脱したものとしての心という神話（the myth of the Mind as Detached）」、すなわち、概念的思考が生じるのは離脱的な姿勢のなかでしかありえないという見方の犠牲者だと見なす。[19]

これはわたしたちとマクダウェルが「概念」という概念の境界線を違う場所で引いているケースでしかない、と考えられるかもしれない。これは前節の最後で提起した可能性である。そうだとすると、問題は恣意的に決められる言葉の意味に関する事柄であることになる。しかし、ここにはそれ以上のものがある。マクダウェルは、理性のない動物の行動について語るとき、わたしたちの原概念という概念のようなものを受け入れているようにみえる。しかし、彼は、動物行動とどれほど似ているように見えたとしても、人間の行為はすべて概念的だと言い張りたいのである。

マクダウェルの信じるところによると、わたしたちは自分たちが概念的主体であることをはっきり示している。というのも、試合に入り込んだチェスの達人や釘を打ち込んでいる大工など、最も完全に没入した対処のケースであっても、わたしたちは「何をしているのですか」ないし「なぜそれをしているのですか」と聞かれれば答えることができるからである。おそらく答えはかなり最小限のものであるだろうし、当然ながら、答えるためには行為の流れを止める必要があるが、（行為や理由に関する概念で表現された）答えにおいて示されるのは、はじめからずっと概念的であったものであることになる。

他方で、マクダウェルは、場合によっては、人々は答えをもたないかもしれないことは認める。彼がとりあげるのは、会話のなかで相手とどれほど近くに立つかについての本能的な感覚という、しばしばドレイファスが引き合いに出す例である。[20] その距離は会話の親密さないし堅苦しさに合わせて変わりうる。また、他人との距離とそれが適切だとされる状況のヴァリエーションは文化によってさまざまだろう。

（18）Joseph K. Schear, ed., *Mind, Reason, and Being-in-the-World: The McDowell-Dreyfus Debate* (Abingdon, Oxon: Routledge, 2013) を参照。
（19）"The Myth of the Mind as Detached" in Ibid., 41–58 を参照。
（20）たとえば、Hubert Dreyfus, "The Primacy of Phenomenology over Logical Analysis," *Philosophical Topics* 27, no. 2 (2000): 3–24 を参照。

しかし、ここには適切なものに対する何らかの感覚があり、それに対して、人々は（会話相手が鈍感にも接近してきたときには）一歩下がったり、（それよりも打ち解けたときには）前のめりになったりすることで反応する。

会話相手が会話の途中に一歩下がったので、わたしは「なぜそうしたのですか」と聞いたとしよう。ひょっとすると、この問いは挑発かもしれない。つまり、わたしは自分が二人のあいだに想定していた親密さを相手に嫌がられたのだと理解し、拒絶されたと感じたのかもしれない。その一方で、これは純粋な困惑から出てきた問いである可能性もある。そして、相手は「わたしがそんなことをしていましたか」という返事をしたとしよう。ここでもまた、いろいろなことが起きている可能性がある。ひょっとすると、彼は自分が拒絶したことに気づいており、気まずくなるのを避けるためにごまかそうとしているのかもしれない。その一方で、ここでもまた、彼はそのようなことは意識しておらず、自分が何かをしたことに本当に気づいていなかったのかもしれない。つまり、彼はただ一歩下がっただけだったのかもしれない。マクダウェルにとって、このようなケースは概念的主体性の遍在性という自分のテーゼに問題を生じさせるものではない。というのも、相手が一歩下がったことに本当に気づいていなかったのだとすると、一歩下がるという運動は行為ではまったくなく、それゆえ、そもそも遍在性テーゼの適用範囲内にはないので反例ではないことになるからである。[21]

しかし、わたしたちには、これはあまりに安易な逃げ道にみえる。ここで自分がしていることに本当に気づいていない人もいるかもしれない。しかし、この行動は規範に規制されたもの、適切さの感覚に規制されたものだと理解されなければならない。自分の行動がこうしたものに規制されていることに本当に気づいていない人がいたとしても、他の人に指摘されることによって気づくことはできる。こうした行動のすべては、主体が自分のしていることを理解するにいたったときにのみ行為となるのだろうか。これは正しくないように思われる。主体が自分のしていることを理解するに至る前も後も、行動は同じ考慮に導かれている。

しかし、この例はわたしたちとマクダウェルの食い違いの根底にあるのが何であるのかを示唆するかもしれない。行為にはいくつもの記述がある。わたしたちは、ある記述のもとでは自分のしていることに気づいており、ほかの記述のもとでは気づいていないかもしれない。一歩下がった人が「わたしはそんなことをしていましたか」という返事をする場合、完全に誠実に答えているとは考えにくい。いくらかの不快感は感じており、それゆえ、それを和らげるために一歩下がったのである。しかし、おそらく、この文化において自分たちの行動を規制している適切な距離の全範囲については、ほんとうに何も考えていなかったのだろう。そして、この動きを引き起こしたわたしについていえば、きっと非常に鈍感だったのだろう。相手が遠慮なくはっきりと「あなたがわたしの居心地を悪くしていたのです」といったとしたら、わたしは「だけど、わたしは正しく振舞っていました。しつこくないようにしながら興味を示していたのですが」というかもしれない。つまり、自分が自分の違反した規範性、つまり、適切な距離に立つことに関する複雑な規範性に気づいていたことを認めるのをそれとなく拒否することによって、自分自身を事後的に正当化しようとするかもしれない。

わたしたちは異なる記述のもとで自分の行為に違った仕方で気づくことができるだけでなく、自分の気づきを拡張（ないし感度を低下させる場合は収縮）させて、それまでは思いもよらなかったレヴェル

(21) この返事をマクダウェルは次のような言葉で表している。「そんなことをしていた？　気づかなかったよ」。John McDowell, "The Myth of the Mind as Detached," in Schear, ed., *Mind, Reason, and Beind-in-the-World*, 50.

を取り込むこともできる。典型的には、わたしたちはしばしばYをすることにおいてXをする。時点tではXを認めることしかできないが、気づきが拡張すると、そのなかにYも組み入れて、自分の主体性をより充実した仕方で把握するようになる。このようなレヴェルの区別があれば、没入的対処に対するマクダウェルとわたしたちの見解の違いを解決するのに役立ちうるだろうか。

それを検討する前に、マクダウェル‐ドレイファス論争に関する近刊のなかのドレイファスの寄稿からとってきた別の例をみてみよう。[22]これはハイデガーから引かれてきた例で、そこでは、不便な位置にある黒板に講義中に板書しているという例が記述されている。[23]

まず、マクダウェルと同じように、ハイデガーは伝統的な状況づけられていない概念性に言及してから、そうしたものを退ける。「単純な陳述の例として「黒板は黒い」という文を取り上げよう。［しかし］わたしたちは、この文がいわば論理学と文法のために準備されたものであることをただちに感じとることができる」[24]。それゆえ、その代わりに彼は巻き込まれた対処者による陳述（assertion）を自分の範例とする。「自然に自発的に語られたようなものであるという意味では「黒板の位置が不便だ」のほうが単純である」[25]。

次に、ハイデガーは、彼が『存在と時間』において非道具性（the unready-to-hand）と呼ぶものの経験に関する説明を展開しはじめる。「黒板の位置は講義室の反対側に座っている者にとって不便である、あるいは、板書している者にとって、つまり、黒板が背中の後ろにあるほうが便利なのに、そうではなくて、いちいち黒板のほうに歩いていかなければいけない者にとって（…）不便である。したがって、その黒い色などとちがって、黒板の位置は黒板そのものの規定性ではなく、（…）ここでまさにこの状況にいるわたしたちと相対的な規定性にすぎない。したがって、黒板のこの規定性、すなわち、その不便な位置は、いわゆる客観的特性ではなくて、主観と相対的なものなのである[26]」。

この説明は、きっと事実と事実に関する判断からなるマクダウェルの世界と合致するが、しかし、ハイデガーにとっては、まだ伝統的にすぎる。まるでマクダウェルの見解に反論するかのように、ハイデガーは次のように続ける。「［しかし］黒板は――このせっかちな解釈が結論したように――事実としてここにいるわたしたちとの関係において不便な位置にあるのではなく、むしろ、この講義室のなかで不便な位置にある。その部屋が階段教室ではなく、ダンスホールだと考える［とすると］、黒板はちょうどよい具合に隅の邪魔にならないところに置かれていることになる[27]」。

そして、次にハイデガーは、わたしたちが生きている技能的な熟知、すなわち、機能するためには背景に留まらなければならないような熟知というものを導入する。「わたしたちが最初に黒板の不便な位

(22) Hubert Dreyfus, "The Myth of the Pervasiveness of the Mental," in Schear, ed., *Mind, Reason, and Being-in-the-World*, 15–40.
(23) この重要な点で誤解を避けるためには、わたしたちが巧みな対処と呼んできたものを、ハイデガーは「了解／理解（understanding）」と呼ぶことを念頭においておくことが大事である。彼はいう。「日常言語において、わたしたちは〔…〕「彼は人の扱い方を理解している」「彼は話し方というものを理解している」という。ここでは理解するというのは「できること」［können］を意味する」。Martin Heidegger, *History of the Concept of Time*, trans. Theodore Kisiel (Bloomington: Indiana University Press, 1985), 298〔マルティン・ハイデッガー、『時間概念の歴史への序説』、常俊宗三郎、嶺秀樹、レオ・デュムペルマン訳、『ハイデッガー全集』第二〇巻、創文社、一九八八年、三七六頁〕.
(24) Martin Heidegger, *The Fundamental Concepts of Metaphysics: World, Finitude, Solitude*, trans. William McNeill and Nicholas Walker (Bloomington: Indiana University Press, 1995), 343〔マルティン・ハイデッガー、『形而上学の根本諸概念――世界‐有限性‐孤独』、辻村公一、ゼヴェリン・ミュラー訳、『ハイデッガー全集』第二九／三〇巻、創文社、一九九八年、五四一頁〕.
(25) Ibid.〔同上、五四一頁〕
(26) Ibid., 344〔同上、五四一―五四二頁〕.
(27) Ibid.〔同上、五四二―五四三頁〕.

置を経験するのは、講義室の開示性のうちからである。黒板は講義室の開示性のうちで不便な位置にあるのだが、この開示性こそ、陳述には決して明示的に現れないものである。わたしたちは、まず「黒板の位置が不便だ」という陳述を通じて講義室の開示性を獲得するのではなく、この開示性は黒板というものが一般にそれについて判断を下せるようなものであるための可能性の条件なのである[28]」。

有意味な小世界としての講義室の開示性は、何年にもわたって、講義に出席したり、講義を行ったりすることを通じて築き上げてきた累積的な技能である。この技能知こそ、講義室のなかでわたしたちを導き、そのなかでものごとを扱えるようにしてくれるものである。ハイデガーの例において、講義室の開示性は、黒板の位置に関する命題的な判断を下すための可能性の条件なのである。黒板の位置が不便だという判断は、進行中の背景的対処によって可能となる。さらにハイデガーは、この背景的な熟知が全体論的で非命題的であることも指摘する。「陳述に関するこの解釈において決定的に重要なのは、わたしたちがひとつの孤立した対象との関係において判断を下すわけではなく、この判断においては、自分がすでに経験しており熟知している全体、すなわち、わたしたちが講義室と呼ぶ全体のうちから語り出している、ということである[29]」。わたしたちが黒板の位置が不便だという判断を下すときに没入している力の全体は、言語の断片を張りつけられるような命題的な構造によって構成されているわけではないのである。

ハイデガーは、この全体論的な背景的技能知、つまり、彼が了解（understanding）と呼ぶものの非概念性を強調する。「それぞれのケースにおける存在者が、それ自身においてそれであるところの存在者として、何であり、どのように存在しているかを経験する、まさにそのためにも、わたしたちは存在者の存在の何であるかおよび存在者が存在していることを、概念的にではないにしても、すでに了解している必要がある」[30]。

そうすると、しかじかであるという判断を下すための背景的な可能性の条件は、すでに至るところで働いていなければならない。この点においては、マクダウェルとハイデガーは同意するだろう。しかし、「黒板の位置が不便だ」のような判断にとって、これらのアプリオリな条件がどのようなものであり、それらの条件が何を明らかにするのかについては、彼らの意見は違っている。マクダウェルにとって、判断を下すには概念の作動が必要であり、これらの概念は命題的な構造をもつ事実の全体性に対応する。ハイデガーにとって、必要なのは非概念的な対処技能であり、これがひとつの空間を開示すると、事物はそのなかで、それであるところのものとして、また、ある仕方で存在するものとして出会われうるようになる。ある全体論的な背景のなかで自分を方向づけることによって、その全体論的な背景を開示するとき、わたしたちは独立した客観的実在を正しくつかもうと努力する主観ではなく、むしろ、指示電波の示す航路に沿ったままでいようとするパイロットのように、わたしたちを引き込んで進行中の対処を継続させる力の場に没入している。そのような活動においては心と世界のあいだの距離がないので、概念的内容が心と世界の関係を媒介する必要もない。

先ほどの適切な距離に立つことの例と同じように、このとき、この人は黒板の位置が不便なことに気づいているのだといえるかもしれない。わたしが黒板を移動させていて、あなたがその理由を尋ねたとすると、わたしは黒板の位置が不便なのだということになるだろう。しかし、それでもわたしは、ハイ

(28) Ibid., 345〔同上、五四三―五四四頁〕.
(29) Ibid., 347〔同上、五四六頁〕.
(30) Ibid., 357〔同上、五六三頁〕.

デガーが挙げるようなより深い理由をすべて挙げることはできないだろう。そうした理由は、教師としての対処技能に含まれるものごとに対する感覚の一部なのだ。そうした深い理由を把握することは、わたしの技能知の本質的な構成要素なのである。わたしは、ハイデガーがこの一節でそうしたように、ここでの理論的根拠を説明できるような概念をまだ明確にしていない。あるレヴェルでは、黒板を移動するときのわたしの行為は概念化された理由（位置が不便なこと）のためになされたものである。別のレヴェルでは、わたしはこの有意味な小世界に前概念的な仕方で反応している。

わたしたちとマクダウェルのあいだの問題をこのような仕方で述べると、前概念的なものが入り込む余地が保証されることになる。というのも、明確にされていない特徴に反応しているレヴェルが、わたしたちの行為にはほとんどつねにあるからである。YをすることをつうじてXをするとき、Yを明確にすることはつねに可能であるわけではない。また、それが可能であったとしても、Yを明確にすることに集中すると、そのことがXの流れを中断してしまうかもしれないのである。

2

それゆえ、わたしたちの日常的な世界においては、すなわち、周囲に対する日常的な把握によって自分の周囲との平衡状態を打ち立てることにおいては、前反省的と呼びうるものが占める重要な場所がある。この点については第三章でメルロ＝ポンティにしたがって記述した。こうしたことはわたしたちには明らかであるように思われる。もっというと、ここには二つのモードの前反省的理解を認める余地がある。ひとつは前言語的なモードであり、もうひとつは前命題的なモードである。

まず、前言語的なものをとりあげよう。もちろん、わたしたちの人間世界の多くの部分はすでに言語的に分節化されている。わたしたちが動くのは、椅子とテーブルのあいだ、屋外へ、車のなかへ、建物や実験室に向かって、である。しかし、分節性の範囲は拡張可能だという意味では、人間世界が完全に言語的に分節化されることは決してない。子供の頃、わたしは毎日、犬と一緒に向こうにある森を探検しに行っていた。小川を渡らなければならず、わたしたちはふたりとも都合よく配置された岩を跳んで渡っていた。わたしはこれらを表す言葉をもたなかったし、その必要性も感じなかった。わたしたちはふたりとも、ただ魅惑的で神秘的な森に行く途中に跳びながら渡っていたのだ。すると、年上のいとこが滞在に来て、森と小川を見て、渡りたいと思い、「跳び石」はあるか、とわたしに聞いてきた。すでに「石」と「跳ぶ」はわたしの語彙に入っていたので、わたしは彼の意味がすぐにわかった。それだけでなく、わたしはこれが川にあって川を渡るのに役立つ例の岩を表す正しい言葉であることをすぐに認識したので、彼の質問に答えることができた。それ以前は無言で手助けしてくれていた岩たちが、いとこのおかげで、わたしにとっては言語的次元に入ってきたのである。この岩たちは、このように直接的で何の問題もないような仕方で言語的次元に入ってくる。というのも、わたしはその岩たちについてすでにいくらかの理解をもっていたから、すなわち、小川を渡るときの支えとして巧みに使うことに含まれる理解をもっていたからである。[31]

それゆえ、わたしはすぐさま、いとこに「うん」と答える。ここで、この単音節語には、わたしが別の文脈で「この小川には跳び石がある」と陳述するのと同じ力がある。わたしは命題的に形成された信

(31) 言語的次元に関するさらなる議論としては以下を参照せよ。Charles Taylor, "The Importance of Herder," in *Philosophical Arguments* (Cambridge, MA: Harvard University Press, 1995), chapter 5.

念をもっており、それはいつでも思考に加わることができるものとなっている。たとえば、わたしは「だから、服をびしょびしょにして叔母さんにどなられないで、向こう側に行けるんだ」といって、石のうえを渡ることを正当化することができる。しかし、この信念に至るまでのわたしの道筋は、前分節的で前言語的な理解によって準備されたものであった。いとこのやりとりを通じて、何かが前反省的なものから言語的な次元へと転移されたのである。

この転移は、この石たちがわたしの人生に新しい仕方で現れるようになることを意味する。それまで、この石たちは定まった目標への道すがらに、わたしのそばを通りすぎていくもののひとつであった。わたしはその石たちにはわずかに気づいているだけだった。それが今では、いとこと一緒に行う熟慮のなかで、すなわち、大人から責められるという罰を受けないでできる刺激的な冒険を探すことのうちに中心的な仕方で現れることができる。これがここで言語がもたらす変化である。

次に、前命題的なものを見てみよう。椅子、テーブル、ドア、車、建物からなるわたしたちの世界に戻ろう。わたしは仕事に向かう道すがら、この世界を駆け抜けているが、そのあいだ、何か哲学の問題かもしれないし、まだ認可されていないわたしの学会出張の事案を検討している学部長に対する対策かもしれないが、職場で直面しなければならない問題に完全に没入している。それと同時に、わたしは巧みな運転によって、歩行者や他の車や街灯などを避けている。ある意味で、これらがわたしの世界に現れる仕方は、わたしよりも言語的に発達していたいとこの訪問以前に、跳び石が少年時代のわたしに対して現れていた前述の仕方とほとんど同じである。わたしは歩行者や車や街灯にまったく焦点を当てていない。少年が岩から岩へと巧みに跳び移っていたのと同じように、わたしはそれらを巧みに避けているだけである。違うのは、それらにはすでに熟知された名前があることだ。つまり、歩行者や車や街灯はわたしの分節化された世界に現れている。

しかし、それでもそれらは前反省的に現れているにすぎない。というのも、ここでは事物は流れ去っていくだけだからである。わたしは巧みに対処してはいるが、歩行者や車や街灯に関する判断はひとつも下していない。

ここでも、小川を渡る少年の技能的な対処におけるのと同じように、ただし、それとは違う仕方で、流れ去っていくものはのちの判断の基礎となりうる。オフィスに着くと、わたしは近所に正気を失った危険人物が出没していると教えられる。彼は黄色いベンツを運転しているらしい。わたしは黄色いベンツを見ただろうか。わたしは突然、気づく。見たぞ。わたしは五分前にグリーンストリートで黄色いベンツ（あるいは、ベンツであったにちがいない奇妙な形をした黄色い車）を見た。いまや、わたしは命題を定式化して、世界についての新しい信念を作り上げた。八時五五分にグリーンストリートに黄色いベンツがいた、と。わたしはこれをすぐにでも警察に伝えることができ、警察はそれを使ってさまざまな推理を行い、願わくば、さらなる被害が生じる前に危険人物を捕まえることになる。しかし、この便利な信念を形成するための能力が利用するのは、わたしのグリーンストリートに対する熟知である。わたしは、グリーンストリートを通過するなかでこの熟知を手に入れた。そのあいだ、わたしは命題を作り上げることも、グリーンストリートに関する信念を形成することもまったくなく、むしろ、学部長は独りよがりの馬鹿野郎だといった信念を形成していたのである。

それゆえ、わたしたちの理性的な思考に現れる信念は、たしかに概念を適用した判断や命題である。しかし、判断や命題を作り上げるためにしばしば利用されるのは、前言語的であるという意味で、あるいは、まだ判断や命題ではないという意味で前反省的な理解、あるいは、世界に対する前反省的なモードの熟知である。第一の〔岩を跳んでいく少年の〕例では、当初、わたしたちは言葉ないし概念をまったくもたなかった。第二の〔学部長と面会するために運転する〕例では、手持ちの言葉や概念はあったが、それは判断を下すために役立てられていなかった。つまり、わたしたちはまだ、この対象をこの概念のもとで認識して、それについての信念を作り上げるにはいたっていなかった。しかし、いずれの例においても、わたしたちは何かを取り込んでいた、すなわち、のちに信念の起源として役立つことになる理解ないし熟知を獲得していた。

しかし、前反省的な経験がどのような仕方でどの程度まで信念の起源となっているかは〔二つのケースで〕違っている。後者の前命題的なケースでは、わたしがグリーンストリートに黄色い車がいたといった場合のように、あとから自分が見たものをいうことができ、跳び石のシナリオとちがって、そのために新たな語彙の獲得へと駆り立てられる必要がない。その点において、前命題的なケースはマクダウェルの論じる没入した対処者のケース、たとえば、自分がどうしてビショップを動かしたのかをすみやかに事後的に説明できるチェスの達人と類似している。この種の前反省性はマクダウェルの説明と合致するが、ひとつ目の〔前言語的なケースの〕ほうはそうではない。ここでは、先に生じる経験は、さらなる分節化の作用に助けられてはじめて、のちの判断に役に立っている。

いまや、どのようにして知覚は信念を育むことができるのかを理解することができる。それができるのは、知覚が信念より多くのものを含むからである。知覚は認識的技能や理解を利用するものであり、これらは信念形成よりも下のレヴェルで、あるいは、しばしば信念形成と独立に働く。ジョニーの例では、これらは一緒になって作動している。というのも、ジョニーは、まさに絵に関する信念を形成するために認識的技能を利用するからである。それが、彼に与えられた課題だったのである。しかし、岩のうえの少年や学部長に会いに運転している悩める男の場合には、認識的技能が独立に機能して、それでも、のちに信念を作り上げるときに役立つのが見られる。

わたしたちは、どこでマクダウェルと別れてしまったのだろうか。彼がここまでの論述のなかの何を退けることになるのか、わたしたちにはよくわからない。なるほど、わたしたち人間が幼少期を過ぎたらつねに言語的な次元のうちにいることについて、わたしたちはマクダウェルに同意する。わたしたちは（岩を跳んで小川を渡る少年のように）あれこれのことについて言葉をもたないかもしれないし、すでに名づけてある多くのものに気づきの焦点を当てていないかもしれないが、つねに新しい言葉を作り出したり、事後的に焦点的な気づきを回復したりすることができる。わたしたちは（精神的な障害はなく、適切な訓練を受けているとすると）原理的には、自分の経験のすべてを批判的に吟味することができる。そして、これは明らかにわたしたちを動物と違うものにする。わたしたちと動物の行為は、最も似ているようにみえるときでさえ、決定的に違っているのである。自分が突破しなければならないディフェンダーたちのラインのうちにアフォーダンスを感じ取っているサッカー選手と、前進してくる犬たちから脱出できるラインを探しているキツネを考えてみよう。サッカー選手の場合、彼が決定的な制約的特徴として反応しているもののひとつは、フィールドを囲む白線、すなわち、そこを越えるとボールが死んでしまう白線である。ここでは、ひとつの規範が相手選手の突進と一緒になって作動して、その選手が切り抜けなければならない領野を構成している。キツネの世界にはこれと類比されるものは何もない。[32]

（32）この例はテリー・ピンカード（私信）に負っている。

にもかかわらず、前概念的なものとすでに言語において開示された世界とのあいだの違い、焦点的な判断の対象とその対象を暗黙的に取り囲むものとのあいだの違いを無視することはできない。たとえ、そのような区別を無視してしまうと、わたしたちの経験の決定的に重要な特徴をとらえ損ね、さらには歪曲することにもなるということだけが理由であったとしても、である。

「絵が曲がってかけられている」などの焦点的な判断でさえも、アフォーダンスのなかを巧みに進んでいって、絵画と部屋を最適な把握という平衡状態にもたらすことに依存しており、わたしたちはこれを表す言葉をもたない（あるいは、メルロ゠ポンティとトーデスがわたしたちのために探究するまではもたなかった）。まさに、このように究極的には前概念的なものに依存している点において、わたしたちとロゴス（これは「言語」とも「理性」とも翻訳可能である）をもたない他の動物は同類なのである。

3

この章を通じて、さまざまな前言語的で認識されずにいる暗黙的な知覚技能を記述してきたが、それを利用すれば、物理的世界との因果的接触から始まって正当化された信念に至るまでの過程に関与する技能的な知覚と行為の全一一段階をあますところなく描き出すことができる。いうまでもなく、通常、これらの段階は主体によって区別されていない。もっというと、場合によっては、この区別は順番的なものではなくて概念的なものである。たとえば、2と3のあいだの区別がそうであり、場合にもよるが5と6の区別もそうである。通常、これらのあいだの区別が明るみにもたらされるのは、障害や例外的な困難のある場合に、進行中の活動が「減速」しているときだけである。(33)

1. 知覚者〔動物あるいは人間〕は、遠くにある星であれ、近くにある岩であれ、物理的宇宙のなかの事物からの因果的衝撃を受け取るために最適な位置に引き寄せられる。

2. 身体図式、すなわち、世界との前言語的かつ前概念的な熟知が、〔知覚者が最適な位置に引き寄せられた〕結果としてえられる未規定な経験と相互作用して、経験を図と地に分化させる。

3. 視野全体がさまざまな力線の均衡をとり、背景的照明のひとつの水準に落ち着き、その明るさと色の恒常性を維持する。

4. 知覚者は、それと同時に、視野のなかで顕著な事物を最適に把握できるように動くことへと引き寄せられる。すると、それらの事物は、自分から一定の距離にあるものとして、また、ひとつの大きさ、形、向き、色などをしたものとして経験される。

5. すると、そのような安定した対象は信頼可能になり、知覚者の側での行為への準備態勢と相関さ

（33）もちろん、ここでは独語的な主体から出発しているので、かなりの抽象化がなされている。その点では、第三章におけるジョニーのケースのほうがよほど典型的であった。これはやりとりのなかから生じてきたケースであった。ジョニーは絵を確認しに行くようにいわれたのである。しかし、これらの問題は認識論の伝統がそのような傾向にあったという理由のために非常に独語的な仕方で論争されており、このケースはそのことに対する応答となっている。この点は第六章で明示的に取り上げる。

せられる。言語を利用することもなければ、注意を払う必要も必ずしもないのだが、主体においては、石であれば支えをアフォードするものとして使う準備ができており、家であれば入ることをアフォードするものとして使う準備ができている、などである。

6. 特定の準備態勢がえられると、知覚される対象の一定の側面が顕著になる。際立ってくるのは石の色ではなく堅さであり、家の窓ではなくてドアである。そして、主体はまだ言語を必要とすることなく、そのような特徴に対する感受性によって反応する。（そのような反応のなかには適切なものもあれば、失敗するものもあるので、このような行為への準備態勢は前言語的だが原信念であると考えることができ、その結果として生じる行為は原判断であると考えることができる。(34)）いうまでもなく、これと似たようなことは霊長類などの高等動物においても起きている。

7. 主体が意味論的な次元に存在していれば、対象や状況の顕著な側面を言語的に分節化して、ひとつの概念のもとに収めることができる。

8. 小川を渡る人は石を支えとして同定することができ、来訪者はドアを入口として同定することができる。しかし、そのような概念的な〈として見ること〉は前命題的なままでありうる。

9. しかし、いったん概念化されると、そのような〈として見ること〉は信念の形成——わたしたちの例だと、その石は支えである、そのドアは入口である、といった信念の形成——を動機づける。

10. 以上の認識論的技能の遂行に成功すると、その信念は通常、信頼可能だと見なされる。

11. その信念に基づいて行為が行われ、その信念を生じさせた身体的な構えが期待した通りの反応を世界から受け取ると、その信念は通常、正当化されたものだと考えられる。

理由の空間を原因の空間に結びつけることができる唯一のものであるこの前概念的なレヴェルを認めることに対する抵抗があるとすれば、それは部分的には媒介的描像の影響である。しかし、これと関連して、言語に関してもわたしたちの考えを枠にはめるような描像があり、これが言語は思考にとって本質的だという（わたしたちの時代において）ますます強まりつつある確信と一緒になって、世界に関する情報や知識や理解の取り込みが前概念的でありうる余地をなくしているように思われる。前概念的なレヴェルを認めることに対する抵抗は、ここからも来ている可能性がある。知覚と行為、理解、言語、信念の関係に関する整合的な説明をえるためには、構成的描像（constitutive picture）〔訳注1〕に移行するしかないのである。

（34）Todes, *Body and World*.

〔訳注1〕ここでは「構成的描像」の意味は明確に述べられていないが、その内容については第六章の議論を参照せよ。

このようにメタ批判的転回を一貫して遂行し、媒介的描像を脱構築すると、それに取って代わる描像が明らかになってくる。新たな描像に登場するのは、身体化された主体であり、その主体は、社会に埋め込まれ、世界としっかりと触れあっているものとして描かれる。ここで考えられているのは、このような事実は、認識主体にたまたま成り立っていることではないということである。つまり、こうした事実は、認識主体がもつ知識の本性や、そうした知識がどのようにして成立するかということと無関係ではない。それどころか、事情はその反対である。たとえば、わたしたちが身体化された主体であるということは、機械論的還元主義者が主張するようなこととはまったく違っている。機械論的な還元主義者であれば、思考は神経生理学的機能の観点から説明される、と主張するかもしれない。すなわち、思考は脳と神経系という「ハードウェア」において実現されると想定される計算などの観点から説明される、と主張するかもしれない。このように考える機械論的な還元主義は、媒介的描像において解釈されたかぎりでの知識の本性に何の疑問も呈さない。実際、このような見方のもとでは、依然として、知識の本性は、たとえば、真とされる文、あるいは、そうした文が脳内で「実現したもの」にあることになる。そして、これらの文が関係するのは、究極的には中立的事実の宇宙であって、人間的意味ではないことになる。

他方、たとえば、ハイデガー、ウィトゲンシュタインやメルロ＝ポンティが主体を関与するものとして理解し、文化、生活形式、主体が巻き込まれている「世界」に埋め込まれたものとして理解する見方を取り戻し、最終的には主体を身体化されたものとして理解することに取り組まなければならなかったというとき、わたしたちは右で取り上げた機械論的還元主義の考え方とはまったく違ったことを意味している。ここで「関与（engagement）」とは何を意味するのだろうか。それはおおむね、主体の世界は、主体の生活形式ないし歴史ないし身体的存在によって形づくられている、ということである。この点は第六章でさらに敷衍する。

わたしたちが、わたしたちをとらえて離さない描像について主張したいことは、媒介主義者の支配的な見方はこうした関与を切り捨てて、わたしたちを離脱的な（disengaged）思考者と見なすモデルをもたらしたという点にある。「支配的な」見方について語るとき、わたしたちは近代哲学においてひときわ目立ってきた理論だけでなく、わたしたちの文明世界の常識を多かれ少なかれ支配しているひとつの見通しについても考えている。この見通しはわたしたちに主体に関する次のような描像をもたらす。すなわち、主体は、世界を知覚するときに自分の周囲から情報の「断片（ビット）」を取り込み、次に、それを何らかの仕方で「処理」することで、世界についてまさに自分がもっているような「像」を成立させる。そして次に、この像に基づいて、その個人は自分の目標を達成するために、手段と目標に関する「計算」を通じて、行為を行う、というわけである。

このような見方の人気もあって、現在、心に関するコンピュータモデルは専門家でない人たちに大いにもっともらしいと考えられている。これらのモデルはすでに確立されたカテゴリーのうちにぴったりと収まる。「情報処理」の考え方は、長らく支持されてきたより古い考え方、すなわち、原始的な「観念」が心のなかで組み合わされて行為を支える計算の基礎となる、という考え方を展開したものである。[1] 古典的なデカルト主義や経験論の認識論は、この考え方の初期のヴァリエーションであり、そこでは入力に関する原子論が心的機能に関する計算主義的な描像と組み合わされている。これらの二つが一緒になると第三の特徴が生じさせられる。すなわち、「事実的な」情報がその「価値」から切り離される。つまり、その情報が、わたしたちの目的と関連する意味から切り離される。この分離は原子論によって規定されている。というのも、たんなる「事実的な」特徴は、それについて計算がなされるためには、わたしたちの目標において果たす役割をもつことと区別されなければならないからである。しかし、この分離は別の基礎的な動機によっても促されている。すなわち、世界をどこでもないところから眺める離脱的な自然科学の手順にしたがおうとする動機である。いずれにしても、原子論と計算主義が複合した伝統的な考え方には第三の特徴があり、それを「中立性」と呼んでもよいだろう。それによると、最初の情報入力はその評価に関する意味を刈り取られており、たんなる「事実」の登録なのである。

さて、いくつかの点において、この中立性という見方の起源は近代以前にさかのぼることができ、(いずれにせよ) わたしたちの文明の常識のうちにある。しかし、他の重要な点において、この考え方

(1) 人工知能研究者は、この思考と行為についての合理主義的なモデルをリサーチプログラムに変えた。このプログラムの失敗は、このような図式全体に深刻な疑いを投げかける。Hubert Dreyfus, *What Computers Still Can't Do* (Cambridge, MA: MIT Press, 1992) を参照。

が形成され確立されたのは、近代という時代であり、わたしたちが媒介説の考え方と呼んできたもののためである。この場合にはとりわけ、先にその第四の特徴として挙げて「二元論的分類」と呼んだもののためである。そして実際、このデカルト的な認識論と心に関する近代の還元的な理論のあいだの派生関係はすでに第一章において示されたとおりである。

さて、この描像をわたしたちが世界に関与していることを強調する描像、ないし、わたしたちが世界に埋め込まれていることを強調する描像で置き換えることには、きわめて抜本的な変更が伴う。媒介的描像を離れて、接触的な描像に移行するのである。事物に対するわたしたちの把握は、わたしたちの内部にあって、世界に対置されているわけではない。それはわたしたちが世界に接触する仕方、すなわち、わたしたちの世界内存在（being-in-the-world（ハイデガー）ないしbeing-to-the-world（メルロ＝ポンティ））のうちにある。それゆえ、ものごとの存在についての全面的な懐疑（世界は存在するのだろうか）は、表象的な考え方のもとでは十分に理にかなうように思われるかもしれないが、本当に反基礎づけ主義的な転回をしたならば、不整合なものとして暴露されることになる。わたしは自分が世界を扱ういくつかの仕方が自分に対してものごとを歪めているのではないかという懸念をもつことはできる。たとえば、わたしの距離知覚は歪んでいるのではないか、わたしはこの問題あるいは集団にあまりにも関わりすぎているために全体像を見失っているのではないか、わたしは自分のイメージへの執着によって本当に重要なものが見えなくなっているのではないか、というように懸念をもつことはできる。しかし、これらの疑問はすべて、あらゆるものを包み込み、自分をも巻き込んでいる場としての世界を背景に生じてくるものでしかない。当初の懸念は、この背景のうえでのみ意味をなしていたため、その定義づけそのものを破棄してしまうのでなければ、自分をも巻き込こんでいるこの世界の存在を真剣に疑うことなどできないのである。[2]

わたしたちは接触的描像（contact picture）という言葉を使っている。接触の本質は何だろうか。その本質は、最も基礎的で前概念的なレヴェルにおいて、わたしが世界に関してもつ理解は、わたしによって構築ないし規定されただけのものではない、という事実である。世界についての理解は、わたしと世界が「共同的に作るもの（co-production）」なのである。この言葉で意味しているのは、このレヴェルでの世界に関するわたしたちの把握はわたしたちの内部にあるわけではなく、相互作用ないし事物とうまくやることという中間領域のうちにあるということである。わたしはこのグラスを手に取り、もち上げ、そこから水を飲む。ギブソンの表現を使うと、ここでわたしに与えられる「アフォーダンス」は、グラスのうちに発見されうる多くの特徴のうちのひとつにすぎず、その意味で、わたしの見方は部分的で限定的である。しかし、部分的であるとはいえ、わたしの見方は他の面では揺るぎなく、改訂不可能なものである。ここで懐疑論者は何をいえるだろうか。わたしは夢を見ているのかもしれないと憶測する、という究極の一手に出るしかないだろう。この疑念をどれほど真剣に受け取るべきかは、第一章で述べたように、生きられた時間に関する理解に依存している。

しかし、ここでわたしたちは次の点を指摘したい。懐疑論者はここで頼みの綱として、そもそもわたしは何かを扱っているといえるのかどうか、あるいは、この系列全体が夢なのかどうか、という問題を提起している。しかし、そのために、これよりも穏当な懐疑は完全に消え去ってしまう。わたしがこの

（2）「世界が実在的かどうかを問うのは、自分がいっていることの意味を理解していないということである」。Maurice Merleau-Ponty, *Phénoménologie de la Perception* (Paris: Gallimard, 1945), 396［メルロー＝ポンティ、『知覚の現象学（2）』、竹内芳郎、木田元、宮本忠雄訳、みすず書房、一九七四年、二〇五頁以下］.

ゴブレット〔酒杯〕をつかみ、そこから飲んでいるかぎりにおいて、それは「つかんで飲む」アフォーダンスをもつ。こういえるのは、このアフォーダンスがグラスをつかむ過程のなかで、この事物との相互作用のなかで、わたしに対して現れるからである。このアフォーダンスの現れは、わたしが自分一人ででっち上げた観念やわたしの心のなかの「印象」などのように、遠位の原因と一致するかもしれないし一致しないかもしれないようなものではない。わたしとゴブレットによって、わたしたちの相互作用のなかで「共同的に作られた」ものなのである。

科学という高次のレヴェルにおいては、わたしたちはつねに実在に関する表象を扱っており、それには間違っていることが判明する可能性があり、つねにこのことに気づいておくことはよい科学的方法の一部である。実際、わたしたちはいつでも間違ったことをいいうるので、このようなアフォーダンスに関する信念も含めて、明確に述べられた信念はどれも間違っている可能性がある。しかし、事物に対するわたしたちの把握の最も原始的なレヴェルでは、「主観」と「客観」のあいだのギャップをまたぐ接触があり、この接触はこれらの用語が結局のところ不適当であることを示す。

このように、わたしたちの時代においては、思想の二つの方向のあいだを深い亀裂が走っており、どちらも自分は伝統的な認識論を破壊しているのだと主張する。一部の人々は、本当に反対すべきなのは基礎づけ主義だけだと考える、つまり、知識を「土台から」説得力ある仕方で構築する試みのみを反対すべきものと考える。こうした人々は、これが不可能であることはクワイン的な全体論に基づいて、あるいは、より古い懐疑論的な議論にもっと近いものに基づいて示すことができると考える。しかし、そのような人々はわたしたちが媒介主義と呼んでいるもの、すなわち、主体の知識を世界から切り離されたものとする説を喜んでそのまま残しておこうとする。

他方の人々にとっては（わたしたちはこちらに入るのだが）、デカルト主義を脱構築することの醍醐味は、ここでの「主観」の描像を追放することにある。主体の状態記述は主体にとっての世界にひとつも言及しなくても与えることができる（あるいは、主体について多くを語らなくてもまさに世界そのものとしての世界の記述を与えることができる）という考えは、深刻な間違いを犯している。知識というものが「主観」の「内部」にあったならば、そのような記述も可能だろう。しかし、知識は「主観」の「内部」にあるわけではない。世界の把握は接触ないし相互作用のうちにあり、この相互作用は主体について語るだけで記述できるようなものではないのである。

主体だけに関する状態記述を与えられるかもしれないという信念は、先に挙げた媒介的描像の規準となる四つの特徴と並んで、媒介的描像の規準となる五つ目の特徴だと考えてもよいかもしれない。つまり、「認識論の第五のドグマ」だと見てもよいかもしれない。しかし、この不適切な描像の目印を増やしていく必要はない。これがほかの目印と適合するものであることは明らかだからである。

1

以上で世界のなかの主体に関する接触説ないし相互作用説の要点は述べられた。それを支える現象学的な議論は納得できるものであるように思われる。しかし、しばしば人々はこのような議論に対して、それは現象学的な議論でしかないといって応答しようとする。現象学的な議論は事物がどのように現れるかは教えてくれるが、事物が本当のところどのようなものであるかについてはどうだろうか、と。結局のところ、わたしたちはガリレオ以来、現れには騙される可能性がある、という考えに慣れている。

たとえば、太陽は本当に地平線の下に沈むわけではない。あるいは、わたしたちが押すのをやめるとカートはすぐに止まるが、これは運動体が進行を続けるためにはつねに継続的に力をかけられている必要があるという意味ではない。それと同じように、もちろん、心と世界のあいだに何らかの媒介的な要素があるようには現れない。その点で、現代の理論は、注意深く観察すれば意識の第一次の対象が自分たちの「印象」や「観念」であることが明らかになる、と主張していたように思われる古い経験論とは違っている。しかし、これらの現代の理論は、経験に関する唯物論的説明を基盤とすることにより、別のレヴェルで道を引き返してきて、すべては別の意味で内的な状態に依存しているという。つまり、すべては心の内部ではなく生物個体の内部にあるのだが、やはり外的世界とは切り離された内的状態に依存しているというのである。

それゆえ、わたしたちは、たとえば、地元の街を動き回るための能力は自分の心のなかにもなければ、自分の身体のなかだけにあるわけでもなく、むしろ、わたしの〈街を歩く能動的な身体〉(active-body-walking-the-streets) のうちにあるのだといいたい。それに対して、現代の有力な思考様式では次のように主張されるだろう。この能力は脳のなかで符号化されており、そしてそれは、わたしの脳が桶の中で生かされており、通りや街と接触していなかったとしても保持しうるようなものである、と。このような見方は、たとえば、ジョン・サールによって採用されている。サールは、わたしたちは桶の中の脳であったとしても、現在享受しているすべての意識経験をえることができるだろう、という仮説の熱烈な支持者である。もっというと、サールの論証は次のような仕方で展開する。結局のところ、わたしたちは実際に桶の中の脳なのである。ただし、わたしたちの場合、頭蓋骨が桶になっている。そうだとすると、わたしたちの実際の状況を映画『マトリックス』で描かれたような状況に置き換えられない理由があるだろうか。つまり、不運な人間たちは自分の生物個体全体を桶の中に閉じ込められており、その脳には一定の仕方で相関した入力と出力が供給されており、そのおかげで通常の能動的な生活のなかで他の人間と一緒の空間を歩き回っている意識経験をもたらすのに必要なものが正確にえられている、そういった状況に置き換えられない理由があるだろうか。そうして、この人間たちは現実の通常の生活の代わりに、いくつかの点で夢に似た生活を送ることになるというわけである。

そうするときっと、わたしたちに対しては、次のような反論が出されるかもしれない。わたしたちはマトリックスの世界で存在するようにみえる志向的対象と現実に接触するわけではないだろう。通常の生活との共通点は脳状態の類似性だけだろう。しかしながら、二つのケースで脳状態が正確に同じなのだとすると、もちろん通常のケースについても、入力と出力の結びつきが適切に与えられていれば、動き回るための能力はすべて脳のなかに符号化されていたのだといえることになるだろう。

このような考えは媒介理論の標準的な議論のひとつ、すなわち、いわゆる「錯覚論法」と適合するものであることに注意しよう。この議論は通常、次のように展開する。錯覚というものがある。蛇を見たと思ったら縄しかなかったとか、オアシスを見たと思ったら砂漠しかなかった、などである。さて、わたしたちはおよそ騙されることがある以上、錯覚がある場合と本当に知覚している場合で主観的な視覚経験は正確に同じであるはずである。それゆえ、通常の場合も、ある種の内的経験と、その内的経験と真に対応している外的対象によって構成されているにちがいない。錯覚を経験するときにないのは、この第二の要素である、と。

この議論は、通常の状況を媒介的なものとして、すなわち、何らかの内的状態を通じた世界との接触として見ることを強いてくる。そして、まさしくこれが〈桶の中の脳〉のシナリオがわたしたちに強いることである。マトリックスの人々が桶の中で動かない状態で電気刺激に接続されていながら、通常の覚醒した生活の経験をそのままえることができるのだとすると、たしかに、この経験はこのような刺激が入力としてあることに依存しており、わたしたちが存在を信じている適切な種類の外界の実在的な事物の存在には間接的にのみ依存していることになる。つまり、このような実在的な事物が生み出す刺激は、桶に閉じ込められた動かない身体という領域を制御する装置によって生成することもできると思われ、通常の覚醒した生活の経験はそうした刺激を生み出す実在的な事物の存在には間接的にのみ依存していることになる。

〈桶の中の脳〉という仮説がわたしたちに突きつける難問は、次のように定式化することができる。あなたが自信をもって想定するような世界は存在しないかもしれないと思われる。そのような世界があるという経験は脳状態の系列によって十分に説明される。そうだとすると、どうして動き回るための能力は身体と世界の中間領域にあるといえるのか。

一見したところ、この反論に答えるのは簡単ではないようにみえる。わたしたちは実際にマトリックスの住人のようなものなのかもしれないという仮説は、わたしたちの人生はまるごと夢かもしれないという、たとえばデカルトによって抱かれた極端に懐疑的な想定に類似している。わたしたちは、ただ自分の実際の経験に注意を向けて、地元の街でAからBに移動するとか、蝶ネクタイを結ぶとか、世界のなかの実際の対象との相互作用のなかでしかできないことがあると指摘することで応答できるかもしれない。わたしたちは、〔街を移動したり、ネクタイを結んだりできても〕地図を描いたり、まとまった指示を与えたりすることはできない。すなわち、なされなければならないことに関する何らかの表象を生成することはできない。それゆえ、あなたがネクタイを結ぶのを手伝うためには、あなたの後ろに回って、それを自分の首に結ぶのと同じようにあなたの首に結ぶしかない。わたしは、あなたにネクタイの結び方を説明したり、動きを図解したり、それどころかネクタイがない状態でその動きをしてあげたりすることもできない。現象学的に見るなら、この能力は中間領域のうちにあるのである。

しかし、わたしたちの論敵は以下のように答えるだろう。その能力は、行使するには行為を実行するしかないにしても、脳の何らかの状態に依存しているにちがいない。もちろん現実には、この状態は通常の学習様式、すなわち、試行錯誤か、その能力を同じように分節化されていない仕方で把握する教師の指導のもとでの練習を通じて生じた。しかし、たとえば、映画のなかでトリニティがヘリコプターを飛ばすことを学んだように、脳のそのような状態が他の何らかの仕方でも引き起こされえた可能性は十分にある、と。

それに対して、わたしたちはこう応答する。それはここで「可能」という言葉で何を意味するかによる、と。この言葉には強い意味と弱い意味がある。弱い意味で使われる場合、わたしたちが何かが可能だというのは、自分の知るかぎりにおいて、ものごとのあり方のうちにこれが生じることに対する障壁となるものがないときである。タイムトラベルはこの意味で可能だと判断されるかもしれない。というのも、わたしたちは時間について多くのことを完全には理解していないからである。しかし、タイムトラベルが強い意味においては実際には不可能かもしれないと、すなわち、世界の仕組みからしてタイムトラベルはありえないかもしれない、と考えるのも容易である。

〈桶の中の脳〉という仮説は明らかに弱い意味でしか可能ではない。つまり、相互に関係する感覚運動的インパルスの一定の系列は、いかなる仕方で生み出されるにしても、わたしたちのものと同じような時空的世界に対処する意識経験をえるための十分条件であるという考えは、明らかに弱い意味において可能でしかない。桶の中の脳がこうして意識経験をえることは、実際には不可能であると判明する可能性もある。

ごく当たり前の考えをいくつか見てみよう。わたしたちは意識経験が身体的状態や行為に実際に付随する仕方について、実のところ、ごくわずかのことしか理解していない。ほとんど何も理解していない、ともいえるかもしれない。意識経験が付随する身体的状態がたんに脳の状態であって、たとえば、脳と神経系の状態でないこと、もっといえば、身体全体のなかの脳の状態でないこと、あるいは、環境内の能動的な身体が必要でないかどうかは、どのようにして保証されているのだろうか。サールのような人々は、意識経験の十分条件は脳のなかだけで入手可能であるにちがいないという揺るぎない確信をもっているが、きっとこれはそうした人々の仕事においていまでも効力をもっているデカルト主義の遺産である。つまり、いまだそこから逃れることができないでいる無意識のアプリオリのようなものである。

実際、幼児における脳への神経接続および脳内の神経接続の形成に関する近年の研究では、次のようなことが示唆されている。すなわち、幼児は世界のなかを動き回ろう、事物をつかもう、事物を見よう、自分がやろうとしていることをやりとげようとして、やがてこうしたことをうまくできるようになる。神経系の結線は、幼児のこうした試みによって形成されているというのである。[3]〈桶の中の脳〉という仮説は、生物個体の世界の実際のあり方とまったく合っていないことが明らかになりつつあるわけである。

錯覚論法は〈桶の中の脳〉という仮説の雛形だと理解できるかもしれないが、ここにも同じようなアプリオリが影響しているように思われる。先に見たように、これらのすべての議論では、錯覚のケースにおいてはつねに真正な知覚の主観的経験とまったく同じような主観的経験があるにちがいない、と想定されている。しかし、本当にそうだろうか。

たとえば、昨晩、誰かがヨシフ・スターリンと会話をする夢を見たとしよう。恐ろしい経験である。だが、これは本当にこの独裁者をクレムリンに訪問するのとまったく同じような経験だっただろうか。夢の流れを思い出してみよう。わたしは会話の直前までモントリオールの自宅にいた。しばらく会話をしていると、わたしの会話相手は学科の非常に不愉快な同僚に変身していった。覚醒した意識の批判的な観点から眺めると、その流れは本当らしさをまったく欠いていた。現実のものに出会っているという臨場感が感じられるためには、夢は間断なく無批判的に流れる必要があった。この錯覚は真正な経験との内容面での類似性よりも、夢が間断なく無批判的に流れていたことに依存していたのである。メルロ＝ポンティが指摘するように、幻覚についても似たようなことがいえる場合がある。[4]

これら錯覚に関する議論と〈桶の中の脳〉という仮説のどちらにおいても、真実と錯覚のあいだでまったく同様のものXがあることが前提されている。このXは、ここでは主観的経験の状態であり、〈桶の中の脳〉の仮説では脳の発火状態であった。しかし、考えてみると、こうしたXを前提する必然性があるわけではまったくない。この必然性の感覚は、媒介的な描像（Bild）がもたらす錯覚である。

このようなアプリオリは無視しておく必要がある。しかし、より経験的なものを重視するサールのような人が、デカルト的な直観の残滓に促されて、最終的に〈桶の中の脳〉の仮説の正しさは研究によって示されるだろう、と予想するのを禁じるものは何もない。わたしたちが自分の対処技能が世界のなか

（3）Alva Noë, *Out of Our Heads* (New York: Hill & Wang, 2009) を参照。
（4）Merleau-Ponty, *Phénoménologie de la Perception*〔メルロー＝ポンティ、『知覚の現象学（2）』〕を参照。

の主体という中間領域に存在する仕方に強く印象づけられて、経験を複製するためには〈世界内の主体〉(agent-in-world) の全体が必要だ、と予想したくなっているのと同じことである。わたしたちの感覚では、現在の神経科学は経験の脳基盤について印象的な証拠を与えているが、これは因果的な必要条件を与えてくれるものでしかない。十分条件を与えようとすれば、状況のなかで対処する主体が必要なのだ。

では、これらの仮説について、とくに『マトリックス』におけるシナリオについては、どのように考えればよいのだろうか。わたしたちは接触説を支持する強力な現象学的議論を提出した。それによると、わたしたちは自分を世界と関わりあっているものとして見なければならず、経験や行動の座を単純にわたしたちの内部に見出すことはできない。しかし、マトリックスのようなシナリオは、わたしたちの日常的な意識に懐疑論的な難問をつきつけていると見ることができる。こうしたシナリオは、わたしたちを独立した世界のなかにしっかりと状況づけるが、ひょっとすると、その状況そのものが純粋な現れであり、しかも純粋に内的に生成された現れなのかもしれないのである。

これは心配すべきことだろうか。わたしたちが詳細に説明してきたのは、わたしたちは世界といわば大きなスケールで接触している、という見方である。ものごとに対する個別的な見解は、いままで自信をもって受け入れてきたものであっても間違っているかもしれないが、この誤りは状況に対する一般的な把握のうちに状況づけられており、この一般的な把握が完全に間違っていることはありえない。また、自分の見方を改訂するためにはものごとに対する手がかりが必要であるが、それはしばしばこの一般的な把握によって提供される。『マトリックス』のシナリオは、ある意味で、このような局地的な誤りの可能性を極限まで、つまり、大きなスケールの誤りに発展するおそれがある地点まで強引に押し進めているのである。

マトリックスの住人は、いったん桶から解放されたならば、人間たちと同じ世界構造を共有することになる。すなわち、他の主体たちのなかの主体であり、わたしたち全員に同じように干渉してくる共有された世界のなかにいる、という構造を共有することになる。その点において、マトリックスの住人を苦しめる誤謬は限定的なものである。それに加えて、わたしたちは第四章でジョン・マクダウェルを引き合いに出したが、事物に対するわたしたちの解釈はマクダウェルによって説明されたようなあり方をしている。すなわち、わたしたちは自分を実在のレイアウトに対して開かれているものとして理解している。わたしたちは事物に対する自分の解釈は自分に干渉してくる実在に動機づけられたものであり、知覚の因果的基盤と知覚の対象は一致していると考える。（もちろん、ここでの「因果的基盤」は古典的な経験論において夢見られた純粋に受動的な感覚受容のようなものを意味しない。わたしたちはつねに世界を能動的に解釈しているが、このような解釈の結果は実際に存在するものに対する応答であり、その意味で、実際に存在するものに因果的に依存していると見なされる。）実在的世界とマトリックス世界のちがいは、このような事物に対する解釈が前者においては正しく、後者においては間違っていることにある。マトリックスにおいて、自分が車を知覚していることは、ここに本当に車があることに因果的に依存しているように見えるが、実際はプログラマーが脳に一定の感覚インパルスを与えていることに因果的に依存している。

しかし、これはたぶん、この特定の映画のシナリオに関する事実でしかない。プログラマーたちが、たとえば、わたしたちに恐竜やネズミとして自分の世界を生きさせようとしたとしよう。ここでもまた、弱い意味での可能性はその限界に近づいており、本当の可能性を逸脱しても不思議でないところまで来ている。解剖学的にも生物学的にも人間としてしつらえられた人が、自分を恐竜だと見なすことは本当に可能なのだろうか。夢のなかで恐竜になってしまった自己感覚をもってゾッとするという弱い意味においてではなく、少なくともこれとは違った仕方で自分を恐竜だと見なすことは本当に可能なのだろうか。ふたたび、わたしたちはここでの〔可能性の〕限界がどこなのかを決定するための知識を欠いているが、制限が厳しいかもしれないことは明らかである。ひょっとしたら、わたしたちは恐竜的な夢想を見るように仕向けられるかもしれず、また桶に閉じ込められた存在においては、批判的なスタンスに目覚めてそれが夢想であることを露呈させる可能性は決してないかもしれないが、そうだとしても、そのような夢想を見ることは実在的なものごとと経験の面で区別のつかない何かを生きることにはならない。

こうしたすべてのことについて、わたしたちは何がいえるだろうか。あるレヴェルでは、こういえるかもしれない。それでも『マトリックス』のシナリオは、一定の限界を超えたシナリオでないかぎり、少なくとも経験の構造的な特徴に関しては、実在の世界のなかにいるというのがどのようなことなのかをあるレヴェルでは正しくとらえている、と。しかし、マトリックス人の生活の詳細はすべて間違っているのだから、これはあまり意味のない主張に思われるかもしれない。他方もちろん、先に論じたように、『マトリックス』のシナリオでさえも、それが本当に可能だということは明らかではない。また、可能であったとしても、わたしたちがそうしたシナリオを考えることができるのは、実在の世界に「目覚める」可能性を構造的に提供する枠組みにおいてでしかない。先に引用したメルロ＝ポンティの格言――「世界が実在的かどうかを問うのは、自分がいっていることの意味を理解していないということである」(5)――は、彼が意図したよりもずっと弱い意味においてであるが、ここでも正しいことになるわけである。つまり、このシナリオが成り立つためには、わたしたちの世界と構造的に同じ世界、すなわち、プログラマーたちの世界が存在しなければならないのである。

以上すべての教訓は何だろうか。〈桶の中の脳〉あるいはマトリックスなどのシナリオが、わたしたちの接触説に対して、きわめて根拠薄弱で妥当性を欠いた反論しか提供していないことは明らかである。そして、世界との関係を支える処理過程がすべて実際に脳のなかで行われていることが明らかになったとしても、これは心に関するデカルト的な表象主義者の見方が正当化されたことを示すわけではない。その場合でさえ、世界との直接的な接触という非媒介的な現象学は有効なままなのだ。

一般化していうなら、わたしたちは自分の考えのなかにあるデカルト主義の名残に抵抗して、脳の処理がわたしたちの世界との関係を支えているという事実はそれだけで媒介主義を支持する、などと考えないようにしなければならない。また、それに伴う全面的な懐疑論を想定しないようにしなければならない。世界に関する経験に因果的基盤があるという事実は、その基盤が脳内にあろうと、身体のうちにあろうと、状況内の身体的主体の相互作用全体のうちにあろうと、媒介的なストーリーを支持するものではない。デカルト的伝統全体の傾向に対抗して、支えとなる因果的過程がわたしたちと世界のあいだに立ちはだかるものではなく、世界との直接的な接触を可能にするものであることを認識することが重要なのである。

そして実際、世界とのこの直接的な出会いの十分条件は、ここで述べてきた現象学において示唆されるように、生物個体と世界の相互作用の全体のうちに見出されるはずだということは、ますますたしからしいことであるように思われてきている。[6] マイケル・ウィーラーがいうように、「ありていにいえば、

(5) Ibid., 396〔同上、二〇五頁〕.
(6) 神経生理学者のウォルター・フリーマンは、わたしたちがここで説明してきた全体論的な現象学を支える脳活動に関する神経

認知を身体化され、埋め込まれたものと見なすアプローチの中心にあるのは、認知科学は認知を脳のなかに戻し、脳を身体のなかに戻し、身体を世界のなかに戻す必要がある、という考えなのだ(7)」。

力学的な理論を展開し、次のように書いている。

「マクロな集団というのは、単細胞内の化学的な集合体から生態学的なネットワーク、社会組織、ハリケーンやトルネードなどの気象系、さらには銀河に至るまで、多くの素材および多くの時空間的なスケールにおいて存在する。ミクロな要素や粒子の振舞いはそれを埋め込んでいる集団によって制約されており、ミクロな振舞いはマクロな活動パターンを参照しなければ理解されえない。(…)

樹状突起と軸索の成長を通じて、解剖学的な接続の密度が一定のところまで到達すると、ニューロンは個別的に活動するのをやめて、集団の一部として活動し始める。すなわち、それぞれが集団に寄与して、それぞれが集団から方向づけを受けるようになる。(…)いまや活動レヴェルは個体ではなく、集団によって決定される。これが神経力学の根本的な基礎である」。

Walter J. Freeman, *How Brains Make Up Their Minds* (Weidenfeld & Nicolson, London: 1999), 55〔ウォルター・フリーマン、『脳はいかにして心を創るのか――神経回路網のカオスが生み出す志向性・意味・自由意志』、浅野孝雄、津田一郎訳、産業図書、二〇一一年、六八頁〕.

(7) Michael Wheeler, *Reconstructing the Cognitive World: The Next Step* (Cambridge, MA: MIT Press, 2005), 11.

第六章　地平の融合

議論のおもだった筋を別の仕方でまとめてみよう。これによって、人間の主体性に関してわたしたちが提案している見解がもつ別の次元を浮き彫りにしたい。こうしたことは、おそらくここで助けになるだろう。

わたしたちは以前の箇所（第一章）で、デカルトに始まる媒介論的な認識論への転回を動機づける事柄のうち、主要なものをひとつ突き止めた。この転回は、すぐれた批判的方法についての分別（sense）を動力源とするのだ。確立された見解に異議申し立てをするためには、ただ当然と見なされているだけのことをはっきりさせる必要があるかもしれない。ある主張を構成要素に分割したり、その主張が拠り所にする証拠に分割することがとても役立つかもしれない。たんに事実に関わるだけの主張を疑問の余地がある評価から切り離し、わたしたちのものごとの見方とものごとの実際のあり方のあいだにはっきりとした区別をつけることが欠かせないかもしれない。

こうした分別はすべてまったくもって正しく、決定的に重要なこともたびたびある。根本的な間違いは、この方法を存在論化し、以下のように結論してしまうことにあった。すなわち、主張を分割するという方法は考え方としてすぐれていることがたびたびあるのだから、心はつねにそのような仕方で働いている、と考えられる。したがって、わたしたちはいつでも明示的で中立的な情報を取り込んでそれを結合しているのだ、と想定してもよいだろう。ただしそうはいっても、情報を取り込んで結合する際に、わたしたちはうっかりしていたり、不注意だったり、外部の権威にとりつかれすぎてしまったりすることがある。そのためわたしたちは、この仕事を行う際に、もっと注意深くて反省的な情報の構成に立ち戻る必要がある。

こうした考えに対してわたしたちが主張してきたのは、以下のようなことだ。わたしたちが根源的な仕方で世界内に存在するあり方、つまり、実在するものにうまく対処したり、どこにでも行けたりするといったあり方は、ある種の理解を反映している。しかもそうした理解には、明示的で分析的な要素間の区別のようなものは、事実と価値の区別や信念と実在の区別と同様に、登場しない。方法の存在論化は、明示的で原子的な中立的情報をわたしたちの世界との日常的な交流のなかに読み込むことで、日常的な実在を歪めるだけでなく、批判とは何を成し遂げることなのかを、わたしたちに見えなくしてしまう。批判は、自分たちを事物の日常的な意味から離脱させ、環境への関与から脱中心化させるといった仕方で、世界への態度の変更を要求するものであること、こうしたことが理解できなくなるのだ。

「根源的（ursprünglich）」というハイデガーの用語は、以上の点を指摘するために使われてきた。日常的な関与的対処が根源的である理由は、それが実際に、わたしたちが世界内に存在する様式として第一のものであり、完全に捨て去ることが決してできないからだけではない。日常的な関与的対処が根源的なのは、脱中心化された批判的態度がこうした日常的な存在様式の内部からしか生じえないからでもあるのだ。批判的態度は、研究対象に関する日常的な存在様式を完全に中断するが、しかしつねにわたしたちの日常的な対処の技能を拠り所にしながらそれを行うのだ。

もちろん、方法の存在論化の動機を理解することはできる。まず第一に、基礎づけという試みは、もし科学のような大建造物を打ち立てることができるような根底的基盤となる明示的な証拠まで掘り下げることができないならば、まるで希望がなくなる。こうしたことは、間違いなく、デカルトやロックのような〔基礎づけ主義の〕伝統の開拓者にとって重要だったにちがいない。だが、基礎づけ主義が放棄された後でさえも、人間の推論を完全に明晰にすることへの期待や、それを科学的に明晰に説明することへの期待によって、原子的なものや明示的なものが大切にされ続けてきた。このことは、わたしたちの時代に人気を博してきた、コンピュータに着想をえた人間の心のモデルによって確認できる。こうしたモデルもまた、明示的な情報に基づく計算を必要としており、そこにはわたしたちの世界内存在のあり方が示す（ゲシュタルト的）全体論の余地はない。そして、批判的思考には、熟慮において事実に関する前提は評価に関する前提からいつでも切り離すことができるという（根拠のない）信念に基づくものもある。

さて、少なくともデカルトの観点からは、すぐれた方法にはもうひとつの特徴があった。それは、すぐれた方法はわたしたちをひとりひとり自分自身の判断へと連れ戻すという特徴だ。わたしたちはこれらの事柄を権威に委ねてはならず、自分の思考の基礎が明晰判明であり、議論の鎖も同様に明晰判明であることを、わたしたちのそれぞれがたしかなものとして確認しなければならないというのだ。こうした路線の考えのうちには、確立された伝統や外部の権威にたよってものごとを考えることに対する敵意がある(1)。批判的な思考において、わたしたちは最終的には「自己責任的」であることが求められるのである。

批判的な方法のこうした特徴は妥当であることもたびたびあるのだが、この特徴が存在論化されることによって、知識の第一の主体は個人なのだと想定されるにいたった。このこともまた、人間の条件におおきな歪みを生み出してきた。わたしたちはこうした事情の意義を完全に論じることはできない。それを実現するためには、少なくとももう一冊本を書く必要があるだろう。だがそのいくつかの側面は、わたしたちの議論に直接関わっている。

批判は自分の態度を転換することによってのみ可能になるということをひとたび理解し、そしてまた、こうした転換が人間の文化の進化によって発展してわたしたちに利用可能なもののひとつになるということは、反省すればすぐにわかることだ。だが、批判は自己責任的な個人のなかでそうした個人によってなされると考えるのは過剰な単純化であり、このとてつもない単純化は致命的になりうる。たしかに、ひとりの人が間違った共通見解に反対するということはときにある（そして、これまでの近代西洋文化はこうした事例を賞賛する傾向にある）。そのような英雄的な人物によって、新たな種類の批判が発明されることさえありうる。ソクラテス、デカルト、カントをその例と見なすことができる。しかし、歴史がつちかった批判的態度の蓄積に何か新しいものをつけ加えるもっとも革新的な動きでさえも、無から生じたわけではない。そうした動きもすでに確立された様式のうえに築かれるのである。英雄的な革新者でさえも、自分自身の様式を打ち出す前に、まずは確立された様式に適合するように訓練されなければならなかったのだ。わたしたち平凡な追従者は、わたしたち自身の批判的な作業のための道具をえるために、革新者たちと比べてどれほど多くのものを自分の文化から受け取らねばならないことだろう。

離脱ないし脱中心化するこれらのさまざまな態度は言語のなかで発展させられる。他と同様にここでも、言語は分節化という重大な機能を示すのである。言語はわたしたちがすでに正体を突き止めて他から区別したものを記述するためだけにあるわけではない。新しい語り方・考え方・問い方に表現を与え、それによってそうした語り方・考え方・問い方をわたしたちの蓄積のなかにはじめてもち込むときにも、言語が使われるのである。またしてもソクラテスが、わたしたちの伝統のなかで名誉を与えられた模範的な例だ。わたしたちは現在（部分的にはプラトンのおかげで）「問答法」という新しい言葉を手にしている。これは前もって存在する実在を記述するための言葉ではない。この言葉はむしろ、それと同時に生まれた問いのやりとりの新しいやり方に注意を向けるために役立っているのだ。同様に「観念」は、デカルトによって新しい仕方で使われるようになり、それ以前の人々の自己理解のなかには登場しなかった何か、つまり純粋に「心」のなかにある情報の基礎的な単位を示すために、新しい専門的な意味をもつようになった。カントもまた、「批判的」という言葉そのものに新しい専門的な意味を与えることで、わたしたちの蓄積を増やしている。[2]

（1）「自己責任」はフッサールの表現であり、彼の『危機』講演のある一節からとってきたものだ。この講演でフッサールは、いくつもの相違点を超えて、デカルトの根本的な態度に同調している〔訳注――『ヨーロッパ諸学の危機と超越論的現象学』、細谷恒夫、木田元訳、中公文庫、一九九五年、三五六頁。ただしこの箇所は、フッサールの生前には刊行されなかった『危機』の第三部に属する。また同書の編者によって結語として挿入された第七三節にも、「自己責任」という表現が登場する〕。確立された権威に対するデカルト自身の態度については、『方法序説』〔第二部〕での、「わたしたちの自然的欲望と教師（nos appétits et nos précepteurs）」への否定的な言及を参照のこと（*Discours de la Méthode*, Paris: Flammarion, 2000〔ルネ・デカルト、『方法序説』、山田弘明訳、ちくま学芸文庫、二〇一〇年〕）。ロックの態度については、『人間知性論』の序論を参照のこと。

（2）言語がもつこうした表現的・構成的機能についてもっと論じたものとして、次を参照せよ。Charles Taylor, "The Importance of Herder," in *Philosophical Arguments* (Cambridge, MA: Harvard University Press, 1995), 79–99.

こうした偉大な思想家たちは、わたしたちに新しい概念を与えてくれる。しかし、それらの概念にたんに注目するだけではいけない。ここでわたしたちの蓄積は、たとえば植物学者が記述のための蓄積を豊かにしてくれるような仕方で豊かになっただけではない。わたしたちに与えられてきたのは、批判を一緒に実行するための新しいやり方なのである。新しい動きは既存の対話形式のなかで生じ、最後にはこうした対話を変貌させる。たしかにソクラテス以前にも、アテナイ市民は正義とは何か、敬虔さとは何かについて議論していた。しかし、不整合に陥らない定義を協調的かつ論争的に求めることへの転換は、議論を続けるための新しい（そして腹の立つ）様式、つまり探求の新しい方針だった。媒介論的な立場がまったくもって原子論的なやり方で突き進むのに対抗して、わたしたちは対話の優位をここで思い出さなければならない。対話は、新たな動きをするための基盤であると同時に、そうした基盤が可能にし、そこから生じる、変貌した種類のやりとりでもある。

こうした論点は、前世紀に多くのやり方で示された。ウィトゲンシュタインが描き出したように、一部の語の意味は、それらの語が（社会的な）言語ゲームという故郷のなかでどのように登場するかを理解しないかぎり把握できない。こうした言語ゲームはさらに、自らがその構成に寄与する生活形式（Lebensform）の全体の中に位置づけられる必要があるのだ。(3) ほかの哲学者たちの指摘によると、ある概念やその概念が登場する文の一定の使用法を理解するために、わたしたちはつねにそれが出現する言説のジャンルを確定しなければならない。それぞれの文が単独に解釈されるということはありえない。それらの文が埋め込まれている「テクスト」を知る必要があるのだ。そして実際には、「テクスト」のジャンルの多くはやりとり、つまり対話なのであり、そうした対話のなかで、たとえば、ひとつの「発話」での代名詞による指示が、別の発話に出てくる指示表現に引き継がれるのである。

このような仕方で、離脱ないし脱中心化という個人による批判的な様式への動きに対して、対話や言語ゲームの優位を前面に出すことは、人間の主体性に関する理解をより豊かなものにしてくれる。このようにしてわたしたちは、人間の主体性に関する理解を媒介説による歪みから回復させる必要があるのだ。先に用いたハイデガー的な言葉遣いをすれば、根源的な主体とは、関与的な対処において、共有された蓄積のなかでやりくりをするものなのだ。主体は第一義的に個人であるわけではなく、その他の主体のなかのひとりであり、共有された形式のうちに共同で参加することが本質的なのである——たとえ、自分の蓄積のうちに自分ひとりで役割を果たすことができるような部分を打ち立てるときでさえもそうなのである。

明示的で脱中心化され離脱した孤独な思考の根底には、実在とのより基本的な接触がある。そうした接触は、わたしたちがつかんでいる実在との接触であるだけではなく、実在をわたしたちと一緒につかんでいる他の人たちとの接触でもあるのだ。

ここまでの段落での短い議論から出てくるのは、媒介的な見解を拒否する道は二つあるということだ。この点についての概略をわたしたちは第二章の冒頭で与えた。おおまかにいって、わたしたちは第二章から第五章まで、媒介的見解を拒否する第一の方針——知識における心的表象の中心性に疑義を投げかけるという方針——に沿って議論してきた。しかしこれによって、伝統的な媒介説における独語への偏重をテーマにする第二の議論の方針は手つかずのままだ。少し前で見たように、媒介説はデカルト以来、

(3) ウィトゲンシュタインの『哲学探究』を参照せよ。

すぐれた方法とは何かということに関する分別からその力の一部をえている。そしてこうした方法は、模範的な事例では、個人の心のなかで、そして個人の心によって実行される独語的な方法だと理解される。しかし今こそ、先のいくつかの段落で述べたような第二の主題を取り上げ、人間の言語的な生活における対話の優位を強調すべきときである。わたしたちが頼りにし、そのなかでやりくりする批判の方法と形式は、まずもってわたしたちの文化のなかで確立されたのである。たしかに、わたしたちのうちにはソクラテスのような人たちがいて、そうした人たちはこれまでに知られていなかった形式を生み出す手助けをしてくれる。しかしこれらの形式が後世の人が受け継ぐ遺産の一部になるのは、それらが、わたしたちが後世の人に遺す文化に引き継がれているからにほかならない。

本章では、はっきりとこうした第二の道筋にそって議論することにしたい。

1

少し前で記したように、図式と内容のようなものを区別したくなる大変重要な領域は、非常に異なる様々な文化における、自然や人間の条件についての非常に異なる様々な「見方」を問題にする場面である。ここでもまた、わたしたちが擁護してきた見解は、そうした違いの乗り越えがたさとか不可避性といったものを許容することができない。つまり、わたしたちが世界に埋め込まれていることを強調する見解は、非実在論を擁護する議論を生み出さずに図式の違いを認めるための資源を用意してくれるのである。世界をしっかりつかみながら知識をもつ主体という概念によって開かれる可能性は、媒介的見解が手に入れることができるものとはまったく異なるのである。違いはあるかもしれない、つまり、実在に対する別の見方や解釈があるかもしれないし、そうした別の見方や解釈が体系的で射程の広いものであることさえあるかもしれない（というより、そうしたものは明らかにある）。それらのいくつかが間違いだったということになるだろうし、もしかしたら全部が間違っているかもしれない。しかし、そうした見方や解釈はどれも、世界への基本的な関与や世界の基本的な理解という文脈のなかに、つまり、死なないかぎり打ち切られない世界との接触という文脈のなかにある。完全に間違っているということはありえない。たとえ道を登ってきた後で間違った場所に来てしまったと思ったとしても、わたしは自分がいる地域を正しく把握しているし家への帰り方をわかっている、等々のことは成り立つのである。実在世界への接触の実在性は、人間（あるいは動物）の生にとって逃れることができない事実であり、それを消し去ることは、せいぜいのところ、間違った哲学的議論による空想でしかありえない。そして、わたしたちがいつでもお互いに対して何かいうべきことをもち、実在に関する論争のなかで指し示すべきものをもっているのは、共通の世界とのこうした接触のおかげなのである。

コミュニケーションのこうした可能性をどうやって理解するべきなのか。わたしたちはこれを二つのレヴェルで考えることができる。何よりもまず、わたしたちはみな、人間に特有の様式で関与的な対処を通じて世界と接触しているために、ある重要なことを共有している。わたしたちはみな、ひとりだちするにあたって、同じ世界の境界条件のなかで、同じ種類の身体と基本的な能力等を基盤にしなければならないのである。さらには、わたしたちは同じ基本的なニーズを共有している。食べ物、衣服、安全な住まい、休息、といったものだ。こうしたことが潜在的に保証してくれるのは、わたしたちが新しい文化に入り込むとき、たとえ未知の大陸を探検するときのように何の準備もなかったとしても、お互いの言語の習得にのり出すことができるということだ。中くらいの大きさをもち動いている対象は誰の目にも止まるとわかっているから、お互いに「ウサギ」に対応する言葉を相手に教えることができる。対話の相手からは木に隠れてよく見えないウサギを指差しても意味がないということを人々は理解している。食料は誰にとっても必要だと知っているため、人々はそれを要求したり交換したりできる、等々。

以上は誰もが認識するレヴェルのコミュニケーションであり、媒介論の擁護者が異議を唱えるようなことをわたしたちはここでは何もいっていない。だが以上は、もっとも難しいたぐいの違いをそのままにしている。コミュニケーションの最初のレヴェルは人間にとって普遍的なものであり、わたしたちが生物として似通っていることと関係しており、わたしたちが動物とさえ共有するものと深く関係する場合もある。しかし文化のレヴェル、あるいは、言語のなかであらわになる、人間に特有の意味というレヴェルには、理解を拒むように見える手に負えない違いが存在する。具体例としては以下のようなものをあげることができるかもしれない。この社会の宗教と儀式はわたしたちには奇妙に見え、そんな宗教と儀式をそもそもなぜ選んだのかが理解できない。それらは反感を覚えさせることさえあるかもしれない。あるいは、彼らの社交儀礼であるように思われるものは、わたしたちにはちぐはぐに見える。彼らはどうでもいいことにこだわり、大切なことを放っておくのだ。自分自身や他人の死に対する彼らの態度は理解しがたい。わたしたちから見ると、彼らはあまりにも安易に、他人を死なせることや自分が死ぬことをいとわない。わたしたちなら彼らの政治機構として記述するであろうものは、わたしたちの理解を拒む。彼らには政府というものがまったくないように見える。後で見るように、違いをこのように記述することには問題がある。しかしこうした記述は、いま問題になっている現象を特定するための手ごろな方法としては役立つだろう。

わたしたちがここで扱っているのは、生命的意味（life meanings）と呼んでよいようなものではない。生命的意味とは、わたしたちが生物学的な存在者として共有するものである。わたしたちが扱っている意味は、道徳的、倫理的、あるいは精神的なレヴェルに位置を占める意味であり、これは、最高の目的・最善の生き方・道徳的義務・高潔なあり方・各種の徳と見なされるものと関係している。それらの意味を「人間的意味（human meanings）」と呼ぼう。なぜなら、それらは言語的で文化的な存在としての人間のあいだに見出されるようなものであり、他の動物のあいだには見つからないからだ。もちろん、これら二つのレヴェルは概念的にしか区別されない。人間の現実の生において、それらは根本的に絡み合っているからである。わたしたちはこのことを以下で論じたい。

これらの人間的意味は、眼目ないし目的と結びついている。そしてわたしたちは、そうした眼目をとらえ損ねることがありうる。わたしたちはおそらく、その眼目を位置づけるのに、彼らの宗教は奇妙で彼らの社交儀礼はちぐはぐだという言い方をした先の記述のように、一般的な用語を使うこともできる。しかし、眼目をこのように特定しても、困惑は解消されない。そうした特定は、困惑がどこにあるのかを示すだけだ。（わたしにとっては）慰めになるはずの言葉に対して話し相手が激怒しはじめたとき、いったいここにある何が彼の名誉を傷つけたのか、わたしにはどうにもわからないのである。わたしはここで、名誉に関わる問題（point d'honneur）を取り逃がす。

もちろん、事情があまりにも不透明なので、わたしの一般的な記述は正しかったのかどうかという問題が生じる。もしかすると名誉の問題ではまったくないのかもしれない。あるいはより徹底的に、もしかするとこの社会には、わたしが使っている用語に対応するような関心事の次元が存在しないのかもしれない。もしかすると彼らには名誉に関わる問題といったものがないのかもしれない。もしかすると彼らは宗教をもたないのかもしれない。何はともあれ、わたしたちにとって「宗教」という言葉がもつような意味での宗教をもたないのかもしれない。わたしたちはここで、違いが何なのかを位置づけることが無害な行いではまったくなく、それがさらなる理解を妨げかねない理由を理解できる。わたしたちは後でこの点に戻ることにしよう。

ともあれ、こうした文化のレヴェルにおける困難は、彼らの道徳的・倫理的・精神的意味の眼目がわたしたちには最初は理解できないというものだ。それでもわたしたちは、少なくともときどき、何とかしてコミュニケーションをとる。わたしたちは障壁を乗り越え、彼らが何に関心をもつのかを理解するようになる。彼らのような生き方を実際に支持したいかどうかはともかく、わたしたちは彼らにとって何が重要かを理解するようになるのだ。こうしたことはどうやって可能になるのだろうか。

媒介説は頻繁に、これが本当に可能かをわたしたちに疑問視させる。なぜなら、媒介説の示唆によれば、それぞれの文化がそれ自身の枠組みをもち、この枠組みがそこでの人間的意味を規定し、その文化に生きる人はこの意味から逃れられないからだ。枠組みが異なれば、コミュニケーションは正常に動かなくなるというのだ。そのため最近まで、誰であれ主導権を握る立場の者——研究対象の社会における考え方を説明する人類学者であろうとも、あるいは女性の観点を説明する男性であろうとも——が抑圧される立場の誰かの世界観を明確化しようと試みることを禁止することが、一部の左派のあいだで受け入れられていた。そうした試みには、支配者による力の劣ったものの「声の我有化」という不当行為がどうしてもつねに伴ってきたというわけである。

そこまで過激ではないが、何らかの理解が許されている場合にも、媒介的描像はある種の相対主義を促進する傾向にある。異なる観点は通約不可能であり、それらの観点を判定するために照らし合わせるべき実在は存在しないというのである。そのため、それらの観点に優劣をつけることはできない。もちろんこうしたことは、寛容を請い、平和的に共存するための基盤になりうるものである。

このような文脈において、概念枠という考えを完全に拒否することで普遍的なコミュニケーションの可能性を打ち立てようとする試みの眼目は理解できる。よく知られているように、この試みはデイヴィドソンによってなされたものであり、[4] ローティがそれを支持したことについては先に触れた。[5]

デイヴィドソンは自分の議論を、表象的な認識論全体の拒絶として受け取られるべきだと考えている。「枠組みと世界の二元論を放棄することで、わたしたちは世界を放棄するのではなく、むしろ馴染みの対象たちとの直接的接触を再び確立するのであり、そうした対象たちのおどけた仕草が、わたしたちの文や意見を真や偽にするのである」。[6]

しかしわたしたちの考えでは、〔枠組みと内容の〕区別のデイヴィドソン流の拒否は、不整合に陥るか、それよりさらに悲惨なことになる。ここにありがちな危険は、自分たちと同じ分類を用いていると解釈することで他人を誤解する自民族中心主義だ。その場合、行動における違いはしばしば、悪い行動と良い行動という対によって単純に分類されてしまう。

---

(4) Donald Davidson, "On the Very Idea of a Conceptual Scheme," in Inquiries into Truth and Interpretation (Oxford: Clarendon Press, 1984), chapter 13〔ドナルド・デイヴィドソン、「概念枠という考えそのものについて」、『真理と解釈』(野本和幸、植木哲也、金子洋之、高橋要訳) 所収、勁草書房、二〇〇一年〕.

(5) Rorty, *Philosophy and the Mirror of Nature*〔リチャード・ローティ、『哲学と自然の鏡』〕.

(6) この一節がはっきりと明らかにしているように、デイヴィドソンは媒介主義という複合的な描像を作り上げる織糸のうち (1) を拒否している〔本書第一章を参照〕。しかし先に論じたように、その描像はもう一方の織糸のなかに残り続けている。Donald Davidson, "On the Very Idea," 198〔デイヴィドソン、「概念枠という考えそのものについて」、二一二頁〕.

違いそのものや、そうした違いをどのように乗り越えられるかについてのより適切な説明は、間文化的な理解に関するガダマーの説明のなかにあるとわたしたちは信じている。「理解とはいつも、（…）それ自体で存在すると思われる地平の融合の過程である」。(7)

ガダマーの「地平」概念はわたしたちの「背景」概念に似ている。背景とは、わたしたちの行う個別の事柄、たとえば何かを述べたり質問したり成し遂げたりすることを取り巻き、それらの事柄がそのなかで意味をもつような文脈である。しかし、背景という概念それ自体は、異なるレヴェルにも適用できる。わたしたちが自分たちを取り巻く環境のなかで身体的な存在として行う日常的な対処にも、それを支える背景的な理解があるのだ。わたしたちはここまでの章でそうした背景を描写してきた。また、そうした背景によって、わたしたちは自分たちを取り巻くものを、図と地として、制限された区域と開かれた区域として、障害と助けとして理解するのである。こうしたたぐいの背景は、人間に一般的に共有されており、生命的意味を中心に形成されている。

だが、わたしたちはある既存の文化における背景理解についても語ることができる。つまりそれは、人生のなかで大切なことについての一般的な理解であり、そうした理解という文脈において、ものごとはその倫理的・道徳的・精神的な眼目をもつ。ある先住民の社会にとって、特定の場所はきわめて重要な意味をもつとされるため、そうした場所をそれ以外の場所と交換することは拒否される。たとえそれ以外の場所が（わたしたちのようなグローバル化された根無し草の経済的主体にとっては）これまでの場所より好ましい場所であったとしても（そして、交換によって、もとの場所から石油を採掘できるようになるとしても）交換することは拒否される。こうしたことが理解できるのは、彼らのアイデンティティそのものが（たとえば）この山によってどのように特徴づけられているのかをわたしたちが把握できるときにかぎられる。そしてこの山との関係のほうは、精神世界とその本性に対する彼らの関係によってのみ意味をなすのである。

わたしたちはガダマーの地平概念を、何はともあれこの文脈では、後者の文化的な種類の一般的理解を指すものとして理解する。しかし地平概念は複雑かつ柔軟なものであり、しかもそうした特徴をもつことはこの概念にとって本質的だ。一方で、複数の地平を特定し区別することができる。まさにそうした区別によって、わたしたちは理解を歪めコミュニケーションを妨げるものが何かを理解できるようになる。しかし他方で、地平は進化し、変化する。固定された地平などというものは存在しない。「地平はむしろ、わたしたちがそのなかに入り込み、わたしたちと一緒に動くものである。動く者にとって地平は移動していく」[8]。変化しない輪郭をそなえた地平は抽象の産物である。地平はそれによって境界確定される世界を自分の世界としてもつ主体によって特定されるものであり、そうした地平はつねに運動しているのだ。それゆえ、Aの地平とBの地平が時点tにおいて別のものであり、彼らの相互理解がきわめて不十分であることはありうる。しかしAとBが一緒に生きることによって、t＋nの時点でひとつの共通の地平をもつようになることもありうる。

このように、「地平」は「言語」といくらか似た機能を果たす。わたしたちは「現代のリベラリズムの言語」や、あるいは「ナショナリズムの言語」という言い方をして、それらの言語では把握できない

(7) Hans-Georg Gadamer, *Wahrheit und Methode* (Tübingen: Mohr, 1975), 289. Truth and Method, trans. Joel Weinsheimer, 2nd rev. ed. (New York: Continuum, 2004), 304〔ハンス＝ゲオルク・ガダマー、『真理と方法――哲学的解釈学の要綱(Ⅱ)』、轡田収、巻田悦郎訳、法政大学出版局、二〇〇八年、四七九頁〕.

(8) Gadamer, *Wahrheit und Methode*, 288. Truth and Method, 303〔ガダマー、『真理と方法(Ⅱ)』、四七六頁〕.

ものごとを指摘できる。しかしこれらは抽象の産物、連続する映画から取り出した静止画のコマだ。アメリカ人やフランス人の言語について語る場合、それらの境界をアプリオリに引くことはわたしたちにはもはやできない。言語は主体によって特定されるのであり、しかもそうした主体は進化しうるものだからである。

地平とその融合の潜在的可能性についてのこうした描像がある種の「寛容の原理」をもたらすのを見ることができる。わたしの対話相手が完全に間違っていることはありえないし、わたしが完全に間違っていることもありえない。なぜならわたしたちは実在と分かちがたく接触しており、同時に自分たちの実在の「とらえ方」を変えることができるからだ。しかし、デイヴィドソンの見解との表面的な類似にもかかわらず、以上の議論はデイヴィドソンのものとは実際にはかなり異なっている。人間は実在的なものと接触しているというガダマーの議論は、存在論にもとづく。デイヴィドソンの議論は認識論的なものだ。自分自身のやり方で考え行動するあなたを理解することの条件は、大抵の場合には自分のやり方で理解できるものとしてあなたを解釈することだ。こうしたデイヴィドソンの議論はもちろん、古典的なかたちの反実在論的テーゼを伴う。何らかの重要な事柄に関して、常識的区別によるとわたしたちは手の施しようのないほどの無知に陥ってしまうような場合があるとしたら、そんな常識的区別は思い切って否定してしまえ、というテーゼだ。

この場合の常識的区別とは、二つの社会ないし文化はそれぞれにおける生をきわめて違う様式で理解することもあるというものである。ここにはわれわれを困惑させる可能性がある。それは、それらの社会ないし文化はお互いに理解することがけっしてできず、それぞれの理解の様式のなかに永久に閉じ込められたままであるという可能性だ。もっともわれわれを困惑させるのは、完全に異質な人間の文化があり、それをわたしたちはけっして把握できないと予測できることである。その文化の人々にとって生とは何かは、わたしたちには究極的には知ることができない。これに対する反実在論的な応答は、区別そのものを否定することだ。相互に還元不可能な異なる様式での生の理解などといったものは存在しないのであり、それゆえ不可知の対象の役割を、たとえ潜在的にであっても果たしうるものは何もないというのだ。

寛容さの根拠は重要ではなく、大切なのは結論だと思うかもしれない。しかし実際には、二つの寛容の原理は、文化のあいだの違いという重要な問題に対して決定的に異なるインパクトを与える。わたしたちは完全に不一致の枠組みのなかに捕らわれていることがありうるという考えに反対するデイヴィドソンの議論は、明らかに強力なものである。デイヴィドソンの寛容の原理が要求するのは、観察者／理論家としてのわたしは、研究の主題である彼の考えや発言の大半を知的に把握できるようにするという意味で、彼のことを理解しなければならない、というものだ。さもなければ、わたしは彼を合理的な主体として扱うことはできず、今問題になっている意味で理解できるものはまったく何もないことになってしまうだろう。

この議論が示したのは、他の文化の知的な把握はまったく不可能であるという考えは、選択肢にもならないということだ。というのも、他の集団の特定の範囲の実践を知的に把握不可能なものとして経験するためには、彼らを、その他の（きわめて重要な）範囲ではまったくもって理解可能だと見なさなければならないからだ。わたしたちは彼らを、意図をもつ、行為を実行する、命令や真理を伝える、等々のことをするものとして理解できなければならない。彼らはこうしたことさえもしないのだと想像してしまったら、彼らを主体として認識するための基盤はもはやなくなるだろう。しかしその場合、困惑すべき事柄は何も残されていない。主体ではないものについて、それが何を目論んでいるのかを問うことはできないのだから、この点に関して当惑する可能性はないのである。

そして明らかに、このようなたぐいの完全な理解不可能性は人間にとって可能ではない。わたしたちはいつでも、身体的主体としての自分の本性や生に共通して必要なものに関する、即席のコミュニケーションに頼ることができる。これは先に指摘した通りだ。しかし、デイヴィドソンの議論には問題がある。この議論はある意味では強力すぎるのだ。デイヴィドソンの議論は、手の施しようのない完全な理解不可能性という、神話に出てくる恐ろしい野獣を退治する。しかし、人々が現実に出会うなかでわたしたちを苦しめるのは、部分的で（望ましくは）乗り越えることができるようなコミュニケーションの欠如という、ジャッカルやハゲワシなのだ。

こうした実生活の場面では、デイヴィドソンの理論はあまり役に立たない。その主な理由は、この議論は、わたしたちが理解できない概念枠に出会う可能性を排除しているだけなのに、「概念枠」という考えを完全に信頼できないものにしてしまうように見えるからだ。それに対して、理解を部分的に妨げる現実の障壁に対処する際には、何が邪魔になっているのかを特定できる必要がある。そしてそのためには、わたしたちは二つの異なる文化のあいだの考え方の体系的な違いを、物象化することも根絶不可能なものという烙印を押すこともせずに、何らかの仕方で取り出さなければならない。ここでは二つの要素がはたらいている。（1）わたしたちの邪魔をしているのは、彼らが反応している人間的意味の眼目をわたしたちが理解し損ねているという事態である。そして（2）それらの意味はゲシュタルト的全体論のなかで相互に関係している。個々の眼目は、究極的に重要なのは何かについてのより広い感覚との関係のなかでしか理解できないのである。

これが、ガダマーの地平イメージのなかで考慮されていることである。地平はそれぞれ異なりうる。しかしそれらの地平は移動し、変化し、拡張しうる——たとえば、山を登るときのように。これこそがデイヴィドソンの立場にまだ欠けているものだ。

　こうしたことなしには、デイヴィドソンの寛容の原理は、自民族中心的な目的のために容易に悪用されうる。この原理はわたしたちに、他人の言葉と行いを最善の方法で理解するように求める。他人の言葉を自分の言語に翻訳する際に、わたしは可能なかぎり、その人を、真理を語り妥当な推論をするもの等々と見なす。しかし問題は、ここで何が「わたしの言語」と見なされるかを知ることである。「わたしの言語」は、他人と遭遇した時点でわたしが喋ることができる言語を意味するかもしれない。あるいは、それは、その他人を理解し、その人と地平を融合させようとするわたしの試みから生じた拡張された言語を意味するかもしれない。「わたしの言語」を前者のように受け取るならば、わたしはほとんど確実に、その他者を自民族中心主義的に歪めてしまうことになるだろう。

　というのも、自民族中心主義の誘惑というものがつねにあり、それが他者をあまりにも性急に理解すること、つまり自分自身の条件に即してあまりに性急に理解することを導いてしまうという問題があるからだ。劣った種族はわたしたちが法律として認識するようなものを何ももたないので、彼らには法律がない。彼らに無法・法外だという烙印を押すことにするのは簡単だが、それと同じくらい不当であり、破滅的だ。こうして征服者《コンキスタドーレス》がアステカ人に出会ったとき、百戦錬磨の無節操なこれらの冒険家たちは、人間を供犠する風習に深い衝撃をうけた。アステカよりも洗練されていないスペイン人にとって、こうした風習の説明として可能なのは、彼らは悪魔を崇拝しているというものでしかなかった。「単純なことさ、なあ兄弟《コンパドレス》、お前は神と悪魔のどちらかを崇拝している。心臓をえぐり出すっていうそれは、神の崇拝だなんてことがありうるだろうか。だから……」。

ディヴィドソンのアプローチにまつわる問題は、わたしたちが彼らのやっていることの眼目をどれほど深く把握しそこねているかを忘れさせてしまうか、あるいは最初から認められなくしてしまうという点にある。このアプローチは、彼らの行為がわたしたちの手持ちの意味のなかにすでにあるということを、あまりにも安易に仮定しているのだ。

求められているのはディヴィドソン的な「寛容の原理」――わたしたちが理解できるような仕方で彼らを最大限理解せよ――ではなく、むしろこういうことだ。人間の生・宇宙《コスモス》・聖なるもの等々についてのまったく異なる理解の様式というものが存在することを理解するようになれ、というわけである。あなたは理解を試みる途中のどこかで、「わたしたちのものごとの見方」と対比される「アステカ的なものごとの見方」といえるようなもの、要するに枠組みと内容の区別といえるようなものを許容する場所を、自分の存在論のなかに必要とする。こうした場所を作るのに失敗することは、文字通りの意味で致命的なのである。

もちろん、こうした自民族中心主義はディヴィドソンの真意に背くものだ。しかし問題は、われわれが遭遇時の自分たちの言語から出発して、彼らを誤解することなしに、彼らにとってふさわしい場所があるより豊かな言語へとどのように移行するかを理解することだ。すなわち、最初の言語のなかでの「最大限の理解」から出発し、外部からの押しつけにならないように、融合した地平のなかでの最大限の理解に到達することだ。別の地平や概念枠といった何かを存在論に導入しないかぎり、どのようにしてこうしたプロセスを把握し、あるいは実行できるのか、わたしたちは理解することはできない。わたしたちの考えでは、このことによって、ディヴィドソンの見解に対するガダマーの見解の優位が示される。

しかしそれにもかかわらず、別の地平や概念枠といった道具立てを用いることに含まれる危険や、さらにはパラドクスまでも指摘した点で、デイヴィドソンの議論にはおおいに価値がある。わたしたちはこのことを、概念「枠」が何に対置されるのかという問いを立てることで理解できる。「内容」という語が非常に不適切であるのはたしかだ。これでは、あたかも異なる複数の枠組みによってとらえられる素材があらかじめ用意されているかのようである。たしかにここには深い問題がある。

間文化的な研究において使いたくなるような意味での枠組みという考えそのもののなかには、人々が自分の世界を解釈ないし理解する体系的な様式があることへの示唆が含まれる。異なる複数の枠組みとは、同じものごとについてのそのような相容れない理解の仕方のことだというわけである。

しかしここで反論が出てくる。同じものごとというが、それはどういうものごとなのか。ここで問題になっているものごとは、どうやって指し示すことができるのか。理解の対象となっている社会の言語を用いてそれらのものごとへと行き着いたならば、枠組みと内容の区別はすべて消え去る。だが、それ以外に何を用いることができるのか。では、ここで対象となっている領域に関するわたしたちの言語、つまり観察者／科学者としてのわたしたちの言語を用いたとしよう。しかしその場合でも、わたしたちは、わたしたちに共通する「内容」へと至ったことにはならないだろう。そうした「内容」があるとすれば、それは何らかの仕方で両方の枠組みから独立して特定されなければならないはずだからだ。

これはよく認識されている論点だ。そして、ある種の安易な落とし穴にはまらないために、心に留めておく必要がある。そうした落とし穴とは、たとえば、すべての社会の構造と機能に関する中立的で普遍的な分類（「政治機構」「家族」「宗教」など）があり、異なる文化における言語が手探りで目指しているもののすべて――いわば、現象としてのそれらの言語に対応する物自体――が究極的に正しく記述されると考えることだ。にもかかわらず、二つの枠組みとひとつの問題領域という考えは妥当なままであり、もっというと、欠かせないのである。

征服者とアステカ人の事例に戻ろう。わたしたちはこのように述べるかもしれない。征服者たちが正しく理解していたことがひとつあり、それは、心臓をえぐり出すあの行いの全体が教会やミサやそういったたぐいの事柄に何らかの仕方で対応していると認識したことだ、と。つまり、最終的に地平の融合に至るための出発点をもたらす正しい洞察には、異質な人々の不可解な生のなかに、わたしたちの生における何と対比させるのが有益か特定することが含まれる。ガダマー的な言い方をすれば、わたしたちがしているのは、自分の生の側面のうち、彼らの奇妙な風習によって書き換えられ、挑戦をつきつけられ、それに代わる考え方がもたらされるようなものを特定することなのである。

例をひとつ出せば、ここで問題になっていることがはっきりするだろう。その昔、きわめて還元主義的なアメリカ人社会科学者が、アステカ人による供犠を、タンパク質の必要性によって「唯物論的に」説明する理論を生み出した。(9) この見解によれば、スペイン社会との正しい比較は、教会よりも屠殺場を参照点としてなされるのである。いうまでもなく、そのような観点からは何もえられない。

ここで行うべき実り豊かな想定は、あのピラミッドの頂上で行われていたことは、Xについてのとても異なる解釈を反映しており、このXにはスペインにおいてキリスト教の信仰と実践によって解釈されたものと重なるところがある、というものである。これこそが、思考や探求が有効な仕方で始まる地点だ。それには、非常に強力な――そして原理的には異議申し立てがされうる――前提がひとつともなっている。それは、わたしたちは同じ人間性を共有しており、それゆえ、アステカにおける供犠も、わたしたちの共有する人間の条件に対処する方法のひとつである以上、最終的には慣れ親しむことができるはずだ、という前提だ。これがひとたび受け入れられると、二つの枠組みと同じXという考えは避け難くなる。ただ、「X」の箇所に何を置くのかについてだけは、わたしたちは注意深くなければならない。一般的な命題においては、人間の条件の次元ないし側面という言い方をしてもよいだろう。個別の事例においては、それを特定することははるかに危険である。一見すると、「宗教」という語は候補のひとつになるかもしれない。しかしまさしくここに、この語がわたしたちの世界で意味することのすべてを疑問を抱かずにもち込んで、征服者による自民族中心主義的な解釈へと後退する危険がある。そのため、おそらくわたしたちは、「霊的（numinous）」のようなもっと曖昧な語まで戻ったほうがいいかもしれない。しかしこれにも危険が伴う。

要点は、ラベルに気をつけることだ。これは、枠組みと内容の区別への攻撃から学ぶべき教訓である。しかし、ミサとアステカ人の供犠はそれぞれ人間の条件のある次元に関する競合する理解のひとつであるが、この次元を個々の文化を超えて名指すための安定した言葉をわたしたちはもたない――こうした考えを、わたしたちは手放すことはできない。さもなければ、わたしたちはアステカ人を、別の生物種に属するものがわたしたちにとって理解不可能であるのと同じように理解不可能なものへと格下げすることになってしまう。枠組みと内容の区別を拒否することによってこうした事態に陥るのだとしたら、それは決して無害な一歩というわけにはいかないだろう。

（9）Marvin Harris. Cannibals and Kings: The Origins of Cultures (New York: Random House, 1977), 182〔マーヴィン・ハリス、『ヒトはなぜヒトを食べたか――生態人類学から見た文化の起源』、鈴木洋一訳、早川書房、一九九〇年〕.

（10）Bourdieu, *Le Sens Pratique* (Paris: Minuit, 1980)〔ピエール・ブルデュ『実践感覚（1・2）』、今村仁司、福井憲彦、塚原史、港道隆訳、みすず書房、一九八八年、一九九〇年〕.

2

ガダマーとデイヴィドソンのこうした比較からわかるのは、文化的な断絶の向こうにある理解できないものを見つめるときにわたしたちに欠けているものを、ガダマーは特定したということである。(1)彼らがやっていることの眼目をわたしたちは把握できない、そして(2)わたしたちがそうした把握ができるようになるのは、どんな事柄が究極的ないし決定的に大切なのかについての彼らの分別の一般的な形を理解できたときにかぎられる。しかし、こうしたことを示すために「枠組み」という語を用いると、誤解を招く可能性がある。つまりそうした語法では、先の節で説明したような仕方だけでなく、大切な事柄に関する分別がもっぱら概念ないし命題だけによって定式化されていることを含意するように見えるという理由からも、誤解を招くかもしれない。

しかしこれは決定的に間違っている。ある民族が究極的に重要なものに関する分別にしたがって生活を組織することは、概念的な定式化なしにはできないようにみえる。しかしだからといって、彼らがそういうやり方しかしていないということではまったくない。こうした分別はむしろ、わたしたちが上で「マルチメディア的」な定式化と呼んだもののなかに存在するのである。ある水準でわたしたちは、ブルデューが「ハビトゥス」と呼んだもの、つまり、自己を保ち、他人の目の前に立ち、彼らに特定の調子で語りかけ、等々の訓練によって身につける行動様式をもっている。たとえばわたしたちは、年長者のまえでは敬意を払い、適切なタイミングでお辞儀をし、声を荒げず、特定の話し方をするように若者を訓練する。こうしたことのすべてをつうじて、若者は自分の親や年長者を尊敬し、さらには崇敬するようになる。あるいは女性はいつでも、男性と一緒にいるときには地面を見つめ、彼らの顔をまっすぐ見ない等々のことを訓練され、それゆえ、従属的な地位を受け入れ男性に異議を申し立てないように訓練される。[10]

しかし、こうしたハビトゥスを身につけることは、たんに特定の動作を身につけることだけに関わるわけではない。ハビトゥスを身につけることとは、そうした訓練によって特定の社会的意味をわきまえることとなのである。したがって、この振舞いには特定の適切な感情と態度が伴うという点を理解しない子供や、ある種の価値評価は自分の行為の仕方と調和するが他の価値評価は調和しないという点を理解しない子供は、そうした社会的意味をわきまえていないということになるだろう。したがって、若者であるわたしが周囲に順応しながらも、周囲の年長者に対する軽蔑でいっぱいになっているとしたら、これが隠すべきことであること、自分がお辞儀をするときに本心を隠していること、そして、規範にしたがい続けながらも、自分のなかには何らかの葛藤があること、結局は自分は隠れた反逆者だということを、わたしはただちに認識する。

この点を別の仕方で理解するならば、わたしはただ何らかの中立的な記述によって表現される動作をすることによって年長者にしたがうわけではない、ということになる。そもそも、動作は敬意を体現することになっているのだ。そうであるからこそ、うわべだけで行ったり、それればかりか元気よく行ったりすることによって、実際には生意気でいるというやり方、つまり実際には規範に抗うというやり方があるのである。

そのためここでのハビトゥスとは、特定の人間的意味を表現するための媒体であり、何が重要なのかを構成する分別をそなえた社会的世界を定義するものなのである。また、ハビトゥスは、成長しつつある子供としてのわたしをこの社会的な世界に統合し、問題となっている人間的意味をわたしに顕現させ、わたしにとって現実的なものにする。こうした表現・統合・顕現には、別の様式も存在する。それらの様式には、年上の人々に関する「理論的な」言明、つまり、彼らは敬意にふさわしいという言明や、その理由を述べる言明が含まれる。また、年長者が身につける冠や彼らが行う儀式などのような、象徴や一般的に象徴だと認識される関係もそこには含まれる。人々の語る物語や伝説や訓話なども含まれる。これらすべては相互に浸透しあい、影響を与えあう。きちんと育てられた少年としてのわたしが感じる敬意は、さまざまなものによって深く彩られたものになるだろう。すなわち、模範的な年長者の物語やその年長者の子供が彼にみせる愛や賞賛のように、子供だったわたしに強い感銘を与えたものによって彩られるだろう。人は歳とともに賢くなるのだという考えの印象的な定式化によって彩られることもあれば、わたしがただの子供だったときに出会った聖人のような人によって彩られることもあるだろう。わたしたちはここで、第二章で意味のマルチメディア的把握として描写したものを手にしているのだ。

身体的なもの、象徴的なもの、物語的で命題的なものがこのように織り合わさることこそが、人間の実存の流れにおける生と人間的意味の不可分性についてわたしたちが先に述べた事柄の具体例である。ハビトゥスそれ自体、換言すると、もっとも重要な社会的意味の表現／顕現である身体的な振舞いは、二つのレヴェルがどのように密接に一緒になっているのかを示してくれる。一方のレヴェルでは、平衡状態を保つことを、行為し移動しものごとを扱うための力をわたしたちにあたえてくれる重力場のなかに足場を見つけることとして記述することができる。しかし、人間の生の最初期から、こうした直立姿勢は、人間的意味――たとえば、（地面に近づくことを強いられることの「屈辱」に対置される）尊厳や、天国のようなより高みにある場所との関係についての理解――が置かれる場所にもなっている。そして、こうしたことは、何らかの哲学や神学においてさまざまな仕方で練り上げられ、潤色されうる。(11) 身体はとりわけ、社会的な意味が置かれる場所である。これは、間身体性と呼ぶことができる身体の特徴のためである。つまり、人間の生のまさしく始まりから、わたしたちの身体がさまざまな仕方でお互いに調和しているという特徴のためである。赤ん坊は自分の顔を観察して把握し、自分の表情が母親の表情と似ていることを理解できるようになるずっとまえから、母親の笑顔を模倣する。メルロ゠ポンティの例を引くならば、「わたしがふざけて一五ヶ月の赤ん坊の指を歯のところまで持っていって噛むふりをすると、その赤ん坊は自分の口を開ける。だが、その子は鏡で自分の顔を見たことがほとんどないし、彼の歯はわたしの歯とは似ても似つかない。つまり、彼自身の口と歯は、彼自身が内的に感じているかぎりでもただちに、噛むための道具なのであり、わたしの顎は、彼が外側から見たかぎりでもた

(11) 人間的意味が身体をこのように包むという事態は、以下のようなことの両方を語ることがどのようにして可能になっているのかを明らかにしてくれる。一方でわたしたちは、共通の生物学的構造にもとづいた人間の欲求や行動があり、それらは普遍的に認識可能であると述べることができる。そして他方でわたしたちは、メルロ゠ポンティやフーコーのような何人かの哲学者が主張したように、それぞれの文化は、わたしたちの身体的動作や行為のすべてを、その文化によって規定される意味にしたがって変形させると述べることができる。もっとも「基礎的」な行為――人々の食事の仕方、性的欲求の表現の仕方、会話の始め方――でさえも、文化が違えば違うかたちをとり、よそ者にはいつでも、とんでもない無作法をやらかす危険がある。それにもかかわらず、わたしたちはこうした「基礎的」なレヴェルにある行為の種類を認識するのに苦労することは滅多にない。行為のスタイルも、ひとつの共通テーマの変奏として理解されるのである。わたしたちはふつう、彼らが食事をしていることや、腹を空かせて食べ物を見つめていることがわかるのである――たとえば、礼儀正しい食事の作法がどれほど異なっていても（ここでは静かに食べるべきであり、あちらでは音を立ててげっぷをしながら食べるべきだ）、会食のルールがどれほど異なっていても、あるいは食事が彼らの人間的意味とどのような関係にあろうとも（たとえば、文化Aには聖餐のための重要な場所があり、文化Bにはそれがまったくないというように）。

だちに、彼にとって同じ意図を実現できるものなのである」[12]。自分自身の身体のなかに可能な意図を感じることと、そうした意図を他人のなかに知覚することとは、根源的には同じタイプに属するものとして理解される。そしてそれらの類似性は、ひとつの分類として把握されるよりもまえに、二人でゲームをするという共同性のなかで生きられるのである。わたしたちははじめから、対話的なリズムや他者との共同行為に参加し、隠したり見せたり、隠れて驚かしたりといった終わりのないゲームを繰り返すための準備ができているのである。そしてこうしたことによって、将来えられる姿勢、つまり親密な姿勢や距離をおいた姿勢、共同行為に携わることや別々の計画に携わることとのような姿勢への基盤がもたらされるのである。こうした姿勢が、成長した後の社会的生活の地形を形づくるのである。

わたしたちは第五章で、さまざまな離脱的態度が言語のなかで作り上げられるということに言及した。このことは、道徳的・政治的・美的・宗教的といった人間的意味の全範囲にまで拡張できる。しかしこれを述べるためには、言語を十分に広い意味で受け止めて、先に見た若者のお辞儀のような、人間的意味を反映し体現する身体的実践をそこに含める必要がある。こうした広い意味での言語は構成的な力をもつメディア、つまり意味をわたしたちに顕現させるメディアをまとめあげる。第二章で論じたように、人間的意味は実際のところ、あらゆるメディアのなかに、すなわち叙述的な語り、物語、象徴、規則、そしてハビトゥスのなかに埋め込まれているのである。

そしてここでわたしたちは、わたしたちが住まう世界やわたしたちが経験する人間的意味は本質的に言語において構成されるというガダマーのテーゼ、ただし上述した広い意味での言語において構成されるというテーゼと結びつく。これが、ガダマー的な「言語性（Sprachlichkeit）」というテーゼである。

ここでわたしたちが使うことを余儀なくされる、広い意味での「言語」（もしこの言葉を使わないのであれば、わたしたちは他の用語を使わねばならないが、いずれにせよ、こうして広い意味で用いなければならないだろう）は、「概念枠」という用語にまつわる別の問題を際立たせてくれる。人間の文化のあいだの違いは、それらの文化における狭い（日常的な）意味での言語に登場する記述的概念の水準だけで単純にとらえることはできない。これは、わたしたちが先に引き合いに出した議論のなかでディヴィドソンが想定していたことのようにみえる。[13]「通約不可能な複数の枠組み」ということをいうなら、それは、「相互に翻訳不可能な」言語を意味しなければならないだろう。[14] しかし、二人の話者がひとつの世界に直面し、その世界の特徴は、知覚や同定などのための能力が似通っているために両者にとって等しく接近可能だと考えるならば、本当に翻訳が不可能であるという深刻な事例を想像することは難しい。わたしの対話相手がものごとを別の仕方で分類すると想定しよう。ボートが通り過ぎるとき、英語での言い方にならった標準的な言葉遣いでは「ケッチ（ketch）」というべき場面で、彼は「見ろよ、すてきなヨール（yawl）だ」といったとしよう。彼の視線が適切であり、「通り過ぎたヨットの補助帆の位置を勘違いしているわけではない」ようであるならば、彼はおかしな言葉遣いをしてしまっているのであり、彼の語彙目録のなかでは、普通の用語法における「ケッチ」が「ヨール」になっているのだ、と私は想定するだけだろう。[15] 翻訳はもう達成されている。

(12) Merleau-Ponty, *Phénoménologie de la Perception*, 404. *Phenomenology of Perception*, 368〔『知覚の現象学（2）』、二一五—二一六頁〕.
(13) Davidson, "On the Very Idea"〔デイヴィドソン、「概念枠という考えそのものについて」〕.
(14) Ibid., 190〔同上、二〇二頁〕.
(15) Ibid., 196〔同上、二〇九頁〕.

しかし、ひとたび第五章での議論における説明を採用し、人間の歴史のなかでいかに異なるジャンルの言説や言語ゲームが発展してきたかを理解するならば、そしてまた、それらの言語ゲームによって生じる意味が、記述的な散文に留まらず、幅広い範囲のメディアにおいて表現されて顕現するということをひとたび理解するならば、話者たちがある世界に直面し、その世界の特徴は全員に等しく接近可能であるという想定がいかに脆いかを理解できる。この想定は、J・L・オースティンがいうところの「中くらいの大きさの乾燥した対象」に関しては正しいかもしれない。しかし、ソクラテスがトラシュマコスに根掘り葉掘り問いただすのを聞いている、自分ではギリシア語の能力があると思っているペルシアからの客人（あるいは同じような状況に出くわした、マガラからの洗練されていない客人）の場合にはどうだろうか。アステカの供犠を発見したスペイン人たちについてはどうだろうか。彼らには「これは問答法だ」とか「これはN（この活動を示すナワトル語の何らかの言葉）だ」といった言葉を与えることはできる。しかしこれは助けにならない、あるいは少なくとも、これが十分な助けにならないことは確実だ。なぜなら、こうした語が記述するとされるもの、つまり活動自身に関してや、その活動に登場するものごとの記述（たとえば「アポリア」や「正当な生贄」）に関して、不可解なところがまだあるからだ。

だが、次のような反論があるかもしれない。ペルシアからの客人やスペイン人たちのようなよそ者がすべてを知っていると期待することはできない。彼らが困惑していることは、それだけで相互翻訳の不可能性の十分条件にはなりえない。わたしたちは、自分自身の文化のなかでさえも、特殊な境遇に置かれたときには理解が及ばないことがよくある。化学の実験室や加速器においては、わたしは完全に場違いであり、人々が何をいっているのかわからなくなってしまうだろう。ここに文化的な断絶を見てとる必要はない。なぜなら、わたしはガリレオ以降の科学がいったいどんな対象を研究するのか、そしてまた科学が、いかにして中くらいの大きさの乾燥した対象のあいだで生じている過程に関するより深い把握を提供しているかについて、おそらく一般的には理解しているからだ。このやり取りについていく専門的知識がたとえなくとも、わたしはそれをどのように位置づければいいのかを知っているのだ。（しかし、科学の訓練を受けた人と人文学の訓練を受けた人のあいだにある、ものの見方や価値に関する大きな違いを強調したいときには、わたしたちはC・P・スノーにしたがって、ここにある「二つの文化」について語ることもある。[16]）

別の言い方をすれば、わたしたちは――タイムスリップによって突然わたしたちの時代に登場した中世の小作農とは異なり――こうした活動の眼目が何かを理解する。しかしそれはまさに、先の例におけるペルシア人やスペイン人には手に入らないものだ。この違いは、「問答法」と「アポリア」であるとか、「供犠」や「犠牲」（とそれぞれ大まかに翻訳できるナワトル語の言葉）とのように、言語間で翻訳不可能な記述的用語のなかに確実に反映されている。しかしその違いは、より深い水準における言語的違いだ。問題となっている活動それ自体は、それらが記述されるよりもまえに――あるいはひょっとすると、そうした記述と同時に――、言語において、つまり特定の形式の言説ややり取りにおいて構成されているのである。ソクラテスが彼特有の（挑戦的で苛《いら》つかせる）問い方をしはじめたとき、「問答法」という用語はまだ作り出されていなかったと想像することができるかもしれない。ひょっとすると、こ

（16） C. P. Snow, *The Two Cultures and the Scientific Revolution* (New York: Cambridge University Press, 1959)〔チャールズ・P・スノー、『二つの文化と科学革命』、松井巻之助訳、みすず書房、二〇一一年〕.

の言葉はプラトンが後になって作り出したのかもしれない。コルテスとその部下たちに衝撃を与えたアステカ人の供犠は、人間と神の関係における何らかの意味を表現／構成するようになった儀式的な言語——仕草・象徴・言葉によるやり取りの豊かな織り合わせ——から進化した。

別の言語を身につけることは、わたしたちの目の前にあり、すべての人間に等しく接近可能なものを記述するための語彙目録を使いこなせるようになるということに尽きるのではありえない。もちろん、そういったすべての人間に等しく接近可能なもの——ウサギやゾウや木や手や足や食用のフルーツ——は存在するし、最初の遭遇の場面では、それらは大いにコミュニケーションの助けになる。しかし、相互理解はそれによって尽くされるものではない。彼らの言説のうちの大きな部分や、彼らの重要な言語ゲームのいくつかがわたしたちには理解できないとき、深刻な通約不可能性ないし翻訳不可能性が姿をあらわす。これを乗り越えるためには、彼らの記述的な語彙を〈わたしたちに接近可能な世界〉[17]と比較することによって、わたしたちは自分たちがこれまで解決できたことをはるかに越えたものを把握する必要がある。つまりわたしたちは、はじめのうちは部分的にきわめて異質に思われたものも含む人間的意味を、彼らがメディア全体のなかでいかにして構成しているのか理解しなければならない。

それゆえ、彼らの言葉のいくつかは理解するのが難しい。なぜなら、それらの言葉はたんに彼らの中心的な実践に属するのではなく、そうした実践の構成を決定的な仕方で助けているからだ。わたしたちにとって政治的にきわめて重要であり続けている例を取り上げよう。それは、ギリシアのポリスに（そしてある程度はローマ共和制に）由来し、わたしたちに継承されてきた政治体制である。この体制のもとでは、市民は市民として根本的に平等であり、この平等のあり方は自由な自治と自由な人民という考えにとって本質的である。こうしたタイプの政治体制が可能になるのは、平等の要求が定式化され、その定式化が特定の社会ないし文脈にだけ適用されて他の社会や文脈には適用されないような評価基準のひとつになる場合にかぎられる。わたしたちは、わたしたちなら平等と呼ぶことができるようなものが定式化されずに存在できるということは想像可能だが、たとえばギリシアのポリスについては、そのようなことは想像できないだろう。なぜなら、そこでは、平等は、誰がいかに支配を行うべきかに関する規範に結びついていたため、規範として何らかの仕方で認識されていなければならなかったからである。したがって、スパルタ人は自分たちのことを平等者《ホモイオイ》と記述したのである。イセゴリア（言論の平等）という規範や、イソノミア（法のもとでの平等）をめぐる争いなどは、それらなしでも当該の社会が本質的にそのままであると想像できるような装飾的特徴ではない。自らを平等なものと記述することが、この政治体制、つまりこの平等な関係にとって本質的な部分なのだ。なぜなら、その政治体制は、自己記述なしには不可能な程度の明示的な共通了解を要求するものだからである。

　これは、言語の構成的な次元と呼ぶことができるものの一例である。わたしたちの使う言語には、わたしたちの感情・目的・社会的関係や社会的実践のなかに入り込み、その本質的な部分になる働きがあ

（17）もちろん、言語Lにおけるある言葉が言語L'に翻訳できないということは、ある特定の時間におけるLに関してのみ成り立つことである（ここではL'は自然言語とする）。というのは、すでにみたように、言語というものは、新語が作られ、拡張・発展することもありうるからである。重要なのは、わたしたちの文化から遠くはなれた文化にもとづく概念が、民族誌的説明とともに対応する言葉が取り入れられることによって、わたしたちの言語のなかに入り込むことがある点である。〔英語における〕このことの明白な例として、「mana（マナ）」・「tabu（タブー）」・「seppuku（切腹）」が挙げられる。もちろん、「tabu」という語の事例を見ればわかるように、彼らの言葉をただ引き継ぐだけでは助けにならないかもしれない。わたしたちはこの言葉を、もともとのポリネシア語とほとんど関係のない仕方で、自由にぞんざいに使っている。以下を参照。Marshall Sahlins, *Social Stratification in Polynesia* (Seattle: University of Washington Press, 1958).

るのだ。このような仕方で本質的に言語的な側面は、いくつかの事例では、純粋に表出的な側面である場合もありうる。挨拶の言葉の使い方が、お互いの社会的相互関係のあり方を明示する役目を担っているような場合がそうである。しかし、ある感情ないし関係にとって特定の記述の仕方が本質的なものである場合もある。

わたしたちがポリスの事例に即して見たのは、こうしたことである。平等なものという自己記述は、その政治体制にとって本質的である。そしてこれは、たんに因果的な条件という意味で本質的であるわけではない。つまり、ポリスの政治体制にとって、奴隷労働という相対的な分断ないし下部構造は本質的だと誰かがいうかもしれないが、問題となっている自己記述にそうした意味で本質的なのではない。要点はむしろ、こうした種類の平等の実践が、平等の明示的な認識を本質的に要求するというところにある。この実践がそのような実践として分類可能であるのは、そうした認識があり、そしてその実践に関わる人がお互いにその認識を規範として保持しているときにかぎられるのである。

別の言い方をすればこうなる。その規範は、特定の実践の集まり、つまりここでは市民による自治から独立して理解することができない。そしてその実践もまた、当該の規範なしには考えることができないのだ。こうした構成的関係を把握しないかぎり、外部の観察者はここで問題になっている記述的意味を十分に理解できない。

わたしたちが、古代のアテナイに立ち寄った、完全に独裁的な文化からの訪問者だとしよう。わたしたちは人々が「等しい・平等だ」という言葉や、この言葉の仲間である「同じ（isos, homoios）」という語を使っているのを耳にする。わたしたちはそれらの言葉を、棒切れや石、ひょっとすると家や船にどうやって適用するのかを知っている。なぜなら、わたしたちの故郷の言語（ここでも、ペルシア語だということにしよう）にも、許容可能なくらい正確に対応する訳語があるからだ。そしてわたしたちは、それらの言葉を人間に適用する場合についてもいくらか知っている。たとえば、身体的に似ているとか、背の高さが等しいとかいう場合だ。しかし、ギリシア人たちはそれらの語を特有の仕方で用い、それがわたしたちを困惑させる。実際、彼らはそれらの語をけんか腰でひねくれた仕方で使い、わたしたちには同じようにはまったく見えない人間つまり、背の高い人や背の低い人、高貴な生まれの人や生まれが卑しい人などに対して適用するのだ。

わたしたちが把握すべきは、これらの言葉が政治においてどのような位置を占めるのかだ。アテナイの身分が卑しい背の低い男たちが背の高い高貴な人に屈するのを拒むのを見てとるのは、たぶんわたしたちにとって難しいことではない。こうしたことは、攻撃的な仕草や、場合によっては実際に生じている争いからも、明確にわかることだ。しかし、それではまだ把握できないのは、こうした生き方に認められた積極的な価値だ。はっきり言ってしまえば、わたしたちには、こうした衝突はたんなる争いであり、断絶が差し迫っていることの兆しにしか思われないのである。自分たちとは違っているが実現可能な生き方がここにあることが、わたしたちにはまったくわからないのだ。（同様に、一八世紀初頭のフランス人の何人かは、英国は、「国王陛下の野党（His Majesty's Loyal Opposition）」という正気の沙汰とは思えない矛盾した制度をゆるしてしまった以上、崩壊寸前であるにちがいないと考えた。）

わたしたちが把握しなければならないのは、自由な主体という理想、つまり、誰かから指図を受けるだけの人が完全な参加者のなかにはひとりもいなく、それゆえ主体は自分自身を律しなければならないが、自由のために戦わなければならないときには、共同するための勇気と主導権と愛国精神をもつ、という理想である。こうした主体は、自分たちが何をするかについて共同で熟慮する権利を行使する。しかし、言論のための権利のおかげで、実際に行為する段階になったときに、彼らの主体・戦士としてのあり方が実効的でなくなってしまうわけではない[18]。別の言い方をすればこうなる。わたしたちがまだ理解していないのは、こうした類の生がもつ高貴さである。あるいは、こうした生を営む人が何を高貴なものと認めるのか、つまり、こうした種類の主体としてこうした種類の自由をもつ人間（ここで彼らの念頭にあるのは、男、それも自由な成人男性のことだ）の尊厳に関する考え方を、わたしたちはまだ理解していないのだ。

これと似たことを、ギリシア人による「自由」という語の用法に関しても指摘できる。ここで別の観察者に登場してもらおう。この観察者は、ポリスに対して敵対的であり、専制的な秩序を擁護するために、何世紀もあとの時代に著述活動を行っている。自治というある種の実践の内部での地位としての自由という考えは、彼にとっては意味をもたないように見える。自由が意味しうるのは物理的な障害の不在だけであり、これは法的な禁止の不在くらいまでには拡大できるかもしれない[19]。

ペルシア人の観察者が理解できず、ホッブズが理解しないであろうものとは、「平等」・「同じ」・「自由」そして「市民」のような言葉が価値の地平を規定するのにどのように役立っているのかである。これらの言葉によって、この理想と生き方に対する市民の感受性が分節化されている。こうした分節化は、この理想と生き方を構成するものであるため、わたしたちはそれらの言葉を理解しないかぎり、この理想と生き方を理解できないのである。

だが事情は相互的であり、わたしたちはそれらの言葉を、それによって分節化される感受性を把握しないかぎり理解できない。それらの言葉は、たんに表象的なモデルにもとづいて理解できるものではない。つまり、独立的な実在の記述として、独立して存在する対象によって「充足」できたりできなかったりする述語として理解できるものではないのである。たしかに、それらの言葉は一定の社会的な条件と関係を記述するという機能を果たす。しかしこれらの条件と関係が存在するのは、そこに巻き込まれた主体が一定の仕方で規定された特定の関心事を認識するからなのである。主体には、そうした認識をしないで、それらの条件と関係だけを存続させることはできないのである。だが、それらの言葉は、当該の規定のもとで認識された関心事にとって本質的である。まさにそれらの言葉を通じてはじめて、問題となっている主体の関心事の地平が、当該の実践・条件・関係がただ存在するために必要な仕方で表現されるのである。

こうして、これらの言葉が何を表象しているのかを理解し、それらを表象的機能において把握するためには、わたしたちはそれらを分節化的‐構成的な機能において理解しなければならない。わたしたちは、それらの言葉が特定の関心事の地平をどうやって分節化するのかを見てとらなければならないのだ。わたしたちはどうやってこれをやってのけるのだろうか。定められたやり方があるわけではない。しかしここで明らかなはずのことがひとつある。それは、当該の人々と関わり合いになっていないかぎり、まったく先に進むことはできないということだ。彼らの言説のなかに入り込むためには、彼らと言説の共有を試みることからはじめなければならない。最初のうちは、こうしたやり取りは、等しく接近可能なものごとに関する、かなり原初的なものになるだろう。しかしそれらのやり取りを通り抜けることに

(18) トゥキュディデスの『歴史』第二巻三四―三六における、ペリクレスによる戦死者の葬儀での演説を参照せよ〔トゥキュディデス、『歴史(1)』、藤縄謙三訳、京都大学学術出版会、二〇〇〇年、一八〇―一八三頁〕。
(19) Thomas Hobbes, *Leviathan* (Oxford: Oxford University Press, 2008), chap. 21〔トマス・ホッブズ、『リヴァイアサン(1)』、角田安正訳、光文社古典新訳文庫、二〇一四年〕.

よってしか、わたしたちは、彼らの人間的意味を構成するようなやり取りへと近づいていけないのである。この点について、クワインやデイヴィドソンのように言語習得の問題を立ててしまうと、深刻な間違いが生じる。「根源的翻訳」（クワイン）ないし「根源的解釈」（デイヴィドソン）が想定している言語習得の状況では、言語を習得しようとする人は、話者が述べたことだけでなく、その文脈やそれに前後する事柄を観察する。そうした態度は科学の実践者の態度と同じであり、対象の観察者であるというものだ。中くらいの大きさの乾燥した対象についての彼らの語彙をわたしたちの語彙と対応させることが課題だったならば、わたしたちはこうしたやり方がうまくいくのを目にすることができるかもしれない。しかし、わたしたちが彼らの生と実践に眼目を与える目的と意味が何かを理解しようとしているならば、こうしたやり方は決してうまくいかない。「わたしたちの現実の枠組みと言語は、外延的かつ唯物論的なものとして理解するのが最善である」[20]と主張することは、わたしたちの目的を中くらいの大きさの乾燥した対象に関する語彙のつきあわせに限定する想定のもとでは意味をなす。しかし、彼らが何を気にかけているのかを理解するのがわたしたちの目的であるならば、そうした主張が何を意味しうるのかを理解することとさえ難しい。

ここここそが、ガダマーのアプローチがおおいに優位にたつ地点だ。ガダマーが人間科学を理解する際に中心に置く範例《パラダイム》は「会話」であり、ある対象について研究する探求主体ではない。成功をもたらすのはその対象についての十全な理論ではなく、先に述べたように、「地平の融合」だ。この見方では、理解における断絶には、関連する他者と関わり合いをもつことでしか乗り越えられないものもあるという先述した論点が十分に考慮されている。さらには、こうしたやり取りは多かれ少なかれ同じ土俵の上でなされなければならない。さもないと、そのやり取りは深刻な歪曲というリスクを冒すことになるのだ。

そして最後に、会話の両方の側にとって、理解の過程において、以前の自己理解が疑問視され動揺していると気づくことが十分にありうる。

こうした最後に述べた結果が生じることは多い。なぜなら、当初は奇妙で理解不可能だった点を含む活動を理解するようになるとき、わたしたちは何が「普通」であるか、あるいは人間らしいものとして何が可能かに関する自分の暗黙の考えを動揺させることがよくあるからだ。こうした新たなあり方を歪曲せずに受け入れるべきであるならば、人間性の可能性の範囲に関する、わたしたちをとらえて離さない文化的な描像は消え去らなければならない。そうすればわたしたちは、この供犠をたんに悪魔崇拝として理解してしまうことが、自分たちを阻害するものであり、未知の宗教をこうやって簡単にわからせてしまうようなやり方で説明することは一刻も早く放棄されるべきであることを、理解するに至るのである。このようにわたしたちの類型学は、膨らんでどこまで広がるかわからないのだ。

一般的にこう述べてもいいかもしれない。歪曲を克服するためには、その他の可能性が複数あり、わたしたちのあり方は唯一のものでも「自然な」ものでもなく、その他の可能な形式のひとつでしかないということを理解しなければならない。言うに及ばないほど自明なことだが、わたしたちはもはや、ものごとを「素朴に」自分たちの流儀で行ったり理解したりすることはできないのだ。

他者を理解することが地平の融合として理解されるべきであり、対象についての科学的知識をもつこととして理解されてはならないのだとしたら、以下のようなスローガンを立ててもいいだろう。自己理解が変わらなければ、他者の理解もない、と。

(20) Davidson, "On the Very Idea," 188〔デイヴィドソン、「概念枠という考えそのものについて」、一九九頁〕.

支配層が被支配者に対してもつような理解や、征服者が被征服者に対してもつような理解——とりわけ、最近の数世紀に広範囲に及んでいたヨーロッパの諸帝国における理解——は、通常、必要な言葉はすでに自分の語彙のなかにあるという暗黙のうちの自信に基づいてきた。前世紀の「社会科学」の多くは、この意味で、古くからある人間の失敗が別の仕方で具現化したものでしかない。そしてもちろん、支配することへの満足には、略奪品・不平等な交易・労働の搾取に留まらず、自分のアイデンティティの再肯定がおおいに含まれている。そうした再肯定は、こうした虚構のなかで、荒々しい拒絶にあわずに生きることができることに由来する。本当の理解はいつでも、アイデンティティの犠牲を含む——これについて被支配者は何度も痛々しい経験をした。こうした犠牲の分配がより不平等でなくなることこそが、(わたしたちが望む)未来の世界の特徴だ。

その犠牲が犠牲として現れるのは、もちろん以前のアイデンティティの側から見た場合である。変化をひとたび経験すると、その犠牲は利益と判断されるかもしれない。人間のもつ可能性として、世界には自分とは違うどんな可能性があるのかを知ることによって、わたしたちは豊かになってもいるのだ。しかしながら、これを認めるための道がたびたび痛みを伴うものであることは否定できない。

決定的な瞬間は、わたしたちが他者によって改変されることをゆるす瞬間である。そのとき、他者との違いは、誤りや錯誤やわたしたちより劣った発達途上のものとして分類されなくなり、人間にとって実行可能な別の選択肢と見なすことが課題となる。これこそが、わたしたちの自己理解を不可避的に問いに付すものである。ガダマーが、「開かれていること」と呼んだ態度はこれであり、この態度は、何かを科学の対象と見なす場合の態度と対置される。後者の態度において、わたしは「[自分自身を]他者との関係から反省によって抜け出させ、それによって他者から届かないところに身を置く」[21]。「(…)

他者に開かれていることは、自分に抗う何かをわたしが自分で認めなければならないということを、他の誰かがたとえそれを強いるのではない場合にも、承認することが含まれる」[22]。ガダマーは、「会話」という彼の範例によって人間科学における主観・客観モデルに異議を突きつけることで、文化的な障壁を本当に乗り越えることが可能でなければならないというのであれば、平等なやり取りが決定的に重要だということを示したのだ[23]。

3

さらに、文化のあいだの大きな違いさえ乗り越えてお互いにコミュニケーションをするための能力への確信――信仰といってもよい――は、言語性というガダマーの根本的なテーゼを根拠にして生じる。わたしたちは、先に概略的に示した広い意味での言語を習得することではじめて、自分の故郷となる文化へと入り込んだのだった。しかし人間である以上、わたしたちは他の言語も習得することもできる。そのため、わたしたちそれぞれの世界における意味がどれほど異なり相容れないものであったとしても、わたしたちはいつでも、原理的には、他者を理解するようになることができる。わたしたちが「原理的には」という言い方をしたのは、これは明らかに実践的には極端に難しいし、いまここでそれしようと

(21) Gadamer, *Wahrheit und Methode*, 342. *Truth and Method*, 354〔ガダマー、『真理と方法(II)』、五五六頁〕.
(22) Gadamer, *Wahrheit und Methode*, 343. *Truth and Method*, 355〔ガダマー、『真理と方法(II)』、五五八頁〕.
(23) さらなる議論については次を参照せよ。Charles Taylor, "Understanding the Other: A Gadamerian View on Conceptual Schemes," in *Dilemmas And Connections: Selected Essays* (Cambridge, MA: Belknap Press of Harvard University Press, 2011), chapter 2.

しても、衝突・恐怖・力の不均衡・尊大さや、その他のありとあらゆる障害によって妨げられてしまうかもしれないからだ。

他の言語を習得する可能性をわたしたちが実際に手にしているとすると、その可能性を根底で支えるのは何だろうか。というのも、どんな生き方であれ、その眼目をわたしたちが理解できるという保証は何もないということを、わたしたちは心に留めておかなければならないからだ。わたしたちは異質な存在者を想像して、その存在者のもつ道徳とか精神的意味——こういう言い方ができればの話だが——がきわめて理解しがたい場合を想定できる。そして部分的にではあるが、理解のこうした不可能性のようなものは、人間のあいだにさえ見てとることができる。モーツァルトの後期のピアノ協奏曲がもつ美しさや、ベートーヴェンの後期の四重奏がもつ精神的な深さについて、わたしたちは活発に議論を交わすことがあるかもしれないが、耳が完全に聞こえない人は、その会話を理解することもそれに参加することもできないだろう。この場合には、困難は乗り越え不可能だと想像されるかもしれない。しかし、同じようなまったくの理解不可能性は、西洋音楽をはじめて聴く人にも、その人の場合には後になってわたしたちと地平を融合できるかもしれないにしても、最初は感じられるかもしれないのである。

多くの努力と時間が必要になるかもしれないとはいえ、文化の違いという広大な隔たりを、わたしたちは乗り越えられる。このことは、わたしたちがたぶん十分に吟味せずに不思議にも思っていない、驚くべき事実だ。わたしたちの置かれた状況は、以下のようなものであるように見える。通常の人間の赤ん坊はすべて、こうした潜在的能力をもって生まれ、ある言語（先に述べた広い意味での「言語」）と生き方のなかに導かれることを通じて、人間的意味の何らかの文化的理解のなかに統合される。その潜在的能力は、そのような導きによってはじめて実現されるものである。したがってそれは、何らかの特定の事例のうちで実現されなければならない。しかしわたしたちは、（1）この子供は別の文化のなかで育った場合にはその文化のなかにも導き入れられることができただろうということを知っており、そして（2）その子供が第二の文化を身につけられることを知っている。

これが意味するのは、あるひとつの文化における表現・統合・顕現の形式によってどれほど強く特徴づけられているにせよ、人間はそれらの形式のなかに閉じ込められているわけではないということだ。人間がそれらの形式のなかに閉じ込められないのは、どんな形式でも理解しそのなかに導かれる元来の能力をいくらかは保持しているからだ。ここにあるのはある種の接触だ。この接触は、世界への日常的な対処という場面に即してわたしたちが指し示してきた接触とは別種のものだが、それと類比的なものである。たとえばジョニーは、自分の周囲に関してもつ信念のどんな組み合わせのなかにも閉じ込められていない。なぜならジョニーは、自分が教えられたことを、接触という基本的な能力によって、ものごととの原初的な交渉をつうじて確認しにいくことができるからだ。それとちょうど同じように、サラは西洋の個人主義的な文化のなかに閉じ込められているわけでなく、人類学者として奥地へ赴き、トーテムの動物や神聖な地勢によって特徴づけられたアイデンティティをもつことがどういうことかを理解するようになることができるのだ。ここでの接触は、人間が元来持っており、まだ失効したわけではない能力によって成り立つものである。その能力とは、ある種の意味、つまり人間的と呼べる範囲におさまる意味と共鳴する能力だ。この人間的範囲を確定しようとするなら、複数の文化形態を人工的に設計し、そのなかで、人間の赤ん坊がどれに導かれることができ、どれに導かれることができないかを確認するしかないだろう。（いうまでもなく、そのために必要な実験をする人は未来永劫あらわれないだろう。万が一そのようなことを企てた人は、刑務所行きにすべきだ。）

一方の事例における「接触」は、世界に実際に対処することによって成り立ち、わたしたちを表象（形成された信念）の背後に行けるようにしてくれる。他方の事例では、接触は人間的意味に反応し、共鳴し、それを理解する能力によって成り立つ。そしてこの能力のおかげで越えていったり、その下をくぐりぬけたりできるようになるのは、表象というよりも——もちろんここでも表象は含まれているが——一定の範囲の意味をわたしたちにとっての人間的意味にする、ある種の刷り込みのようなものである。そしてこれら二つの能力は、その根底では、わたしたちのもっとも基本的な身体的行為のなかで絡み合っているのだ。

わたしたちは、人間的意味を把握するこうした能力を何が支えているのかについて思弁をめぐらせることができ、それによって手に入る説明は幅広い範囲に及ぶ。それらの説明のうちいくつかは人間の内在的な本性に着目するが、その本性は、進化論的な用語によって理解されることもあれば、あるいは合理的な能力と結びつけられることもあるだろう。他の説明では、わたしたち自身の外にある何かが頼りにされる。そうした説明は、おそらく、はるか彼方にある何かに関係しているという感覚、わたしたちの直立姿勢に内在するかもしれない感覚から出発して、この高次の実在を、実にさまざまな仕方で理解するだろう——ユダヤ教・キリスト教・イスラム教の伝統のなかで祈願されてきた神として、あるいは涅槃と自己の非実在性として、あるいは、ワーズワースとドストエフスキーによってそれぞれの仕方で引き合いに出された、宇宙《コスモス》を通り抜ける偉大な生の流れとして、等々。仮説は他にもたくさんある。そうした仮説のうちのどれかに最終的に決着することは、ほとんど確実に不可能だ。もしかするとそのすべてが間違っているかもしれない。しかし、それらの仮説が説明しようとしている現象は現実のものであり、重要である。この点を見失うとき、わたしたちは間文化的な対話に関する歪んだ見解に至ってしまう。

ガダマーはハイデガーの画期的著作を意識して書いている。ガダマーの「寛容の原理」は、ある種の接触理論によって特徴づけられる。わたしたちのさまざまな世界は言語的に構成されるのだが、わたしたちの言語は、人間の条件に属する何かに応答し、その何かを分節化しようとしているのである。言語や文化が、わたしたちの世界を形成しつつ、わたしたちと宇宙との接触を媒介するといいたいのであれば、言語はこの接触のすべてではないとつけ加えなければならないだろう。言語はむしろ、まずわたしたちが動物として実存するという背景ないし文脈において、周囲を把握する際の本能的な駆り立てにしたがって登場したのである。そして言語はその次に、完全に失われることはありえないような、一般的な能力が特定のかたちをとったものとして、人間的意味の何らかの個別形態へと導かれる能力になる。

これこそが、わたしたちが単独の言語のなかに決して閉じ込められていない理由であり、多くの時間と努力のあとであるにせよ、わたしたちが他者に慣れることができ、彼らが語っていることや彼らが開示する意味を理解できる理由である。わたしたちが単独の言語のなかに閉じ込められていないのは、言語を作り出し、それによって世界を作り出すことが恣意的な事柄ではなく、何かに対する応答であるからだ。これは、「存在の牧人（the shepherds of Being）」[24]としての人間というハイデガーの描像の眼目である。そしてそれぞれの事例において問題となっている何かは、他の人間にとってはどんなに困惑させ、難しく、反感をいだくものに見えるのだとしても、彼らからは手の施しようのないほど見えないものではないのだ。少なくとも、この最後の主張は、ある種のヒューマニスト的な信仰の対象である。

（24）Martin Heidegger, *The Question Concerning Technology and Other Essays*, trans. William Lovitt (New York: Harper & Row, 1977), 42.

もちろんこの意味での相互理解は、ガダマー的な意味での「地平の融合」にまだ行き着いてはいない。わたしは、よその言語を翻訳したり他の文化を同胞に説明したりできなくても、その言語を身に付けたりその文化に慣れたりできる。バイリンガルであることや二つの文化を生きることと、わたしたちの言語や文化の一方を他方と対応させられることは、まったく異なる二つの事柄である。二つの言語が通約不可能であるということは、一方の言語において述べられたものごとの多くが他方の言語に翻訳できないということと同じである。わたしが両方を身につけたという事実だけでは、それらの言語が通約不可能ではないということにはならない。

ガダマーが「融合」として理解しているのは、さらに先の段階である。その段階では、わたしたちは一方における人間的意味の集まりを、他方のものと関係させながら位置づけることができ、それぞれの人間的意味における異なる根本的な選択肢を相互に関連させることを可能にする共通の用語を練り上げることさえできるのである。その過程でわたしたちは、自分の元来の言語を拡張し、その語彙を豊かにし、それがもつ参照点の範囲を広げることで、その言語がこうしたより広範な理解を担えるようにすることができる。人類学と歴史学には、そのように明確な対比をなす言葉を相手にした試みがたくさんある。その例として、「恥」の文化と「罪」の文化の区別や、マルセル・モース流の贈与交換と経済的な交換の区別を相手にした試みが挙げられる。

しかし、それらの例が示すように、こうした試みはつねに脆く、批判されがちである。比較対象となっている文化の一方ないし他方を歪曲していないかについて、完全な確信がえられることは決してない。たしかに、こうした違いのいくつかはいつまでも対応づけできない可能性が高い。はっきりといってしまえば、最終的に対応づけがされない可能性を開かれたままにしなくてはならないということは、わたしたちが採る「多元的実在論」という立場——これについては第八章でさらに説明したい——にとって本質的である。こうした領域において何が達成不可能かを教えてくれるのは、時間と絶え間ない努力だけである。達成可能なものと不可能なもののどちらに関しても、アプリオリな保証といったものは存在しない。

しかし、どんなものであれ融合の試みには、それに先立ち、その条件となるような理解がある。その理解は、はじめは未知の他者についての理解であり、わたしたちが人間つまり言語的動物として身に付ける共通の能力に根拠をもつものである。「寛容の原理」は、それが本来的に理解されるならば、この条件から生じる。寛容の原理は接触説に根拠をもち、最終的には、問題のない「実在論」のうえに基礎をもつのである。こうした実在論は一方で、人間の文化に現に登場している目を引く断絶や通約不可能性に余地を与えることができる。しかし他方でこの実在論は、わたしたちが実際にはそれらの断絶や通約不可能性を、乗り越えて融合させることはできないとしても、しばしばまたぎ越すまでに至ることもあるという事実を理解可能にしてくれる。

その一方で、デイヴィドソンの原理にまつわる困難は、彼が媒介的描像のなかに埋め込まれたままであることに由来する。このために、接近不可能な概念枠が存在しないことのデイヴィドソンによる論証は、標準的な反実在論の議論のかたちをとることになった。つまり、他者の意味をわたしたちが意味として理解する可能性の条件は、根本的に異なる概念枠の存在を認める可能性までも排除してしまう、というかたちの議論だ。間文化的な理解という問題に実り豊かな仕方で取り組むためには、わたしたちをとらえて離さないこうした媒介的描像を打ち破らなければならない。これは、現代の文化に強力に固着した媒介的な描像を特定しそこから逃れることがどれほど重要かを示す、数多くの例のひとつなのだ。

第七章　立て直された実在論

ここまでで論証してきたのは、媒介的描像からひとたび自由になれば、わたしたちは自分が日常的な実在と媒介なしに接触していることを理解する、ということだった。いまやこれにつけ加えて、こう述べることもできる。「実在論」と「反実在論」をめぐる一連のややこしい問題はすべて、媒介説が用意した文脈のなかで意味をなすのだから、媒介説というものの考え方から逃げ出してしまえば、これらの問題はこうした意味を失うのだ、と。あるいはこういった方がいいかもしれない。世界に関する問題のない実在論に目覚めたのだから、もはや大胆な哲学的「テーゼ」などいらないのだ、と。

しかし逆説的なことに、世界は共同的に作られるものだということ、つまり、わたしたちが直接出会う対象は、わたしたちが日常的な世界へと身体的に埋め込まれていることによって形づくられているということをさらに認めてしまうと、人間とのどんな相互作用からも独立してそれ自体で存在するものごとを理解する可能性は、わたしたちにはもう意味をなすことがありえないように見えてくる。もっとはっきりいえば、わたしたちの日常的な対処の実践が日常的な世界への直接的なアクセスをもたらすかぎり、それらの実践がそれ自体であるがままの宇宙へのアクセスをすべてふさいでしまうように見えるのだ。

ローティはこの新しい内・外の区別をよろこんで受け入れる。彼によれば、わたしたちは自分の対処実践にもとづいて出会うことができるものの範囲に当然留まるのである。したがってわたしたちは、科学を独立的な実在を発見する方法のひとつと考えることはできないし、幸運にもそうする必要がない。埋め込まれた対処こそがわたしたちが理解できる唯一の実在論であり、科学を理解するためにわたしたちに必要とされる実在論のすべてなのである。

これに対してわたしたちは、わたしたちに対して現れる日常的な世界のものごとへの身体的な直接的アクセスと、科学が記述するのはわたしたちの身体能力や対処実践から独立したそれ自体であるがままの宇宙のものごとであるという実在論的な見解との両方を擁護する議論を行いたい。ローティはチャールズ・テイラーに異議を唱える際に、わたしたちの見解にどう反対するのかをはっきりさせている。

実在論が興味深くなるのは、わたしたちが単純なものの言い方や常識に「それ自体での」対「わたしたちにとっての」という区別をつけ加えるときでしかない。テイラーは、「この区別を捨てようとする」わたしに論証責任があると見なしている。なぜなら彼は、この区別からたんに歩み去ることはできず、この区別に向き合わなければならないと考えているからだ。しかしわたしの考えでは、テイラーも他のどんな人も、わたしたちがこの区別から歩み去るだけですませることができないのはなぜかを説明してこなかった。そうした説明は、その区別が役立ってくれると想定される事柄について、これまでいわれてきたよりも多くのことをわたしたちにいわなければならない。わたしはテイラーが、自分と同じくらい熱心な反デカルト主義者として、そうした区別をわたしと一緒に捨ててくれるのを期待し続けている。悲しいかな、この区別が欠かせないということに関して、テイラーは、バーナード・ウィリアムズをはじめとするデカルトの賞賛者たちにいつまでも賛同しているのだ[1]。

ここには、ローティのような見解——デフレ的実在論と呼ぼう——とわたしたちの見解——頑強な実在論と呼ぼう——の分かれ道がある。デフレ的実在論の主張によれば、すべての対象は、自然科学が研究する対象さえも、わたしたちの埋め込まれた対処を背景にしないと理解可能ではなく、そのため〈どこでもないところからの眺め〉は文字通り理解不可能である。それに対して、頑強な実在論の主張によれば、自然科学によって研究される構造の身分を理解するためには、独立的な実在を有意味なものとして理解しなければならない。頑強な実在論者から見れば、デフレ的実在論は一種の反実在論であり、新しい〈内・外〉描像に捕われている。ヒラリー・パトナムがかつて、こうしたかたちの実在論を内在的実在論として擁護したのは偶然ではない[2]（彼はその後この見解を放棄した）。

だが、わたしたちもすでに同じ理屈に陥っていないだろうか。わたしたちが日常的世界に直接アクセスできるのは、そうした世界がわたしたちのような身体的存在によって、そしてそうした身体的存在にとって、組織化されているからだ——こう述べる人たちに残されている唯一の実在論は、内在的実在論

（1）Richard Rorty, "Charles Taylor on Truth," *Truth and Progress*, vol. 3 of *Philosophical Papers* (Cambridge: Cambridge University Press, 1998), 94.

（2）Hilary Putnam, *Reason, Truth and History* (Cambridge: Cambridge University Press, 1981)〔ヒラリー・パトナム『理性・真理・歴史——内在的実在論の展開』、野本和幸、中川大、三上勝生、金子洋之訳、法政大学出版局、一九九四年〕.

ではないのか。ものごとがもつ原初的で避けることのできない意義はわたしたちの身体的な実存に依存すると主張しつつ、それにもかかわらず、それ自体で存在しわたしたちの身体性とのどんな関係からも絶対的に独立した宇宙の構成要素を記述すると主張する科学を理解可能にすることが、どうやってできるのだろうか。関与的経験が原初的であり、離脱的な経験が関与的経験から派生するならば、〈どこでもないところからの眺め〉に到達することはもちろん、それに近づくことさえも、わたしたちはどうやって望めばいいのだろうか。ここでの帰結はむしろ、次のようなものに見える——わたしたちが出会うどんなものも、わたしたちが避け難くもつような種類の身体や欲求の関数だ。そうだとすると、わたしたちが手にしている問題のない実在論は、どうすればデフレ的なもの以外の何かでありえるというのだろうか。

　これらの難しい問題に答えるためには、「「それ自体で」と「わたしたちにとって」の」区別が役立ってくれると想定される事柄について、これまでいわれてきたよりも多くのこと(3)をわたしたちにいってほしいというローティの異議を、わたしたちは受け入れなければならなくなるだろう。メルロ＝ポンティとサミュエル・トーデスの肩の上に立ち、わたしたちはまさにこれを試みることになる。

　わたしたちの出発点は、主体の世界はその人の身体的実存によって形づくられているという主張だ。しかし、何かによって自分の「世界が形づくられる（shaped）」というのは何を意味するのだろうか。これはたまに日常的な因果的つながりと混同されるが、それとは微妙に異なる関係である。わたしたちの世界がわたしたちのような種類の身体的主体によって形づくられる様式に着目しよう。この様式は、わたしたちの主体としての機能のいくつかが物理的な原因によって決定される様式とは違う。たとえば、知覚する主体として、わたしはいま自分の背後の壁を見ることができない。これは特定の因果的関係によって説明できる。光線の振舞いとわたしの物的な組成は、壁によって反射された光線を自分の網膜に届かせることができないような配置をしている。こうした意味では、わたしの身体性は間違いなくわたしの知覚を形づくり、それゆえある意味でわたしの「世界」を形づくる。(4)

しかしこれは、以下の例とはかなり異なった関係だ。わたしがここに座り、自分の前に広がる景色を受け取るとき、その景色は垂直的に方位づけられている。つまり、いくつかのものが「上」にあり、その他のものは「下」にある。その景色は奥行きに関しても方位づけられている。つまり、いくつかのものは「近く」にあり、他のものは「遠く」にある。いくつかの対象は「手もとにあり」、他のものは「手が届かない」。いくつかのものは運動に対する「乗り越えられない障害」になっているが、他のものは「簡単にどけられる」。わたしが今いる位置からは、その光景を「しっかりつかむ」ことができない。そのため、わたしはさらに左にずれないといけないだろう、等々。

(3) Rorty, "Charles Taylor on Truth," 94.

(4) 光線と視覚に法則的な相関があるということではない。わたしの目の網膜にぶつかる電磁波は、わたしが壁を見ることの必要条件であって十分条件ではない。これと違うふうに考えてしまうと、メルロ＝ポンティが〈刺激に関する経験論者の誤り〉と呼んだ誤りを犯すことになる。背後にある壁を見るという事例に合わせて述べるならば、彼の指摘は以下のようなものである。網膜刺激ははっきりとした境界をもつが、わたしの視野にそうした境界はいっさいない。そして、〔背後の壁からの刺激が与えられていないにもかかわらず、〕事実としてわたしたちは自分の背後の壁を感じている。これは、わたしたちがファサードと見なすものがわたしたちが家と見なすものと違って見えることと、ちょうど同じである。もしわたしが自分の背後に裂け目があると信じていたら、自分の前にある世界は違って見えただろう。See Merleau-Ponty, *Phenomenology of Perception*, trans. Donald A. Landes (Abingdon, Oxon: Routledge, 2012), 69–73〔メルロー＝ポンティ、『知覚の現象学（1）』、竹内芳郎、小木貞孝訳、みすず書房、一九六七年、一二五―一三一頁〕.

ここでは、ある世界が身体性によって「形づくられ」ているのだが、それは、わたしがその世界を経験するとき、あるいはその世界を「生きる」ときのやり方が、本質的な点で、わたしたちのような種類の身体を備えた主体のやり方であるという意味で「形づくられ」ている。わたしたちのような種類の身体を備えた主体とは、直立したままでいようとする主体であり、すぐ近くにあるものを――もちろんそうしたものが自分の前にある場合に――扱える主体のことだ。そうした主体は、さらに離れたもののところに行くためには動かなければならない。そうした主体は、ある種のものは簡単につかめるが、別の種類のものはつかめないし、特定の障害を取り除くことはできるが、他の障害についてはそうではない。そうした主体は、光景をはっきりさせるために動くことができる、等々。わたしたちの世界は本質的にわたしたちのような種類の主体の世界であるということは、わたしたちが自分の経験を記述するときの用語――たとえば、前の段落で鉤括弧に入れられた用語――は、わたしたちのような種類の身体性を背景にしたときにだけ意味をなす、ということなのだ。「手もとにある」とは何かを理解するために、あなたは、人間がもつような特定の身体能力を備えた主体であるとは何かを理解しなければならない。ある別の惑星からやってきた生命体は、この「手もとにある」を、投射可能な用語として把握できないかもしれない〔訳注1〕。もちろんこの生命体は、この用語とおおまかに等しい外延をもつ記述を作り出すかもしれない。しかし、この用語をわたしたちと同じ仕方で投射するためには、あなたは身体的な人間であるとは何かを理解しないといけないのである。とりわけ、あなたは手を持っていなければならない。

　こうして、わたしたちの経験はわたしたちの身体的な組成によって形づくられるという言い方によって、まったく異なる二種類の関係性が表現されているといえる。第一の種類の関係性――わたしの背後の壁の事例――では、どのような特徴をもった経験であれ、経験に対してこうした身体的組成からもたらされる何らかの帰結が指摘される。第二の種類については、こうした経験の本性がこうした身体的組成によってどのように形成されているのか、つまり、この経験を描写する用語がこうした身体性の形式と関連してのみ有意味であるのはどのようにしてか、ということが指摘される。最初の種類の関係は、偶然成り立つ因果性についての日常的な言明のなかで主張される。それに対して第二の種類の関係は、特定の用語が理解可能になる条件に関わる。この第二の関係こそ、世界はわたしたちの身体・文化・生活形式によって形づくられるという言い方をすることでわたしたちが呼び起こしたい関係である。

物自体や対応としての真理について語ることから歩み去ることの不可能性〔というわたしたちの主張が正しいかどうか〕は、因果性とも理解可能性とも異なる、世界への第三の関係を発見できるかどうかにかかっている。因果性を優先したら、結局のところ自然主義になってしまう。理解可能性を優先したら、次の二つのどちらかになる。つまりその場合、フッサールとメルロ＝ポンティにその傾向が見られるように、科学の対象は経験によって構成され、そこから派生したものだと主張して、現象学を観念論にしてしまうか、あるいはローティのように、科学の対象の独立性は跳び石や暖かい部屋や日没といった日常的なものの独立性以上でもそれ以下でもないと主張して、デフレ的実在論のなかに閉じ込められてしまうかのどちらかだ。(5)

〔訳注1〕ドレイファスとテイラーはここで、投射に関するネルソン・グッドマンの議論を念頭においている。グッドマンによれば、「投射可能（projectible）」な述語とは、帰納に用いることができる述語のことである（N・グッドマン、『事実・虚構・予言』、雨宮民雄訳、勁草書房、一九八七年）。

(5) 独自に練り上げられたデフレ的実在論の説明のひとつとして、アーサー・ファインによる、彼が自然な存在論的態度と呼ぶものの描写を参照せよ。Arthur Fine, *The Shaky Game* (Chicago: University of Chicago Press, 1986).

科学を実践する人の多くが保持する頑強な実在論と両立させながら科学の意味を理解するために必要なのは、わたしたちが日常的な世界のなかのものに関わるときの様式と、物理的な宇宙の構造に関わるときの様式とでは、様式が根本的に違うということがわかるようなかたちで、自分たちの身体性を理解することだ。それができてはじめて、わたしたちは、物自体や対応としての真理についての自分の理解が、わたしたちの宇宙との直接的な因果的接触と日常的な世界との理解可能性を通じた接触の両方から生じつつもそれらを超越する、ということを見てとることができる。

手もとにあるグラスをつかんで飲み物を飲むことに何が含まれるのかを考えよう。はじめに、わたしはそのグラスを見なければならない。これはけっしてつまらない技ではない。そもそも知覚するためには、わたしたちは物理的宇宙の因果的な力に自分を合わせなければならない。身体的な存在であるため、わたしたちは探しているものに顔を向け、対象のサイズに見合った距離まで動き、視線を何にも邪魔されないように安定させなければならないのだ。このようにして、わたしたちの技能は、ある対象を見るためにはその対象からの光線に因果的な作用を受ける位置にいなければならないという知覚の因果説が明確にした事実を、おのずから考慮しているのである。

こうして宇宙は宇宙との協調をわたしたちに強制し、わたしたちがその要求にしたがうかぎりで、視覚という見返りを差し出す。しかし、自然による強制と協調するわたしたちは、事物の最適な見方をすることにあまりにも長けているので、自然による強制へのあわせ方をかつて覚えなければならなかったという事実を、ふつう見過ごしているのである。何らかの妨害によって調整をやり直したり新しい位置に移動したりするときにかぎり、わたしたちは、何かを知覚によって最大限に把握しようとする自分の活動が、意味を欠いた自然と有意味な知覚経験の断絶を埋めているということに気づきうるのである。

グラスを視覚的に把握した後、それをつかむために、わたしたちは自分の手をそのグラスの物理的な形に適合させることを余儀なくされる。そして最後に、グラスをもち上げて自分の唇まで持っていくために、わたしたちの身体はそのグラスの重さを正しく考慮するように調整されないといけない。ジョン・サールが指摘するように、プラスティック製のジョッキを重たい白目《ピューター》〔錫を主成分とする合金〕でできていると思ってもち上げると、わたしたちは自分の肩にビールをかける羽目になるのだ。まさしく、わたしたちのすべての活動と、日常世界における上下の方位づけの全体は、重力を考慮していなければならないのだ。

一般的にいって、トーデスが指摘するように、わたしたちが効果的に知覚し行為できるのは、垂直的に広がる地球の領野のなかに正しく方位づけられているときにかぎられる。

わたしたちは垂直的な領野それ自身に関係して方位づけられているので、わたしたちは適切に方位づけられることも、不適切に方位づけられることもありうる。つまり、わたしたちは垂直的な領野のなかで、上下が正しい向きになったり逆さまになったりしうるのだ。垂直的な領野は、わたしたちの身体の方向がそのなかで方位づけられる領野なのである。その一方で、わたしたちは水平的な領野のなかの対象に関係して方位づけられているが、水平的な領野それ自身に関係して方位づけられていないため、一般的に適切ないし不適切な水平的な方位づけについて語ることは意味をなさない。つまり、左が右になっていることや、前が後ろになっていることについて語ることは意味をなさないのである。[6]

となると、世界領野——そのなかで、わたしたちは釣り合いの取れていない自己を方位づけなければならない——には、世界における自己中心的な経験がもつ水平的な領野よりも、現象学的な優位がある。この優位は、世界のなかでの適切な垂直的方位づけのための能力が（…）、世界における経験の水平的な領野のなかにある対象に向かってうまく方位づけられるための能力よりも、優位にあることに現れている。正常に立つ能力がわたしたちに行為するための能力を与えるのであって、その逆ではない。(7)

垂直的な領野からの影響に対するわたしたちの関係は、自発性と受容性の特別な結合——これは、世界内でうまく行為するためにわたしたちが宇宙と向き合う際に必要とされる結合だ——のもっとも啓発的な実例であることがわかる。

わたしたちの当初の問題は、この影響へと適合する（応じる）ことでも、それに対して抵抗することでもない。それらのどちらも、知覚的に意味をなさない。わたしたちの問題は、この影響の領野のなかで、うまく無駄なく自分を方位づけることなのである。それはつまり、わたしたちがこの領域のなかでしなければならないことをこの領野が信頼の置けるかたちで可能にしてくれるような仕方で、この領野のなかで自己を調整することなのだ（…）。自分のバランスを整えることによって、わたしたちは垂直方向に直立状態に保たれるのだが、これは、わたしたちが、自分がそのなかに立っている安定した垂直的な影響の領野との関係において、自分自身を直立状態に保つことによるのである。バランスをとることは、動くことのように純粋に能動的ではないし、動かされることのように純粋に受動的でもない。それは能動的かつ受動的であって、ここでは、能動性と受動性のどちらも、もう一方をつうじてのみ成り立つのである。(8)

バランスという現象が示すのは、対象の規定はわたしたちに依存するが、わたしたちがこの規定を割りあてることができるのは、真に独立した実在に自分を合わせるときにのみであるということだ。

しかしこのことがわかるのは、現象学をつかって、確定的で概念が浸透した世界よりも下部にある世界へと到達したとき、つまり普通なら分析の開始点とされるような世界よりも下部の世界へ到達したときである。これまでの哲学史のなかで聞かされていたことを越えて、それ以上のことをこうやって述べることによってのみ、アリストテレスのように常識に近いところにいる哲学者たちがつねに想定していたこと、すなわち、わたしたちは宇宙《コスモス》と接触しているということを理解できる。ただし、わたしたちはいま、そうした宇宙との接触は、脱身体化されて切り離された観想的能力によるのではなく、ものごとに適切に対処するために自分の方向を定めることができるような、状況関与的で能動的な物質的身体のおかげだということを理解できる。

(6) Todes, *Body and World*, 123.
(7) Ibid., 124.
(8) Ibid., 125. ピョートル・ホフマンによる『身体と世界』への序論は、トーデスによるバランスの現象学的説明が、現象学を観念論の危険から守るための手段として重要であることを強調している。わたしたちはトーデスの先駆的で説得的な洞察と、ホフマンによるこの洞察の評価に多くを負っている。

しかし、くじけることを知らないデフレ的実在論の擁護者は、間違いなくこういう返事をよこすだろう。もちろんわたしたちは日常的な世界と宇宙とに関する実在論者でなければならない。けれども、まさにそうだからこそ、わたしたちの信念に対応するものごとがそれ自体でどうあるかという形而上学的な物言いは無益なのだ、と。ローティがいうように「テイラーの考えでは、認識論の影響から抜け出してしまえば、「妥協のない実在論」へと行きつく。わたしの考えでは、「実在論」の唯一の形態として残されている立場は、トリヴィアルで面白みのない常識的な立場だ。その立場によれば、真なる信念はすべて、ものごとがそれ自体である姿をしているから真なのである」[9]。

したがって、ローティによれば、科学の命題を真にするものについてわたしたちがいえることは、日常的な対象に関する自分の信念を真にするものについてわたしたちがいえること以上には何もない。科学の命題も日常的な信念も、ものごとがどのようにあるのかに対応するのだが、このことは、わたしたちが世界に埋め込まれていることに依存するのである。野球に関する真理がわたしたちの身体と文化的な同意事項に依存する一方で、科学の真理はわたしたちやわたしたちの日常的なものごとの理解から完全に独立してあるがままのものごとを記述する——このように述べたとしても、何か新しいことがつけ加わるわけではないのである。

わたしたちの信念は他の信念によってのみ与えられ保証されると見なされなければならず、そして、これらの信念がどう形成されるのかを探求しなかったならば、真理の対応説に関してローティは正しいことを述べていることになるだろう。すなわち、真理の対応説は、日常的な主張や科学理論の真理を肯定するときにわたしたちがすでに述べたことに何もつけ加えない、というローティの主張は正しいことになるだろう。しかしながらこのことは、対応についての語りが何も重要なことを述べない、ということを意味するわけではない。対応についての語りが何もつけ加えないのは、そうした語りが、日常的な知識の追求や科学の追求を支える背景的な理解の暗黙的な一部だからなのだ。

他方で、わたしたちが世界内に存在することのもっとも基本的で原初的な様式に戻るなら、つまり、ものごとがアフォーダンスとしてとらえられ、それに反応するように導かれる世界に戻るならば、わたしたちは、面倒を見てくれると同時にできることに制限を加える世界に自分が接していることを理解する。わたしたちはこの世界に対して正しい姿勢をとらえなければならない。そうしないと、わたしたちは苛立たされるか、あるいはもっとひどいことになる。障害・支え・世話役、要するにアフォーダンスとしてわたしたちに姿をあらわすものごとは、いわば存在の堅固さと深みをもつのである。それらのものごとはわたしたちの活動に境界条件を設定する。それらは、哲学が「本性」と呼ぶに至ったものをもつのだが、わたしたちはその本性に敬意を払い、それに対して自分を調整しなければならない。

そしてこれが意味するのは、ものごとは、アフォーダンスとして現れるだけでなく、その他の特徴も備えているということだ。それらのものごとは、わたしたちにアフォードするものを支えるような構造ももっているのである。わたしたちの欲求を満たすために、いくつかのものは、たとえば棍棒や、あるいは果物を叩き落すための棒のように硬くなければならない。また別のものは、木の葉でできた快適なベッドのように、柔軟でなければならない。だが、硬いものがもろくなり、柔軟なものが固くて曲がりにくくなることもありうる。それぞれの種類のものを「通常」は硬く、あるいは柔軟にしているものは何か。そして、それらのものをあるときには硬くしていて、別のときには柔らかくしているものは何か。

（9）Rorty, "Charles Taylor on Truth," 93–94.

これらの問いへの答えを探すことは、それらの対象のまだ見ぬ隠された顔を探ることなのである。そして、その隠された顔は、それらの対象がわたしたちに向けている顔のあり方を支えていたり説明したりするものと見なされるのだ。

したがって、わたしたちに備わる背景的理解は、わたしたちが自分や自分の理解の様式から独立した境界条件に接触していることを当然と見なすだけではない。背景的な理解が当然と見なすことには、以下のことも含まれる。つまり、日常的な経験の対象には、わたしたちがおよそ明らかにできるようになる以上の何かが存在しており、そして、このような特徴をもつ日常的対象をしっかりつかむという経験は、日常経験に備わる構造を明らかにすると同時に隠すことにもなるのである。というのも、この構造は、自分から独立した何かとうまくやっていかねばならないという経験を支えると同時に、それを説明する役割も果たしているからである。

とはいえ、ローティをはじめとしたすべてのデフレ的実在論者には、抵抗の可能性がまだある。科学的真理の主張に関する実在論についてわたしたちがいえることのすべてが、それらの主張は日常的な経験の背景にある実在論にもとづくということでしかないのだとしたら、科学的な真理は、それがわたしたちの日常的実践に相対的であるという点に関して、日常的真理に関する主張と何ら変わらないということになる。わたしたちは垂直的領野をひとつの場として──わたしたちを通り抜けて流れ落ちる普遍的な影響として──背景的に理解しているというトーデスの説得的な記述さえも、先入見なき現象学による発見ではない。トーデスの記述が示しているのはむしろ、重力についての近代的な理解からの影響である。アリストテレスは場についての理解をまったくもたなかった。だが、おそらくアリストテレスは自分の身体を、それにうまく適合した行為者がそこから助けをえることができるような独立した場によって影響されたものとして経験せずに、地球の中心にある自然な場所に向かう傾向性、直立した人間が抵抗しなければいけない傾向性をもった物質的対象として経験したのだ。

たとえ、日常的実在が独立的で汲みつくせないものとして経験されているのだといった具合に、わたしたちの日常的実在との身体的で直接的な出会いの記述を拡大したとしても、〈どこでもないところからの眺め〉いう考えを理解可能にすることはできないかのようにみえる。理解可能性の背景をわたしたちの身体構造と相関したものとして強調することは、ちょうど反対の見方――どこかからの眺め、つまりわたしたちが身体的に埋め込まれている範囲内からの眺め――を支持するように見えるだろう。別の言い方をすれば、対象の別の顔を記述しようとするとき、つまり、それ自体で存在する宇宙の構造を記述しようとするとき、わたしたちにできることのすべては、自分たちから独立し、それに適合しなければならない境界条件を指さすことでしかない。その一方で、これらの境界条件の構造の記述の仕方は、いつもわたしたちの語彙や実践、そして身体的な対処能力に相対的であり続けるのだ。

宇宙は何らかの独立的な構造をもち、わたしたち身体的な存在者は、何かを経験するために、この構造と正しく関係しなければならない。このことは明らかだ。しかし、わたしたちに記述できることが、これらの境界条件が身体的な存在者であるわたしたちをどう触発するかにかぎられるのだとしたら、わたしたちはまだ内在的実在論に閉じ込められたままだ。ものごととの日常的な出会いだけでなく、そうしたものごとの隠された顔を理解する試みをも成り立たせる背景的な理解から、頑強な実在論者はどうやって脱出できるのだろうか。だが、もし脱出が不可能となると、ローティをはじめとしたデフレ的実在論者が正しいことになる。そのとき、対応に関するわたしたちの主張はすべて、内在的で冗長にならざるをえない。

実際、宇宙の独立的構造についてわたしたちが知ることができるすべてはその構造がわたしたちの身体的活動に負わせる境界条件について現在手にしている背景的理解に相対的であった、ということが明らかになっていたかもしれないのだ。しかし驚くべきことに、ガリレオとその同時代人は、わたしたちが日常的な世界の直接的で身体的な経験を括弧入れできるということを発見したのだった。わたしたちは、自分たちの感覚や物質的身体の形態および能力に依存する日常的な事物の性質から注意をそらすことができ、さらには、独立的な実在と接触する経験からも、注意をそらすことができるのである。それによってわたしたちは、色・方位・固形性・重さなどをもつ知覚可能な事物を排した物理的宇宙——近さや遠さ、上と下、先と後がいっさいない宇宙——を発見し、探求できる。さらには、幸福なことに、ハイデガーのいうところのこうした脱世界化は、たんに否定的な成果ではないということが明らかになった。日常的な経験の世界を括弧入れしたとき、わたしたちは普遍的な因果法則といくつかの自然種を発見したのであり、そうした自然種がもつ性質の中には、他のすべての自然種を因果的に説明するものが含まれていることも明らかになったのだ。

とはいえ、この発見にさえも観念論的な解釈を与えることができる。カントの議論によれば、〔日常的な事物の性質を〕切り離したあとに残されたもの——均質なデカルト的空間と、新たな科学の基礎をなすことになる、状態の純粋な継起——は、わたしたちの受容的な能力の関数であり、わたしたちは境界条件をそれ自体であるがままに知ることは決してできないのである。ローティのようなプラグマティストは、わたしたちがそれ自体であるがままの事物を知ることができず、事物を記述するための手持ちの語彙のなかに留まらなければならないという点を強調した。[10]

ローティの基本的な論点は、宇宙の記述はわたしたち次第であり、たとえ境界条件が存在したとしても、わたしたちは境界条件の構造をそれ自体であるがままに知ることはけっしてできず、わたしたちがそれを概念化する仕方に即してしか知ることができない、というものだ。ローティはこの主張を、宇宙の構造に対応する正しい記述という考えが意味をなさないという哲学的な議論の帰結であるかのように扱う。しかし実際には、ローティによるテイラー批判は、宇宙はそれ自身の言語をもつという考えを馬鹿にすることによってなりたっている。もちろん宇宙はものをいわない。だが、宇宙の本質的な構造に対応していると同時に、わたしたちが事物を理解する様式にただ偶然的に関係するにすぎないような記述がありうるのではなかろうかという問いは、開かれた問いなのである。

宇宙をそれ自身がもつ語彙によって特権的に記述するという考えが意味をなすかどうかは、哲学的な問いのひとつであり、この問いに対して、わたしたちは肯定的に答えるべきだということを、以下の議論で示したい。そうした議論の後でのみ、宇宙についての特権的な記述が現実に存在するのか（そして、わたしたちの科学はその記述を発見する過程にあるのか）というさらなる問いを立てることが可能にな

（10）したがって、フッサールや、そしておそらくはメルロ＝ポンティのような現象学者は、科学の法則や対象は間違いなく抽象の産物であり、日常的な世界に対して、地形に対する地図のような具合に関係し、そうした関係のなかにおいて意味を獲得すると論じた。Edmund Husserl, *The Crisis of the European Sciences and Transcendental Phenomenology*, trans. David Carr (Evanston, IL: Northwestern University Press, 1970)〔E・フッサール、『ヨーロッパ諸学の危機と超越論的現象学』、細谷恒夫、木田元訳、中公文庫、一九九五年〕を参照せよ。ハッキングのような唯名論者は、これにつけ加えて、そもそも何かを記述するためには、わたしたちはまず、機器によってえることができる混沌としたデータを秩序づけ、機能的に有益なグループ分けをしなければならないと述べた。Ian Hacking, *The Social Construction of What?* (Cambridge, MA: Harvard University Press, 1999)〔イアン・ハッキング、『何が社会的に構成されるのか』（抄訳）、出口康夫、久米暁訳、岩波書店、二〇〇六年〕. これらすべての論者は、わたしたちは自分の知覚能力・言語・実践の外にけっして出ることができないという結論を共有している。

るだろう。この問いは、哲学的な議論によって答えることができるようなものではない。宇宙におけるグループ分けはすべてわたしたちが押しつけたものだという点について、唯名論者は正しいかもしれない。しかし、宇宙の構造は、その構造に対応した正しい記述をひとつ――それどころかいくつか――もつということが明らかになるかもしれないのだ。これは形而上学的ないし修辞的な問いではなく、経験的な問いである。この点をはっきりさせておくことは決定的に重要である。デフレ的実在論という見解が一見したところもっともらしく見える理由の大部分は、宇宙それ自体の記述というのは不整合な考えであるというアプリオリな主張に、そして、こうした見方による科学的主張の評価に由来する。それに対してわたしたちが提案するのは、経験的な証拠をそれ自身がもつ語彙に照らして見てみることだ。

第一に、宇宙はそれ自身の理解可能性をもち、わたしたちの記述はそうした理解可能性に到達するための偶然的な様式でしかないという可能性はあるのか。わたしたちの考えでは、「ありうるのだ」というのが答えだ。本質的性質をもつ自然種が存在するならば、そして、自然種を暫定的な仕方で指示し、そうした指示のために用いた性質のどれが本質的なのかについてコミットしないでいられるならば、いま述べたようなことはありうる。ソール・クリプキは、彼が固定指示と呼ぶものの機能、とりわけ自然種の実例の固定指示に注意を促すことによって、実在論的な科学の可能性に関するこうした見解を擁護したのだった。

したがって、クリプキが出した例をふたつ借用するならば、わたしはある金色に輝くものを調査することからはじめて、最終的に、それが金色であろうとなかろうと、その本質は79番の原子番号〔訳注2〕をもつことにあることを発見できるだろう。また、わたしは稲妻を夜空に炸裂する光として暫定的に同定し、最終的にはそれが本質的には放電であることを発見できるだろう。このように、自然種とされるものは、まずはその実例に目を向ける記述——あの黄色いもの——によって指示される。このように示すことによって指示が固定される。しかしこうした指示を行う人は、それによって、自然種を指し示すために用いられた性質がその自然種の本質的な性質である、という主張にコミットをするようになるわけではない。[11] このように、いちばん最初の記述は、わたしたちの関心と能力に相対的でありながらも、問題となっている事物の本質的な性質が調査によって発見されるかもしれないという可能性を開いたままにしている。こうしたやり方でクリプキは、直示的な指示のはたらき方によって、わたしたちは自然種に到達できるが、自然種の本質的性質はわたしたちの到達の仕方に少しも相対的ではないという考えが理解可能になることを示すのである。

わたしたちが対象について知ることができるのは、わたしたちの実践の内部においてのみであり、これらの実践に根ざした記述を通じてのみである、という最新版の媒介的描像の外にひとたび出て、それがひとつの描像だということを見てとるならば、わたしたちはどうやっても自分の理解可能性の様式の内部に閉じ込められるのだから〈どこでもないところからの眺め〉は意味をなさないという考えは、哲

〔訳注2〕原語は atomic weight だが atomic number として解釈した。二四四頁と二五一頁にも同様の箇所がある。

(11) わたしたちの考えでは、本質に関する主張に含まれる必然性によって、可能世界に関するデイヴィド・ルイスの主張が要請されるわけではない。たとえばダグフィン・フェレスダールは、クリプキのものによく似ているが、さらに最小限の存在論しか必要としない固定指示の形態があることを論じた。フェレスダールによれば、「すべての可能世界」について考察することは、わたしたちの言語によって追跡できるようになる対象——とはいえわたしたちは、それらの対象について多くの誤った信念をもち、それらのもつ性質の多くを知らず、それらのもつ性質がどのように通時的に変化するのかについても知らない——についての考察へと分解されるのである。以下を参照のこと。Dagfinn Føllesdal "Essentialism and Reference", *The Philosophy of W.V. Quine*, ed. Lewis Hahn (La Salle: Open Court, 1986), 97–115, esp. 107; Saul A. Kripke, *Naming and Necessity* (Cambridge, MA: Harvard University Press, 1980), 15–21.〔ソール・クリプキ、『名指しと必然性——様相の形而上学と心身問題』、八木沢敬、野家啓一訳、産業図書、一九八五年〕.

学的な正当化を必要とする（が、そうした正当化を欠いた）主張であることが明らかになる。そのとき、立証責任が相手側に移ることになる。つまり、ガリレオ以降の科学の進歩が示す証拠は、わたしたちが知覚において遭遇し、宇宙の構造それ自体と協調することを要請する境界条件をわたしたちが実際によりよく理解しつつあると主張するために必要な証拠のすべてになるのだ。

この証拠はおなじみのものであり、かつては説得的なものとして通用した。しかし、この証拠に対する〈内・外〉描像の内部からの疑念が次第に巧妙になったため、わたしたちはそうした証拠をここで検討する必要がある。

わたしたちがここまでで論じたのは、以下のことだ。（1）知覚世界が提供するアフォーダンスに、わたしたちはますますうまく対処している。（2）わたしたちは自分を取り巻く対象を、ますますすぐれた仕方で概念的に把握している。（3）いくつかの文化的実践は、より斉合的で歪みが少ないためよりよいものとして他の文化的実践と交替するものと見なすことができる。わたしたちがつけ加えたいのは次の主張だ。（4）自然に関するいくつかの説は、宇宙の振舞いについて、他の説よりもよい説明を提供し、わたしたちの時代の自然科学は手に入るなかでは抜群に優れた説明を提供する。

わたしたちの日常的な対処にまで戻って、そこからはじめよう。知覚経験において異常なものに直面するとき、わたしたちは現在の理解のまずいところをつきとめ、そうした理解を向上させる方法を知っている。カフェに入ったらそこが建物のわりに広すぎるように見えたとしよう。わたしたちはこうした変則例を、カフェの壁が鏡だと気づいたときに解消する。そのときものごとはあるべき場所におさまり、混乱して不完全だった知覚的把握は、明晰で安全なものになる。同様に、街の探索が進むにつれ、わたしたちはその街をよりいっそう明快に理解するようになり、角を曲がるたびに驚いたり方向がわからなくなったりすることはもうなくなる。一般的にいって、知覚による世界との日常的な出会いのなかで、わたしたちは自分の周囲をよりいっそう明晰で安全に把握する方向へと引きよせられていくのだ。

わたしたちの知覚経験にはこのようなよりよいものへと交替するあり方が備わっているのであり、こうした交替のあり方を、自然科学について頑強な実在論に基づいた説明を与えるために使うことができる。そう、科学には内的に形成されたそれ自身の進歩の仕方があるということが明らかになるのだ。アリストテレスの世界とガリレオの世界は、彼らが異なる問いを発しているために比較不可能であるということをトーマス・クーンとともに認めるかわりに、わたしたちは、アリストテレス主義者には説明困難だったが、ガリレオには説明が可能だったような、特定の変則例を見つけ出すことができる。たとえば、投石機や大砲から発射された石や砲弾は、地球の中心にあるそれらにとっての本来の場所にまっすぐ向かわずに、放物線の軌道を描くという事態をあげることができる。あるいは、（第三章で引き合いに出した）もっと単純な例を出そう。太陽ではなく地球が動くと想定することで、コペルニクスは天体の運動を〔複雑な〕周転円を用いる天動説論者よりも多くを理解可能にすることができた。そして天文学者たちはその次に、太陽は惑星ではなく恒星として理解したほうがいいということを知ることができた。

わたしたちが新たなパラダイムへと移行することを強いられるのは、古い理解を悩ませていた変則例を新しい理解が解消してくれるからだ。新たな理論から見ると、かつての変則例は〔古い理論では〕手に負えないものに見える。そして、新しい理論もそれ自身にとっての変則例を引き連れてくるとはいえ、それらは長期的には解消可能だという希望をもつことができる。こうして、慣性についてのガリレオ・ニュートン的理解のおかげでわたしたちは、アリストテレス的な古い見解を苦しめた「強制運動」というう手に負えないパラドクスを解消できる。この古い理解にしたがえば、あらゆる運動は、それを動かすものが同時に存在することによって説明される必要があった。そのため連続的な運動は、連続的な因果的力を要請した。だが、落下物や砲弾のような発射物の場合、そうした力をつきとめるのは不可能であるように見えた。わたしたちが慣性に基づくものの見方に移行するならば、こうした説明されるべき事柄はぜんぶ消え去り、これらの現象に明快な説明を与えることができる。そこで説明を必要とするのは、連続的な運動ではなく、速度の変化なのである。

同様に、ある文化における科学の背景的理解も進歩しうる。すべての現象を——月下の現象も月上の現象も——同じ仕方で説明することはできないし、そのように説明してはならないというアリストテレス的な背景的理解に対して、ケプラーが天体現象をより完全で明晰に把握することに成功することによって、改善が可能であることが示された。このようなケプラーの成功は、次に、ガリレオの発見が学知（scientia）としての科学という中世的な考えを切り崩したのと同じように、経験知（empiria）としての科学というギリシア的理解を切り崩すことで、研究（research）としての科学という近代的な理解を導いた。ハイデガーが指摘するように、研究と学知および経験知との違いは、研究が普遍的な基本計画をたて、変則例のすべてを、不自然な現象や怪物、あるいは奇跡として記さずに、この計画のなかに収めようとする点にある。世界像をつくることとしての科学というこの新しい理解は、さらに、より包括的で強力な自然理解をもたらすのである。[12] 日常的経験のアリストテレス的体系化よりも、ニュートンの基本構想にしたがう方が、より多くの現象がより理解可能になる、つまり、より整合的な全体を形成するようになるのである。

このようにして、科学における革命をよりよいものへの交替の事例と見なすことができる。それらの革命がただちに受け入れられないのだとしたら、それは、より古い見解が固着しているからであって、革命が合理的に動機づけられていないからではない。その証拠に、科学においてであれ、カフェの壁が鏡だったという例の場合であれ、完全に新しいものの見方をひとたび理解すれば、もとに戻ってものごとを古い仕方で見る手立てがなくなるのである。

日常的対処において配慮しなければならない構造についても、それに対応するとされる理論を、わたしたちは徐々に発展させることができる。効果的に行為するためにわたしたちがすべきことは、自分の身体が地球の中心に向かって落ちていく傾向に抗うことだけでないということを、わたしたちは理解するようになる。わたしたちはさらに、重力場として理解するようになった影響の領野のなかでバランスを取らなければならないことをも知るようになるのだ。またわたしたちは、自分の感覚器官がどのように機能するか、光エネルギーと音響エネルギーがどのように伝播するかについて、ますます多くのことを学ぶ。何かを知覚によって適切につかむために、わたしたちが現にしているような動きをすべきなのはなぜなのかが、これによってさらに説明されるようになるだろう。

このように、わたしたちにできることの限界を設定しつつ、それと協調する際には支えになってくれる独立的な自然構造は、科学によってますますよく理解されることになる。そして科学はフィードバックの働きによって、今度はわたしたちの日常的な把握を向上させてくれる。このことはさらに、科学が記述するのは、わたしたちの対処がはじめから直接接触している宇宙それ自体の構造だ、という確信を強化する。しかし、ローティがわたしたちに同意し、わたしたちの自然科学は、少なくともいくつかの

(12) Martin Heidegger, "The Age of the World Picture," in *The Question Concerning Technology and Other Essays* (New York: Harper & Row, 1977), 115–154〔マルティン・ハイデッガー、「世界像の時代」、『杣径』、茅野良男、ハンス・ブロッカルト訳、『ハイデッガー全集』第五巻、創文社、一九八八年〕. 次も参照のこと。Jan Assmann, *Moses the Egyptian* (Cambridge, MA: Harvard University Press, 1997).

パラダイム変化――たとえば、アリストテレス的な力学からニュートン以降の力学へのパラダイム変化――を完全に正当化するような合理的思考様式によって定義されるものだということを認めたとしても、彼はそれでもまだ、自分の主張を繰り返したがるだろう。科学のゴールは実在の正しい記述にあると述べても、わたしたちは何もつけ加えたことにはならない。対応について語ることは余分なのだ、と。

ひょっとすると、わたしたちはローティの主張を、以下のような比喩を思い浮かべることによって理解できるかもしれない。ジャズミュージシャンたちがある曲のリハーサルをするのを見ているとしよう。彼らはその曲をある仕方で演奏する。ところがある奏者が自分のパートを新しいヴァージョンに変えはじめる。バンドのメンバーはみんな笑顔を浮かべ、うなずいてメッセージを送る。「そっちのほうがずっといいよ！」次に別の奏者が同じく新しい演奏を行い、またしてもいい結果が出る。こうした一連の新しい即興を、わたしたちはパラダイム変化と類比的に考えることができる。目下の例では、一連の変化は、演奏への参加者によって満場一致でよりよいものと認められていた。彼らは全員、演奏が自分たちによって向上したという感覚を共有していると さえ述べることができる。さらには、楽曲そのものの本性がこれを指図したという感覚さえも共有していると述べることとさえできる。

さてしかし、新しいヴァージョンはその音楽のイデアに近づいているというとき、わたしたちは何かをつけ加えることになるのだろうか。あるいは、その音楽そのものに近づいているという場合にはどうだろうか。こうした言い方は確実に、わたしたちがすでに知っていることに、格調高い形而上学的な衣装を着せて飾りたてることでしかないだろう。それは、事柄を明確にせずにわかりにくくしている。

わたしたちの科学に関してローティがいいたいのは、これと似たことなのだと思う。アリストテレスからニュートンへの移り変わりがいわばルールによって強制されたものだとしても、そのことが教えてくれるのは、わたしたちがこのゲームをどのように行っているかでしかない。ゲームはそれ自身を正当化するものである〔あるゲームのルールが正しいのは、それがそういうゲームだからだ〕。あるいはひょっとすると、ゲームの正当化がそのゲーム自身とは別のところにあったとしても、それは、このゲームがより健康でより長寿でより生産的でより豊かな生活に貢献するという意味で、「わたしたち人類の役に立つ」ということでしかない。だが、このゲームのゴールがわたしたちから独立して現実に存在するものの記述であると宣言したところで、いま述べたことのすべてにつけ加えられるものは何もない。

さて、「より役立つ」が指しているのが、ガリレオ以降の科学によって多くの分野で勝ち取られた、精度のより高い予測と制御のことだとしよう――とはいえ、技術的な見返りがいまのところない（あるいは宇宙論のように、そうした見返りがけっしてないかもしれない）ところでも、新たな理論が承認される事例はたくさんあるのだが――。たとえそうだとしても、わたしたちは技術による制御を、それが増大している場合には、根底にある構造を正しくとらえていることの証拠と考えるのがふつうである。

ここには二つの問いがある。科学理論が発展するにつれ、わたしたちは現象をよりよく予測して制御できるのだろうか。そして、このことはわたしたちの理論が独立的な実在に対応していることの証拠なのだろうか。わたしたちの考えでは、次のように述べることには問題がない。変則例を説明することによって科学理論が次々と古いものに対してよりよいものとして交替するにつれて、わたしたちはよりいっそう優れた予測の恩恵を被るし、それと同時に、自然をよりうまく操って自分の目的に役立たせることができる新しい領域が開かれることによっても恩恵を被る。こうしたことを疑う人は誰もいない、と。

しかしながら、こうした制御によって、わたしたちの理論が宇宙の構造にますます密接に対応していることが示されるという見解についての同意を哲学者たちから取り付けるのは、もっと難しいように思われる。わたしたちなら次のように論じるだろう。日常的な知覚において、対処に際してより信頼できる予期の経験をもつことは、世界内の事物やそれらの振舞い方をよりよく把握していることを示唆する。これと同じように、科学と技術が日常的な世界のよりよい予測と制御へと通じているかぎり、わたしたちは科学と技術が宇宙の構造をよりよく把握していっているのだと想定すべきである、と。だが、デフレ的な実在論者はこれに応答してこう述べることができる。プラグマティストにとって、制御は対応の証拠ではない。わたしたちが科学理論を洗練させるのは、それらが自分たちの利益を促進するというまさしくこの理由からであり、制御とは、こうした科学理論によるある種の副産物なのだ、と。実際、一般的にいって、わたしたちが資金を提供し、その成果を検証するのは、自分にたまたま制御を授けてくれる理論だけである。この見解にしたがえば、制御が根底にある構造を正しくとらえていることのしるしを与えてくれるのではない。むしろ、根底にある構造を正しくとらえていると主張するとき、わたしたちは自分がより多くの制御を手に入れたということを意味しているのである。

こうして見てくると、わたしたちは自分の言語・能力・実践の外に出ることができない——理解可能性のすべては必然的にわたしたちの記述やわたしたちに役立つ事柄に相対的である——と主張する人たちを前にして、よりよいものへの交替や制御に訴えたとしても、科学の進歩と力は科学が宇宙それ自体の構造を目指して進んでいることを示すという点について、説得をすることは不可能のように思われる。だとすると、そうした人たちをどうやって説得できるのだろうか。ひょっとすると、カント的な〈内・外〉描像のなかに留まりたい人は、何をやっても説得できないのかもしれない。だが、非実在論者がここで拠り所にしている区別、つまり「役立つ」こととわたしたちを真理に接近させるものとの区別が、科学者の現実の営みを理解可能にするかどうかについて、異議申し立てをすることはできる。

類比的な事例をひとつ見てみよう。サッカーに馴染みのないあの北米の（蒙昧な）地域の出身者と一緒に、ベルリンでワールドカップ決勝戦を観戦しているとする。その人はそこで何が起こっているのかをあなたに尋ね、あなたはこう答える。「どっちであれ、ルールによって勝利のための動作と定められたことをしたチームが勝つよ」。同行者は拒絶されたと感じる。そんなことは自分でも十分に理解できたのだ。事態を修復するためには、あなたはゴールを決めて点を取るとはどういうことかなどについて、説明にとりかからないといけない。同行者が知る必要があるのは、ゲームの眼目だ。

これと同様に、科学が「ゲーム」だとすれば、その眼目は、わたしたちをとりまく事物——これには自分たちに干渉する要因や力が含まれる——が実際にどのように機能するかを見つけ出すことにあり、事物の振舞いを支配する法則を明らかにすることも、これに関わってくる。このことを誰かに説明するためには、「真の」・「正しい」・「実在の」といったような言葉はすべて避けることができない。それは、あなたがスタジアムで同行者を満足させるために「ゴール」や「点を取ること」について語ることが欠かせないのと何ら変わらないのである。

以上で述べた考察のすべてをもってしても反実在論陣営の読者の心を動かすことができないならば、もう一言つけ加えよう。日常的な事物への直接的な対処についての現象学的記述は、わたしたちが自分の皮膚や心の内側に幽閉されているわけではなく、共有されたひとつの世界に開かれていることを示す。これとちょうど同じように、わたしたちの科学的実践によってあらわになる現象が存在しており、それらは、わたしたちの真なる理論が、独立的に存在する宇宙に対応することを示すかもしれないのだ。

第八章　多元的な実在論

ここまでで見てきたように、一七世紀にわたしたちの文化は、人間による解釈のすべてから独立してそれ自体で存在する宇宙の構造について問い、ついには〈どこでもないところからの眺め〉に接近していると主張する科学を発展させたのだった（第七章）。同様に、西洋の思想家たちは、世界中に広がる多様な文化の背後にある不変の構造、つまり、原理的にはどこの誰によっても理解できるような、独立的な人間本性を発見したと主張した（第六章）。わたしたちは第六章と第七章でこれらの実在論的主張の擁護を試みたが、そうした擁護はどれもかならず深刻な反論に直面する。そしてそれらの反論は、自然科学と人間科学の両方における頑強な実在論についてのわれわれの理解をより広げることを要求するのである。

第七章で見たように、固定指示に関するクリプキの説明は、意味を与える実践へのどんな本質的依存からも解放された科学的用語の意味を宇宙がいかにしてわたしたちに発見させるかに至るかを、理解できるようにしてくれる。しかし、固定指示には厄介な帰結が伴う。固定指示からえられる結論は、わたしたちの科学が、自然種の本質的性質を発見するかぎりで、それらの種が宇宙のどこに存在するにせよ何であるのかを教えてくれるということに留まらない。自然種名を正しく使う人はだれでも、問題となる種をこれらの本質的性質によって指示していなければならない――このように結論することも、固定指示は強いるのである。たしかに、わたしたちがすでに金の本質的性質を発見しているのなら、古代エジプトにおいてさえも金は原子番号79番をもっていたということは真でなければならない。そして、意味が指示を決定する以上、クリプキの見解からは、古代エジプト人が金を指示することに成功したときはいつでも、彼らは知らないうちに原子番号79番の自然種について語っていた、ということがさらに帰結する。

これらすべてが含意するのは、金の本性に関して違う見解をもつ、より以前のその他の文化は、金の本質を問うときにたんに間違っていた、ということである。そして、それ以上何もいう必要はないということになる。

古代エジプト人の見解は、西洋の科学の歴史のなかで受け入れられてきた間違った理論、フロギストンや熱素のようなものをもち出した理論と同等のものと見なしうることになる。熱素と呼ばれる物質は、熱の基礎にあるものとしてかつて仮定されたものだ。対象の熱は熱素の存在によって、何かが熱くないことは熱素が相対的に欠乏していることによって、それぞれ説明されると見なされていたのだ。この意味で、「熱素」は自然種名として考えられていた。しかし、現代に先立つ二世紀あまりのうちに、これがどこへも通じていない誤った道であることが認められた。熱素は歴史のゴミ捨て場のなかに消え去ってしまったのだ。同じことは、たとえばルネサンスにおける錬金術の実践の背後にあった金の理解についてもいえるだろうし、アステカや古代エジプトのように、貴重な物質が重要な役割をもっていた数多くの古代文明における金の理解についてもいえるだろう。稲光は神々の発する電光だという以前の理解に対しても、わたしたちは似たような態度を取ることができるだろう。この理解は、放電による説明によって永久に追放されたものと見なされている。

しかし、わたしたちの世界と同等であってしかるべき世界を数多く開くその他の文化が存在してきた以上、クリプキの見解からのこうした帰結をわたしたちたちは受け入れたくない。たしかにわたしたちにとっては、自然に関する近代西洋的な理解がある以上、本質的な性質とは、問題とされる種が普遍的な因果法則の大多数にどのようにしたがうのかを説明する性質のことであり、それらの因果法則はいついかなるときもあらゆる場所で成り立つものとして理解されている。しかし、他の文化の人、たとえば古代エジプト人にとって、金の本質的性質は、それが聖なるものであり神々しく輝くことにあったかもしれない。科学における真の主張にはそれ自体のあるがままの自然が対応する、という主張を受け入れつつ、クリプキの科学的実在論からの含意を受け入れないということは、どのようにして可能なのだろうか。クリプキの実在論によれば、自然に関するわたしたちの理解が真であるかぎり、他の文化で保持される自然についての異なる信念は疑念の余地なく誤りでなければならない。たとえば、金の本質的性質を輝きを引き起こす聖なる力と見なすエジプト人の理解は、疑念の余地なく間違っていることになってしまう。こうした含意を避けることはどのようにして可能なのだろうか。

この問いへの回答を始めるにあたって思い出さなければいけないことがある。それは、わたしたちの文化が、宇宙に存在する種に関する自分たちの理論について、もしそれが真であるならば、それはそれ自体であるがままの種に対応すると主張した唯一の文化であるとたぶんいっていいということだ。他の文化は、西洋近代科学における意味でのそれ自体であるがままの宇宙について、問いを発していない。

それ自体であるがままの宇宙という考えを持っているからこそ、わたしたちは、自分たちの自然種名の定義が、誰がいつどこで使うのであれ、それらの語が正しく使用されたときの意味をとらえているという主張にコミットするのである。

もちろん、わたしたちの科学的理解は、それが真であるならば、エジプト人には理解できなかったとしても、彼らの世界において真である。しかしこのことからは、彼らが「金」という語で意味していたものがわたしたちの科学によって決定されるということが帰結するわけではない。自然種としての金について、彼らは「どこでもないところから」の競合する説明を持っていたわけでもない。しかし、彼らが先駆的なデフレ的実在論者だったわけでもない。金が聖なるものであることはおそらく、彼らによる金の記述に相対的なこととして理解されていたわけではない。しかし、金が聖なるものであることはエジプト人にとって誰もが認めるべき普遍的な真理であった、と述べることも正しくない。真の意味で「多神論的」な文化の時代へと戻るにつれ、現実はもっと複雑だということが明らかになる。それぞれの民族にはそれぞれの神がいる。だが、他の民族にはそれ自身の神々がいるということはうすぼんやりと把握されており、それらの神々を存在しないとか実在のものではないと見なすような誘惑はどこにもない。こういった仕方で、古代の地中海文明の人々は宗教的多元性の困難――それは、古代世界の「多文化」都市の市民にはますます明らかになっていた――を理解していたようにみえる。唯一の例外はヘブライ人で、彼らは、その他の民族の神々はたんなる発明品であり「人の手で作られた」という、衝撃的であり多くの人にとって攻撃的な主張をしていた(1)。とはいえ、いま述べたような「多神論的」理解は、人類のあいだでより広範にわたっているようにみえる。神的なものの多元的な存在論に関する同じような感覚は、たとえば北米の先住民のあいだにも存在していたようにみえる。

わたしたちには避けがたくみえる問いが浮上する以前のこうした時代の人々の見解を再構成するのは難しい。すなわち神的なものについてのこれらの考えのどれが正しいのだろうか（神的なものなどないのだから、それらは全部誤っている可能性もある）という問いが浮上する以前のこうした時代の人々の見解を再構成するのは難しい。過去の人々の見解に関して今日のわたしたちが与えたくなるような定式化は、どれをとっても、ぎこちないものになってしまい、完全に正しいというわけにはいかないだろう。しかし、以前の時代の人々は、自分たちが自然と神々に関する普遍的真理をたんに発見したわけでも、それらの記述を発明したわけでもなく、実在を自分の生活形式にもとづいて自分自身のパースペクティヴから露呈させたということを、おそらく感じていた。こうして彼らは、自然が露呈する様式が、ハイデガーが「異なる仕方で自然の出来事を見て、それについて思考すること」と呼ぶものに依存していることを、暗黙のうちに当然と見なしたのである。[2]

〔多様な仕方で〕世界が開示することがひとたび認められると、それぞれの個別的世界で用いられていた自然種の記述は、宇宙の単一の構造に対応するか誤っているかのどちらかでなければならないとクリプキのように主張することは、間違っていることになるだろう。この点に関してデフレ的な実在論者は

（1）マルガリートとハルバータルの興味深い主張によれば、ヘブライ語聖書における最初期の偶像崇拝禁止は、その他の神々を存在するものと見なしていた。それらの神々を崇拝することの罪は、イスラエルの神への背信という罪であり、「偽りの神に淫する」という性的なイメージによってたびたび理解されていたのだ。それに対して後年では、（たとえばバアル人預言者たちをエリアが冷笑したときのように、）対抗する神々は純粋な発明と見なされたというのである。Moshe Halbertal and Avishai Margalit, *Idolatry* (Cambridge, MA: Harvard University Press, 1992)〔モッシェ・ハルバータル、アヴィシャイ・マルガリート、『偶像崇拝——その禁止のメカニズム』、大平章訳、法政大学出版局、二〇〇七年〕.

（2）Martin Heidegger, *The Question Concerning Technology*, 117〔ハイデッガー、「世界像の時代」〕.

正しいといえる。しかしそこから、対応についての頑強な理解を諦めなければならないということが帰結するわけではない。特有のものであるわたしたちの文化は、文化による解釈のすべてから独立してそれ自体として存在する宇宙の構造について問い、ついには〈どこでもないところからの眺め〉に接近していると主張する科学を発展させた。現在手に入る証拠のすべてが確証するように、金は自然種であり、原子番号が79番であるという本質的性質は、因果法則のなかに登場する金のその他のすべての性質を説明する。たしかに、本質的性質とは何かについて他の文化が異なる理解をもち、金に関して何が重要かに関して別の見解をもつことによって、他の性質を本質的性質として取り上げることはありえたかもしれない。金のどんな性質も、たとえば、それがどこに埋もれているかということでさえも、ある文化によって本質的な性質として取り上げられることはありえたかもしれない。

　にもかかわらず、反本質主義的な結論に飛びついてはならない。原子番号が79番であるものとして金を理解することは、金の因果的性質を説明するか、あるいは少なくとも、そうした性質を説明すると見込まれている。これらの因果的性質がわたしたちにとって重要であるのは、金に接近するわたしたちの偶然的な様式にすぎず、金の原子番号こそが金のそれ自体における構造に対応しているというのは、もっともなことだ。だが、原子番号が79番であることは、金の唯一の本質的性質と見なされる必要はない。それが本質的であるのは、わたしたちが本性について問うときに、金の独立的性質を露呈させようとすることに相対的な事柄にすぎないのである。ひょっとするとエジプト人たちも、彼らの宗教的実践によってのみ接近可能になる金の性質を露呈させていたのかもしれないのだ。

　このように、金とは何であるかは、その文化における実践に依存する。このことは、ローティ流のプラグマティストが何かを正しくとらえていたということを教えてくれる。彼らが正しくとらえていたのは、近代科学的な本質主義者であってはならないということだ。わたしたちの科学は、それが真であるならば、金がもつその他すべての物理的性質を説明する本質的性質について教えてくれる。しかし、これで話がおしまいになる必要はない。ハイデガーが述べているように、「物理学の言明は正しい。しかし、それによって、科学は科学を導く実在的な何かを表象する。しかし（…）科学はいつも、それが用いる種類の表象によって科学の可能な対象として事前に認められたものにしか出遭わない」[3]。こうした見解のもとでは、金の本質的性質に関するエジプト人の理解も、それが真であるならば、自然のある側面を露呈させているか、それに対応していることがありうるかもしれないのだ。

よりよいものに交替する仕方に関する理解を踏まえ、わたしたちは、古代エジプト人にわたしたちの科学を教え、それと一緒に「それ自体」と「わたしたちにとって」の区別を教えることが、少なくとも原理的には可能だっただろうと主張する。その場合、古代エジプト人たちは、金がわたしたちの意味で自然種であり、原子番号が79であるという本質的性質を備えているということも理解できるだろう。また、自然が聖なるものであり、自然種がわたしたちの科学には見えない聖なる本質をもつことが自然に関するわたしたちの脱呪術化された理解によって見過ごされているということも、理解できるだろう。それ自体であるがままの事物についての〈どこでもないところからの眺め〉でさえも、事物を開示する限定されたやり方のひとつでしかない。ハイデガーの言葉をもういちど引けば、「物理学によって表象されるものはもちろん自然それ自体であるが、それが対象領域としての自然にすぎないことは避けられない。その対象領域の対象性は、物理学に特有の洗練化の働きによってはじめて定義され確定されてい

（3）Martin Heidegger, *Poetry, Language, Thought* (New York: Harper & Row, 1971), 170.

るのである」[4]。

こうして、変色しにくいという金の物理的性質は、わたしたちの科学によって、普遍的な法則と科学が手にする〈どこでもないところからの眺め〉を用いて因果的に説明される。その一方で、神々しい光を放って輝くという金の聖なる本質的性質は、たぶんエジプトの宗教的実践によってしか接近可能ではない。近代以前の文化における実践に潜む対応に関する主張は、明示化するとすれば、以下のような主張になるだろう。古代エジプト人は、実在の側面のひとつに対応するあるパースペクティヴを獲得するための実践を行っていたが、それ自体における客観的実在を露呈させる〈どこでもないところからの眺め〉を手にしたとは主張しなかったのだ、と。そうした実践が露呈させた側面は、この特有の実践によってのみ活性化できる因果的性質をもっていたかもしれない。その場合、その性質は〈どこでもないところからの眺め〉を手にした脱呪術化された科学によっては発見されないだろう。したがって、わたしたちの科学の観点からは神秘的で不可能にさえみえるかもしれないことも、わたしたちの科学——少なくともいま理解されているそれ——とは異質な、別種の因果性を露呈させる一連の実践を前提すれば、因果的に説明されるかもしれないのである。この意味で、二つの説明は両立不可能だということになる。考えうるもっとも極端な場合には、文化によって活性化されたこれらの因果的性質が、わたしたちの科学によって発見された因果的性質を無効にすることさえあるかもしれない。もし確証されるならば、空中浮遊や超感覚的知覚はそうした事例かもしれない。もちろん、そのようなことが生じた場合には、統一性に基づいて成立するわたしたちの物理学は、そうした現象を説明すべく改訂されるか、さもなければ、放棄されなければならない。

さらには、それ自体における宇宙に関する別の普遍的理論をわたしたちは現時点では何ひとつ知らないが、わたしたちに理解できないことは現にたくさんあり、西洋科学では把握できない普遍的な因果的性質を手にするその他の方法があるかもしれない。鍼治療の成功は、いまのところ、西洋医学による理解を受け入れないものであり続けている。もしかすると、わたしたちは身体に関する二つの説明――分子と電気信号による説明と、物理学では理解できない気の流れをたどる説明――をたんに採用しなければならないのかもしれない。もしかすると、わたしたちは、実在に関する二つの独立的な説明――距離をとった観察者に対して露呈されるそれ自体における自然の側面を記述する説明と、世界に巻き込まれた人間に対して露呈される実在の説明――の必要性を示す兆しを目にしているかもしれない。結局のところ、科学者と哲学者はこれまで、物理的な実在に関する機械的な理論を、自由意志・意識・意味に関する一見するところ否定しがたい事実と調停させることに失敗してきたのである。これらすべての事例に関して、見解の収束がなされるなら、たしかに満足のいくものになるだろうし、また、ひとつの宇宙（*a universe*）に関わるという西洋流のやり方で自然を問う人に、わたしたちの理論は独立的な実在を記述しているのだということを再確認させてくれるかもしれない。しかしわたしたちは、自然が機能する単独の特権的な仕方などないという可能性を開かれたままにしておかなければならないのだ。

これらすべてのことから導かれる結論はこうだ。わたしたちの脱呪術化された科学にしたがえば、金の原子番号が79であるということは、わたしたちの科学に確認できるすべての因果的性質を説明するので、そのことを知っていたり気にかけたりする人がいようといまいと、どこでも真である。そうであるにもかかわらず、原子番号が79であることを金の唯一の本質的性質と見なすことは、自然の出来事につ

（4）Heidegger, "Science and Reflection," in *The Question Concerning Technology*, 173–174〔マルティン・ハイデガー、「科学と省察」、『技術への問い』、関口浩訳、平凡社、九八頁〕.

いて問うわたしたちの脱呪術化されたやり方に相対的なものでしかない。先の考察を踏まえるならば、本質が問題になるところでは、多元論者でなければならないのだ。

〈内・外〉の区別をともなった媒介的描像の最新版——わたしたちは自分たちによる実在の記述のなかにどうやっても閉じ込められているのだという主張——をひとたび打破したならば、わたしたちはローティに同意して、自然を正しく記述するひとつの言語などどこにもないことを認めながらも、ローティに反して、多くの言語がそれぞれ実在の異なる側面を正しく描写していることは十分ありえると述べることができる。そのときわたしたちの立場は、多元論的で頑強な実在論として特徴づけることができるだろう。それは次のような立場だ。(1)実在を取り調べる方法は複数存在しうる(これが「多元論的」な部分になる)。にもかかわらず、(2)それらの方法はわたしたちから独立した真理、つまり、それらを把握するわたしたちの思考のほうを改訂し調整することを要求するような真理を露呈させる(この部分は頑強な実在論だ)。だがその際に(3)実在を取り調べるためのさまざまな方法をひとつの様式における問いへとまとめ上げ、統一的な描像や理論を生み出す試みはすべて失敗に終わる(よって、それらの方法は多元論的に留まる)。

1

明らかに、わたしたちが提案している立場を擁護することは、今日の文化の文脈において、知的には難しくない(と信じる)が、修辞的には難しくなるだろう。今日では二つの強力な立場が擁護されている。そのひとつを近代的な科学主義と呼び、もうひとつを主観主義ないし相対主義——これにはさまざまな種類がある――と呼ぼう。それぞれの立場は、死闘を繰り広げるたった二つの可能な見解のひとつとして定義される。したがって反対の立場の行き過ぎたところや反発を感じさせるところを示すことによって、それぞれの立場にもっともな見かけが与えられる。科学主義にとって、近代科学の唯一の真理をどのような仕方であれ疑いにかけることは、ひとつのカテゴリーとしてとらえられた真理そのものの拒絶でしかない。ローティその他にとっては、近代科学帝国主義から逃れるための唯一の道は、まさにこのカテゴリーを疑いにかけることである。

わたしたちがここで論じている路線は、第三の可能性を導入することで、こうした描像を動揺させることになるだろう。わたしたちは、両極の立場のそれぞれから他方の擁護者――ローティ主義者からは科学主義者、科学主義の追従者からは真理と科学の敵――と見なされる運命にある。わたしたちの観点から述べるなら、自分の立場の実行可能性を両極の立場との違いを示しながら確固たるものにするために、二つの前線で戦わなければならないのだ。

これはまさしく、わたしたちがこれまで紙幅を割いて行ってきたことである。それ自体における事物を把握したという近代科学の妥当な主張は、世界（それとも、自然、コスモス、宇宙だろうか？）を露呈させるパースペクティヴが複数あることと衝突するわけではない、ということをわたしたちは示してきた。

しかしこの立場は、わたしたちがまだ考察していない角度からも攻撃されうる。わたしたちは結局のところ、科学主義に降伏していると見なされうるのである。近代科学はひょっとするとある未証明の巨大な想定に依存しているかもしれないのであり、わたしたちもその想定を何も考えずに受け入れてきたというのだ。

結局のところ、多様性よりも統一性をこうして優先することは、西洋の偏見ではないだろうか。ニーチェやその他の唯名論者のように、わたしたちはすべての統一を、わたしたちが対処のために押しつけたものと見なすべきではなかろうか。解消不可能な多様性こそ、量子物理学におけるように、独立的な実在のよりよい証拠かもしれないのだ。たとえ統一性の必要がわたしたちの身体の統一や、身体に相関した統一的知覚に根拠をもつとしても(これは疑いのないことだ)、にもかかわらず、このことが示しているのは、統一性を好むことも、まさに、わたしたちが克服すべきもうひとつの偏見にほかならないということではなかろうか。

わたしたちは先に、どのようにして人間の文化の初期の段階では、他の文化における神々の存在が、神的なものについて誰の考えが正しいのかという問題を引き起こさずに認められていたかについてふれた。ものごとをこのように見る仕方は過去のものへと格下げされてしまったのだ。それは、部分的には(ユダヤ教・キリスト教・イスラム教的な)一神教によるのではあるが、しかし古代世界における哲学の偉大な発展によってなされたことでもある。プラトンとアリストテレスは、わたしたちが宇宙の単独の斉合的な体系を理解しようと努めているという理解から仕事をはじめた。統一性へと昇りつめていくことは、それほど前からなされていたのだ。近代科学はこれを継承したが、そこに新しいひねりを加えた。このひねりは、特権的な観点は〈どこでもないところからの眺め〉であり、わたしたちの部分的なパースペクティヴのすべてを超えているという点にある。

〈どこでもないところからの眺め〉であることを標榜しないが、その他すべての眺めよりよいものとして交替することを標榜する特権的な観点も存在する。そうした観点は多岐にわたり、その一方には、ひとたび洞窟から抜け出した哲学者はそうしたパースペクティヴをもつのだというプラトンの見解があり、他方には、その後のユダヤ教・仏教・キリスト教のような宗教がある。これらの宗教では、それぞれが真の普遍的なパースペクティヴをもつと主張しながらも、〈どこでもないところからの眺め〉という考えをもつことはないのである。

しかし、たとえ宇宙の単一性に関するこうした理解がわたしたちの文明において尊敬すべき伝統となっているとしても、わたしたちは依然として、それは偏見にすぎないのではないかと問うてもいいだろう。わたしたちの考えでは、この問いへの答えはイエスかつノーでなければならない。「偏見」ということでわたしたちの世界観の深いところに根づいた特徴のことが意味されているのだとしたら、答えはイエスだ。それは西洋の偏見のひとつである。さらには、先に言及したように、問題となっている理解はほぼ間違いなく、身体の統一に関するわたしたちの感覚の深いところに根づいた特徴でもある。しかし、「偏見」ということで意味されているのが、研究に枠組みを与えるがその研究の過程では確立することも反証することもできない想定のことだとしたら、それは偏見ではない。統一化を行うパースペクティヴに実在の側面のひとつが対応するということは、全体化を行う類のわたしたちの科学（ないし研究）や、地平の融合に向けたわたしたちの前進――これは第六章で擁護された――によって支持されている。手短にいえば、統一性と多様性についての問いは、究極的には、言葉のもっとも広い意味で経験的に決定されるべき事柄、つまり、最終的に真であることが明らかになることによって決定されるべき事柄なのである。

ここで述べたこととの証拠として、統一性対多様性というこうした重大事に関する審判がまだ不在だという点をあげることができる。実在に関する見かけ上は両立不可能な理解は、それらが真であるならば収束するはずだ、という仮定は、わたしたちが日常的な実在について最適な把握をしていると自分に確信させるときの基本的なやり方に基づいている。立ち入ったカフェが大きくかつ小さいというような、二つの矛盾する知覚に、わたしたちは満足できない。しかしわたしたちは、以下のように考えることに慣れなければならない。日常的知覚の場合、ひとつの対象に対するパースペクティヴは、究極的にはすべて統一されるに違いない。それに対して、物理的な本性と人間の本性のどちらも、異なったパースペクティヴから接近可能であるかもしれず、それぞれのパースペクティヴによって露呈される事物それ自体の本質的な特徴は、両立不可能で、少なくとも相互に還元不可能かもしれないのである。

わたしたち自身の文化史に話をかぎるとしても、自然が陶冶されるものであった時代、そして支配されるものであった時代、あるいは神によって創造された自然の本として読まれるものであった時代、さらには客観化されて搾取されるものであった時代を経て、現在では自然は、可能性を最大限引き出すために最適化され、できるかぎり[5]柔軟にされるべき資源と見なされる。いまでは、湧き上がっては留まりやがて消え去るものとしての自然というソクラテス以前の理解が、ガイア仮説として新たに現れつつある。ガイア仮説によれば、自然はわたしたちに保全者たれという要求を行っている。そして、自然に関する客観化された見方に対しては、すでにロマン派時代の詩人によって異議申し立てがなされている。ワーズワースは崇高な感覚について次のように語る。

それは
はるかに深く浸透した何ものかに対する崇高な感覚で、
それが存在するのは落日の光の中であり、
円い大洋であり、新鮮な大気であり、

青空であり、人の心の中であった。
それは沸き起こる衝動であり、精神であり、
思考する主体と、思考の対象すべてを促し、
万物のなかを駆けめぐる。(6)

統一性を支持することは偏見だという非難に対するわたしたちのイエスかつノーという応答を、別の仕方でまとめることもできる。わたしたちには、すべての現象に関する統一的な理論を求める傾向がある。このことは正しい。そして、そうした傾向において、わたしたちはたぶん、自分の文化的伝統に後押しされるだけでなく、わたしたちが身体的な存在者として世界内に存在する様式そのもののうちでも後押しされる。これまで結び付けられていなかった二つの理論を統一する能力は、それらの両方に関して、わたしたちの自信を高めてくれる。それゆえ、一九世紀に物理学と化学を収束させるような説明を見つける試みが何度も失敗に終わったことによって、化学の基礎への深刻な疑いが生じたのとちょうど同じように、逆に二つの科学が収束したという証拠は、それぞれによって記述される単一の独立的実在が存在する証拠として、安堵とともに歓迎されたのである。

(5) Martin Heidegger, *Introduction To Metaphysics*, trans. Gregory Fried and Richard Polt (London: Yale University Press, 2000), 14–16〔マルティン・ハイデガー、『形而上学入門』、川原栄峰訳、平凡社ライブラリー、一九九四年、三二—三四頁〕. 次も参照のこと。Hubert L. Dreyfus and Sean Dorrence Kelly, "Conclusion: Lives Worth Living in a Secular Age," in *All Things Shining: Reading the Western Classics to Find Meaning in a Secular Age* (New York: Free Press, 2011), 190–223.

(6) William Wordsworth, "Tintern Abbey," in *The Complete Poetical Works* (London: Macmillan and Co.), 1888〔ワーズワス、「ティンターン修道院上流数マイルの地で」、『対訳ワーズワス詩集——イギリス詩人選(3)』、山内久明編、岩波文庫、一九九八年、六三頁〕.

こうした統一の探求の別の重要な例は、アリストテレス哲学を三つの主要な一神教と総合する一連の試みにも見出すことができる。これは、ユダヤ思想家のマイモニデスによって始められ、マイモニデスの著作はイブン・スィーナー（アヴィセンナ）とイブン・ラシュド（アヴェロエス）のようなイスラムの思想家たちに着想を与えた。次に、イブン・スィーナーとイブン・ラシュドはトマス・アクィナスによる偉大な総合の試みに影響を与えた。ここで注記しておくと興味深いのは、完全な総合ができないことを察知したイブン・ラシュドが、「二重真理」説、つまり、重要な真理を一方ないし他方の枠組みに相対化するに至ったという点だ——こうした立場が取られた理由は、それらの真理が、端的に理解すると手の施しようのない衝突を起こしてしまうように見えたからだ。こうした手口は、近代の「反実在論」とどこか共通したところがある。たとえば、カントによるアンチノミーの解決に類似性を見ることができる。トマスはといえば、妥協のない統一的な実在論を支持し、完全な収束を実現することを自らの課題とした。もちろん、これが成功したのかどうかは、いくつかの分野においてなおもさかんに取り上げられる論争の話題となっている。キェルケゴールは、アブラハム、イサク、ヤコブの神は哲学者たちの神ではないというパスカルの宣言にしたがい、最後の偉大な統一家ヘーゲルに反発しながら、そうした統一の試みがどれもかならず失敗するという説得的な議論を示した。

まとめよう。わたしたちによる斉合性と統一性への西洋的なコミットメントは、物理的な自然と人間の本性がそこから研究されるひとつの特異なパースペクティヴと見なしうる。しかしこうしたことすべてが認められるにしても、唯名論やニーチェ流のパースペクティヴ主義といった一般的な形而上学的見解によってこのコミットメントを疑問に付すことはできないのである。もっとも、このコミットメントが唯一で最上のものであるという主張は疑問に付すことができるのだが。

現時点では、わたしたちは自分たちの物理学と両立不可能な別の物理理論を何ひとつ知らない。わたしたちは先に、西洋医学によって理解しようとする試みのすべてに抗う事例として、鍼療法について言及した。身体について、わたしたちは最終的には、結合してひとつの図式にすることができない二つの説明を受け入れなければならないかもしれない。それらをひとつのものにできる方法として、三つの可能性があるだろう。（1）これら二つの科学がまったく異なる問いを扱っており、一方の問いへの解答は、他方の問いに関するわれわれのさまざまな理論に——自然科学の問題と宗教的信仰のあいだの事例に関して提案されているように(7)——いかなる仕方でも影響を及ぼさない、ということがさらなる研究によって明らかになるかもしれない。（2）一方のアプローチが、他方が不十分であること、つまりよりよい方の見解が扱える変則例を解決できないことを示して、それと交替するかもしれない。これはちょうど、ガリレオ以降の力学がアリストテレスの運動論を追放したのと同じだ。あるいは、（3）一方の科学がより一般的な理論を提示し、他方の科学による妥当な発見が、その一般的理論の特殊な事例と見なされうるようになる（ちょうど、アインシュタインの理論がニュートンの運動法則とよりよいものとして交替し、それを自らのうちに含めたように）。（1）も（2）も、わたしたちがいま理解しているかぎりでの鍼と近代の科学的な医学との説明のつかない関係を解決するものではなさそうにみえる。なぜなら、両者が扱う症状の範囲が重なっているからだ。そして、（1）も（2）も〔目下の問題への答えとしては〕端的に間違っているようにみえる。ひょっとすると未来のより広範で深い理論が両者の成功を説

（7）次を参照。Stephen Jay Gould, *Rocks of Ages: Science and Religion in the Fullness of Life* (New York: Random House, 1999)〔スティーヴン・ジェイ・グールド、『神と科学は共存できるか？』、狩野秀之、古谷圭一、新妻昭夫訳、日経ＢＰ社、二〇〇七年〕.

明できるという、（3）の一種を考えることができるかもしれない。しかし、そのようなものは、今日の地平の遠く離れたところにさえ存在しない。

もっと悪い事例もある。科学者と哲学者は、物理的実在についての機械的な理論を自由意志と意識という見かけ上は否定しえない事実と調停させようとしてきた。いまのところ実りのないこうした悪戦苦闘のなかに、わたしたちはたぶん、二つの両立不可能な説明の必要性を見てとってさえいる。理論に関する西洋の歴史、そして理性の統一についての確信に関する西洋の歴史を踏まえれば、これらの事例における収束がもしあれば、それは確実に満足のいくものであり、理論が独立的な実在を記述していることをわたしたちに再び保証するだろう。しかしわたしたちは、宇宙が機能する単独の様式は存在しないという可能性を開かれたままにしなければならない。実在性の試金石としての統一性という考えにコミットしないかぎり、そのような分離された複数の実在が意味するのは、実在に対応する記述は何もないということである必要はなく、そうした記述がいくつもあるということなのである。

そのような可能性から生じるより広範な問いは、意味を欠いたものとしての物理的自然という説明は、意味をもち人間のための特権的な場所がそのなかにあるものとしてのコスモスという説明と調停できるのか、というものだ。肯定的な解答へのアプローチのひとつは、わたしたちの科学が人間を中心にした宇宙というキリスト教的見解を支持することを示す試みという形態をとる。わたしたちの科学の基盤が、わたしたち人間と人間にとっての意味をいっさい無視した因果法則に支配された宇宙の発見であるならば、こうした試みは有望な戦略には思われない。この試みによってできるのは、せいぜい、以下の一連の主張を示すことである。わたしたちの現実の宇宙が生じる蓋然性はきわめて低い。だが、どんな個別の宇宙も同様に蓋然性が低く、そうした宇宙も別の種類の意識的な存在を生み出したかもしれない。そして、わたしたちが行っているような種類の科学には、宇宙がわたしたちも考慮に入れながら引き起こされるということがどうして可能だったのかを説明できないのだ。

さらに有望なアプローチ（これは先の（1）に類比的だ）は、ドストエフスキーが『カラマーゾフの兄弟』のなかで採るものだ。この本の目的のひとつは、罪・復活・再生といったキリスト教的な概念や、洗礼や信仰告白といったキリスト教的な典礼について、それらの概念や実践は人間の条件がもつ重大な側面に応答するもので、物理学や化学の法則と衝突する必要はないのだと示すことによって、実存的な説明を与えることにある。[8]

ドストエフスキーにとって、コスモスにおけるわたしたちの特別な位置――たとえば、同書の中盤でのアリョーシャの「これらすべての、数限りない神の世界から伸びる糸が、彼の魂のなかでひとつに結

（8）たとえば、ディミトリがクロード・ベルナールによるニューロンの発見について聞いたとき、彼は間違って、自分が魂をもち苦しみによって罪を贖うと信じることを諦めなければいけないのだと考えた。「いいか、想像してみろ（…）脳みそのこのあたりに神経があるのさ…（くそっ、癪にさわるぜ！）。こういう尻尾みたいなやつがあってな、（…）で、そいつが震えだしたとたん（…）おれがものを見て、それから考えるってわけなのさ…それっていうのも、尻尾があるからなんで、このおれに魂が（…）あるからとかいうんじゃないんだ（…）。すごいじゃないか、アリョーシャ、この、学問ってやつはよ！　新しい人間が現れてくる（…）。それにとても、神様がかわいそうだよな！」（第一一編第四章〔ドストエフスキー『カラマーゾフの兄弟（4）』、亀山郁夫訳、光文社古典新訳文庫、二〇〇七年、二二一―二二二頁〕）。アリョーシャの反応は、ディミトリの出した結論をたんに無視し、新たな人間がもつ別の意味を発見するように彼を勇気づけるというものだ。そしてディミトリはすぐにこう述べる。「アリョーシャ、じつはこの二ヶ月間、おれは、自分の中に新しい人間を感じているんだ。新しい人間が、おれのなかで蘇ったんだよ！　それはな、（…）もしもあの雷みたいな一撃がなかったら、ぜったいに外に姿を現すことはなかったものさ」（第一一編第四章〔『カラマーゾフの兄弟（4）』、二二八―二二九頁〕）。科学における新たな人間――ドストエフスキーはこれを拒否するわけではない――とは対照的に、それと同じくらい妥当なディミトリの実存的な理解は、苦難、復活そして喜びを結びつけるのである。

び合い（…）魂全体が震えていた」[9]という経験のようなものは、脱呪術化された宇宙《コスモス》に関する近代科学の説明と衝突しない。科学的な宇宙論と矛盾する因果的主張を行わないかぎり、宇宙とそのなかにおけるわたしたちの位置の意味についてのそのような経験は、それ自体として存在する実在への接近をもたらすものとして理解されうるのである。ここで実在は、わたしたちの記述に決して依存しないが、それでも人間がそのなかに中心的な位置を占めるようなものである。

　そのように還元不可能で、両立不可能でさえあるような実在へのパースペクティヴが原理的には数多くありうるという事実は、もちろん、自然のただひとつのあり方や、自然に対応するただひとつの真理といったものは存在しないということの証拠になるだろう。しかしこれは、それ自体として存在する自然のあり方などないということを意味する必要はない。ニーチェやポストモダンの思想家たちが主張するように、自然種はどれもわたしたちの関心という「パースペクティヴ」に相対的な構成物であるということや、ローティが主張しているようにみえる、いかなる記述的なパースペクティヴも実在の因果的構造によって真にされ正当化されうることはありえないということを意味する必要はないのである。むしろわたしたちは、自然を記述するいくつかの方法があり、それらはすべて真であるかもしれないと結論すべきなのだ。

　したがって多元的で頑強な実在論は、科学は存在の様式のすべてを説明すると主張する還元的な実在論を避けることができる。またこの実在論は、宇宙はさまざまな種へと切り分けられており、種の名前のあらゆる使用者は、わたしたちの自然種名が指示するものを指示しているのでなければならない、と主張するような科学的実在論を避けることもできる。しかしそうでありながらも、多元的で頑強な実在論は、科学における真の言明が事物のそれ自体におけるあり方に対応するということは理解できないというデフレ的実在論の主張を拒否できるのである。

媒介的描像を克服し、それと一緒に、ますます精妙なかたちの反実在論が考案される際の究極的にはアプリオリな理由もいったん克服してしまえば、独立的な実在に身体的に接触するという日常的な経験は、わたしたちの本質的な本性と宇宙の本性に関するありとあらゆる説明のための空間を開く。こうしてこの経験は、それらの説明に実在の側面に対応するものがあるとしたらどれかということや、これらのさまざまな側面が整合するとしたらそれはいかにしてなのかということを、経験的に探求できることにして、わたしたちを解放するのである。

2

実在は多くの異なる仕方で理解されるという事実は、物理的な実在に関する理解を疑いにかけるようにわたしたちを仕向ける。それとちょうど同じように、人間とは何かについてそれぞれ独自の理解をする文化の多様性は、人間本性についての理解を疑いに付すようにわたしたちを仕向けるのである。

クリプキが固定指示に関する説明を生み出すよりもおよそ半世紀前に、ハイデガーがそれに似た発想を考案し、人間における現存在と彼が呼ぶものの本質的特徴を確定する試みを正当化しようとした。人間の本質について語りたいならば、どれがそうした本質なのかを知っていると探求のはじめから主張することはできない――ハイデガーはこのことをわかっていた。では、どこから始めればいいのだろうか。

（9）Dostoyevsky, *Brothers Karamazov*, book VII, chap. 4〔ドストエフスキー、『カラマーゾフの兄弟（3）』、亀山郁夫訳、光文社古典新訳文庫、二〇〇七年、一〇八頁〕.

この問題を解決するために、ハイデガーは彼が「非定立的な」指示と呼ぶ事柄の説明を展開した。ハイデガーの議論によれば、そうした指示は形式的指示子〔形式的告示〕によってのみ可能になる。非定立的な指示は、偶然的な特徴だけを使ってあるタイプの対象を指示することによって始まり、適切なタイプの探求によって、問題となっている種の本質的特徴（そのようなものがあるとして）へと至ることを試みるのである。(10)

形式的指示の発見によって、ハイデガーは、現存在をその存在が問題になっているものとして予備的に定義して『存在と時間』を始めることができるようになる。人間の実践の意味に関するさらなる探求――ハイデガーの解釈学的方法――は、現存在が、教師や大工といった役割をこなすための道具を使うことで、自分自身に対する態度を暗黙のうちにとっていることを明らかにする。こうして、自身の存在に対して態度をとる存在者は、ある特定の役割を引き受けるために何が重要かという感覚を必要とし、何であれその役割が要求する企図を達成するために、道具を用いて対処に没入する必要がある、ということが明らかになる。被投的なものであり、没入（頽落）するものであり、企図するものであるという世界内存在のこうした三重の構造をハイデガーは記述し、この構造がいかにして現存在を世界へと開かせるのかを示した。明るみ（clearing）ないし世界を開示する存在者としては、現存在は世界内存在という基本構造以外のいかなる本質的構造も持たない。すると、現存在の本質的構造は、それが、その他の点は開かれたままの世界の開示者であるというものであることが明らかとなる。(11)

後期ハイデガーの見るところでは、世界を開示するこうした能力によって人間の文化が異なる世界を異なる様式で開示することが可能になり、それぞれの様式のもとで人間は異なる本性をもつものとして理解される。それゆえ、西洋において人間は、自然の養育者、存在するものすべてを陶冶するもの、理性的動物、神の被造物、対象からなる宇宙に対置される主体、あるいは近年では、その可能性から最大限のものをえるために自分たちを最適化する資源として、といった具合に、次々と理解されてきたのである。これらの説明のそれぞれは、もしわたしたちの本質についての独占的な説明と見なされることになると、その他の説明を覆い隠してしまい、わたしたちが世界の開示者であるという真理を見えなくしてしまう。しかし、それぞれが、人間であることの数多くの様式のひとつであると適切に理解されたならば、次のことを確証してくれる。すなわち、わたしたちの本質的特徴はひとつであり、それは世界の開示者という点にあること、そして、この存在のあり方が言語の役割を理解可能にしてくれるとともに、あらゆる文化が人生の眼目に関する見解を具現化しているという事実をも理解可能にしてくれるのだ、ということを確証してくれるだろう。

こうして、人間本性についての個別的な理解のそれぞれは、人間の美徳さらには人間の権利についての個別的な理解を裏書きしている。たとえば、理性的動物としての人間に関する多様な定義は、理性に完全に支配された生というプラトンの厳格な考えから、善き生における階層的に秩序づけられた人間の

(10) 次を参照のこと、Martin Heidegger, *Being and Time*, trans. John MacQuarrie (New York: Harper, 1962), 152〔『存在と時間』、第二五節〕. ここでハイデガーは、「何らかの現象学的な文脈において、ひょっとするとそれ自体をその「反対」において露呈させるかもしれない何かを告知する、非定立的な形式的告知」について語っている。次も参照のこと。Martin Heidegger, *The Phenomenology of Religious Life*, trans. Matthias Fritsch and Jennifer Anna Gosetti-Ferencei (Bloomington: Indiana University Press, 2010), 42–45. わたしたちは以下では、「*Anzeige*」を「告知（indicator）」ではなく「指示子（designator）」と訳し、固定指示（rigid designation）との平行性をはっきりさせる。

(11) Charles Spinosa, Fernando Flores, and Hubert L. Dreyfus, *Disclosing New Worlds: Entrepreneurship, Democratic Action, and the Cultivation of Solidarity* (Cambridge, MA: MIT Press, 1997).

美徳のバランスに関するアリストテレスの説を経て、カントが強調した理性的な主体の自律に至るまで、それぞれに応じた人間の卓越性に関する説明を指し示している。有神論的な見解は、わたしたちの最高善を神とのある特定の関係のもとで定義する。道徳的命令に関する近代の個人主義的な考えでは、わたしたちは本質的に権利などの持ち主と見なされる。

ハイデガーは明らかに、人間の生のある重大な特徴を定式化しようとしている。しかし、彼が指し示した事柄――人間は非常に異なる生の形式を生み出すことができるし、現にそれらを生み出してきたということ――は、居心地の悪い問いをひとつわたしたちに残す。これらの生の形式はさまざまな人間性の理解にもとづくが、それらの理解はすべて、人間の可能性のうち最高で最善のものを実現するという意味で、等しく妥当なのだろうか――わたしたちはこのように自問せざるをえない。わたしたちの時代の世界は、非常に多様な文化が密接に関係づけられることで、混ざり合うことを強いられる世界である。そうした世界がわたしたちを連れて行く先としてありうるのは、違いを理解することであって、わたしたちの先祖なら他者の「風変わりな」習慣と見なしたであろう事柄を馬鹿にすることではない。

それでもなお、何が善いのかについて、あらゆる文化の分別が等しく受容可能なようには思われない。根拠のない苦痛を他人に意図的に与えることを許す観点は、どのように定義されようとも、人間に関して重要な何かを見逃しているようにわたしたちには見える。しかし、わたしたちがもつ道徳的な怒りの感覚は、わたしたちの文化がコミットする仕方に相対的であってはならないのだろうか。人間の文化の歴史を調査するにつれて、わたしたちは、途方にくれるほど耳障りなさまざまな声が、両立不可能な主張をするのを耳にする。人間にとって何が本質的なのかに関するさまざまな文化的理解に順位をつけ、わたしたちの個別的な文化的パースペクティヴから離れて批判することができるような道は果たしてあるのだろうか。わたしたちはこれらの問題にまつわる意見の一致にいつか至るのだという希望は、果たしてあるのだろうか。あるいは少なくとも、たとえば、いくつかの候補を消去するとか、いくつかの要素は人間の本質のどんな定義にとっても本質的だという一般的な合意に至るとかすることによって、ささやかな収束を達成する希望はあるのだろうか。

どちらの方向にもいくらかの進歩はすでになされてきた、とわたしたちは信じている。第一に、人類の歴史には、今から遡って考えれば、よりよいものへの交替による妥当な議論として再構成できるものが、すでに登場している。わたしたちは第三章でそうした議論のひとつに簡単に触れた。一世紀半前には、リベラルで民主的な社会（あるいは、わたしたちが現在の観点から記述するならば、リベラルな民主制への途上にあったといえる社会）のすべてにおいて、女性が投票をすることは禁じられていた。女性の間でさえ、女性に参政権を与えることに賛成したのは少数派でしかなかった。普通選挙権を提案する勇敢な少数派に対して、その時代にはひどく説得的に見えた議論によって、現状の維持が支持されたのである。女性には能力・判断・自己統制・客観性が欠けているとされ、彼女たちの生活上の実際の役割を考慮して、市民として行動することへの関心もコミットメントも欠けているとされたのである。そのような議論は一掃されてから久しい。

しかしこれは、単純に、過去の歴史において力をもっていたものが別の力によって荒っぽくねじふせられるという具合のものであったわけではない。わたしたちはここで、よりよいものへの交替が理性的になされたといいたいのだ。なぜなら、部分的には女性の参画を実際に経験したことのおかげで、今日では、女性に能力や関心が本質的に欠けているというさまざまな議論がまったく異様なものにみえるからである。そうした議論を推し進めて信奉していた人々をわたしたちは不思議に思うし、彼らが知性と誠実さをもっていたと信じようとしても難しい。後者の〔それらの人々には知性と誠実さが欠けていたのではないかという〕疑念に関しては、わたしたちは誤っているし時代錯誤的《アナクロニック》である。しかし事実として、これらの〔女性に参政権を認めない〕議論はもはや合理的に提出できないのだ。一定の責任が女性に対して否定され、〔政治とは〕別の生活領域に女性たちを閉じ込めていたときには、政治に関する彼女たちの能力や適正についての信念は確証されているように見えた。しかし今では、そのような信念はわたしたちの生活における日常的で凡庸な事実にまったくもって真っ向から対立するため、馬鹿げたものにしか見えないのである。

よりよいものへの交替を記述するためにエルンスト・トゥーゲントハットが用いた用語を使えば、わたしたちは逆戻りのできない「経験の道（Erfahrungsweg）」[12]を通っているのである。以前には、まだ二つの見解が合理的に可能であった。しかしいまではひとつの可能性しかない。

わたしたちの文明における奴隷制の禁止に関して、類比的な指摘をすることができるだろう。この特異な制度は、現実の抑圧的な状況によってもっともな見かけを与えられているかぎりにおいてのみ信じることができるような、一定の神話に基づいていた。そうした状況がひとたびなくなれば、そうした神話は文字通り信じられないものになる。

第二に、わたしたちは非常に異なる全般的な見解のあいだに、いくつかの点に関する部分的な収束を見てきた。女性の権利のいくつかの側面は、この文脈でも適例だ。よりよいものへの交替による議論は、たとえば先に挙げた西洋における例のような、文明の内部での変化をもたらしてきた。しかし、文明のあいだに収束がおこることもある。たとえばイラン・イスラム共和国では、女性の人生に関する厳しい制限がいまだ存在する一方で、女性が投票権を手にしている。こうした変化を支える合理的思考は、西洋における変化を支える思考と異なる道筋を辿ってきた。そうした考えは、イスラム的な枠組みと一連の想定のただなかに位置を占めるようになったのだ。しかし合理的思考は、この点において、同じような場所に到達したのである。

わたしたちはこれをより一般的な動き、つまり、人権に関するひとつの可能なグローバルな合意をこの世界に打ち立てつつある動きの一部と見なすことができる。こうした収束は、ロールズが「重なり合う合意」[13]と呼ぶ身分をもつことになる。つまり、人間とその本性や美徳に関するもっとも深い信念（ロールズが「善についての包括的理論」と呼んだもの）について、それぞれのグループは一致しないままであるが、それにもかかわらず、特定の規範を正しいものとして肯定するときには団結することができるのだ。そのような合意は、第二次世界大戦の直後以来ずっと、世界人権宣言やその他のそうした国際的文書を通じて、また、（誤りやバイアスがありながらも）人権の名の下でのさまざまな国際的介入を通じて、ハーグの国際法廷を通じて、等々の仕方で築き上げられてきた――こう論じることができるだろう。もっとも強い合意がえられた場合でも、宗教的・民族的な見通しに関する完全な合意がえられることは決してないだろう。もっとも強い合意がえられるのは、むしろ、非常に異なるさまざまな見解から出発しながら、そしてさまざまな理由にもとづいて、特定の範囲の規範に関して収束に向かう場合だろう[14]。

（12）Ernst Tugendhat, *Selbstbewusstsein und Selbstbestimmung* (Frankfurt: Suhrkamp, 1979), 275.
（13）John Rawls, *Political Liberalism* (New York: Columbia University Press, 1993).
（14）See Charles Taylor, "Conditions of an Unforced Consensus on Human Rights?" in *Dilemmas and Connections* (Cambridge MA: Harvard University Press, 2011), chapter 6.

したがって、違いの幅は、消費財の場合のように事実として狭くなっているだけでなく、いわば権利上の事柄としても狭くなっているのかもしれない。つまり違いの幅は、以前よりも小さくなっているのかもしれない。そして、将来にそれはますます縮小するかもしれない。

しかしわたしたちは、多様な見解からなるこの広大な領域を別の仕方で精査することもできる。わたしたちはこう問うことができるのだ。人間の本質と美徳に関する見解のうち、わたしたちが信じることができるどんなものにも備わっていなければならないほど堅固な要素ないし洞察はどのようなものだろうか、と。そうした要素のひとつは、たぶん、人間は世界の開示者だというものだ。だが、先ほどみたように、ハイデガーの説明は、現存在が自分自身を解釈しひとつの世界を開示する際のあらゆる個別の様式に対して開かれたものにするために、意図的に空虚にされている。世界の開示者であるという空虚でしかない構造を超えて、何らかの具体的な本質的構造は果たして存在するのだろうか。

そうした構造が存在するとしたら、わたしたちはそれらを人間の身体の不変の構造のうちに見出すことを期待してもいいかもしれない。わたしたちはメルロ゠ポンティとトーデスに立ち返ることができる。すでにみたように、メルロ゠ポンティは知覚における身体の役割について、とりわけ、わたしたちの能動的な身体が実在との直接的な接触をどうやって与えてくれるのかについて、詳しい説明をした。しかしトーデスが指摘したように、メルロ゠ポンティによる「わたしはできる」としての身体という説明――そこでこのことが意味するのは、わたしはアフォーダンスの誘いに応答して惹きつけられるように動き、それによってそれらのアフォーダンスを最大限に把握することができるということである――は、特有な運動の様式を行うために、特有の形状をしたわたしたちの身体に備えられた能力が、どのような仕方で、そもそもわたしたちが世界を手にすることにとって本質的であるのかということの説明をしてくれない。もしそのように文化を横断した不変の構造があるとしたら、それらの構造はわたしたちの本性の説明すべてに制限を課す可能性がある。それらは、許容される説明すべての具体的な内容に寄与することさえあるかもしれないのだ。

人間の本質と美徳に関する説明が信じることのできるものであるために、あるいは理解可能なものでさえあるためにも備えていなければならない内容を、このような観点から見つけ出そうという取り組みは、これまでわずかに進められてきただけである。だが、このような取り組みが明らかにするかもしれないものについては、興味をそそる手がかりがある。すでにみたように、わたしたちの直立姿勢は、尊厳と公正さに関するさまざまな文化的理解に反映される文化の不変項をもたらすかもしれない。「高貴な人々」が「下々の者」を前にして会釈したり平伏したりする文化や、誰かをまっすぐだと呼ぶことが侮辱であるような文化をわたしたちが理解できるかどうかは、明らかではないのだ(15)。

わたしたちの身体の不変的な役割のまた別の側面として、以前ふれたように、トーデスが影響の垂直的領野と呼んだもののなかでバランスをとらないといけないという感覚がある。バランスをとることのうちに何が含まれるのかを分析するとき、トーデスは、わたしたちが、上から降りてきて自分を通り抜けて流れ落ちる力の感覚をもつことを注記した。さらには、わたしたちはその力と協調することを、そ

(15) 高さと低さの意味に関するこうした広く行き渡った感覚に抗うことは理解可能だということは、当たり前とは見なせない。そうした振舞いはどれも、キリストが新約聖書のなかでしたように、強調されて特別な意味を与えられなければならない(マタイによる福音書第二〇章第二四―二八節、ヨハネによる福音書第一三章第一三―一五節)。しかし、いかなる文化も――キリスト教文化さえも――最高の権威をもつ者の腰の低さを制度化できなかったということは、上と下に関するわたしたちの感覚の広く行き渡った力の証のひとつだ。

の力によって要請される。そうした協調に失敗すると、わたしたちは倒れてしまう。成功した場合、わたしたちは、自分の課題や他人と向き合い効果的に行為できるという見返りをえる。より広範な実在における人間の位置についてある文化が与える解釈は、どんな解釈であれ、自分には制御できずそれと協調することが要請されるような力に一致しなければならない、という感覚をいくらか含んでいなければならないかもしれない。最後に、（第六章において）わたしたちは、間身体性の感覚、すなわち、わたしたちの身体が機能する様式がある以上、知覚と行為は、わたしたちが世界へと開かれたそのときから、他人の知覚や行為と直接結びつけられているということについて言及した。

善さについてのどんな倫理的感覚も、正しさについてのどんな道徳的感覚も、そしてとりわけ、自分の制御を超えた力の恩恵に被っていることについてのどんな宗教的感覚も、わたしたち人間に特有の形式の身体性がもつこれらの本質的特徴に一致していなければならないのかもしれない。トーデスはまさしくそのような主張を擁護する現象学的な議論を仕上げようと計画していたのだが、それを実行に移す前に亡くなってしまった。そのような主張がその細部にわたって維持可能であるかどうかは、この先に確認されるべきことのままだ。しかし、わたしたちの世界を形づくり、わたしたちのあり方を動物のあり方から区別する際に直立姿勢が広範な役割を演じるということについては、疑いの余地がありえない。これがさらに追求すべき考えであることは間違いない。

3

歴史をより長期的なパースペクティヴから眺めても、おそらくわたしたちは何らかの収束を発見できる。たとえば、「枢軸」[16]革命と呼ばれてきたものは、世界の異なる文明に類比的な変化をもたらした。そのため、一方におけるプラトンとアリストテレスの時代の哲学と、他方における、古代イスラエルのヘブライの預言者たちの教え、孔子の名前と関連づけられた中国の新たな思想、ウパニシャッドの思想家たちの新しい教え、そしてブッダや古代インドにおける宗教改革者たちの教えとのあいだに、いくつかの親和性をみることができる。これらの大きな変化は共通の特徴を示すのである。それは、新しい普遍主義、それ以前の宗教的生に対する批判的な態度、善さについてのより高次の概念の導入、そして個人の宗教的・道徳的発展への着目である。これらの発展は、それぞれに固有の文脈のなかで、より高みにある生の形式と見なされるようになったものを定義しただけでなく、それが生じた社会を後戻りできないかたちで変革したのである。

このことは、「ラチェット効果」[17]と呼んでもいい事柄へとわたしたちを連れて行く。それは、以前に支配的だった見通しに戻ることが、その後の人々からすれば不可能でありさらには考えることさえでき

（16）枢軸時代（Achsenzeit）については、次を参照。Karl Jaspers, *Vom Ursprung und Ziel der Geschichte* (Züirich: Artemis-Verlag, 1949)〔ヤスパース、「歴史の起原と目標」、重田英世訳、『世界の大思想　ヤスパース』、河出書房新社、一九七二年〕. 枢軸時代における転回をもっとも逃れた文明であるように見える日本さえも、枢軸時代以後の宗教の形式（仏教、そして最近の数世紀には、ある程度まではキリスト教）に影響されてきたかぎりで、ラチェット効果を受けてきたのである（以下を参照。Robert N. Bellah, "The Heritage of the Axial Age: Resource or Burden," and Shmuel Noah Eisenstadt, "The Axial Conundrum between Transcendental Visions and Vicissitudes of Their Institutionalizations: Constructive and Destructive Possibilities," both in *The Axial Age and Its Consequences*, ed. Robert N. Bellah and Hans Joas [Cambridge, MA: Belknap Press of Harvard University Press, 2012]）。これらの宗教の形式はある程度中立化されてきたが、そうはいってもこの〔枢軸時代以降に生きる〕ことは、枢軸時代における変様によって生じた問題がまだ生じる前の世界を生きることとは異なっている。

（17）Charles Taylor, *A Secular Age* (Cambridge, MA: Belknap Press of Harvard University Press, 2007), 273.

ないものになってしまうような、歴史における移行のことだ。枢軸時代における転回は、疑いなくこうしたタイプのものだった。それに対して、別の転回について考えることもできる。たとえば、国家を中心とした都市社会への移行や、より最近では、産業化、国家の形成、そしてグローバル化の恒常的進展などである。しかし、アリストテレス的な力学からニュートン的な力学への変化のような、科学におけるパラダイム変化のいくつかや、先に論じたような類の倫理的な見通しに関する範囲のより狭い変化とは違って、いましがた述べた現代における転回は、現代人のあいだにある感覚を残していった。それは、何かをえた一方で、何か別のものが、おそらくは取り返しのつかない仕方で失われたという感覚だ[18]。それが別様でありえたかどうかを想像することは難しい[19]。

これらの変化はすべて収束を伴うが、人権の場合と同じように、収束は、多様性の不可逆的な存続を反映する。人権に関する世界の合意は多くの人にとって妥当にみえるが、それは、異なる環境においてまったく異なる理由からなされたものだ。ある人たちは、生存権の根拠を神の似姿として作られた人間という見解に求めるだろうし、別の人たちは、不殺生という仏教の原理に求めるだろうし、また別の人たちは合理的主体としての人間の尊厳というカント的な考えに求めるだろうし、また別の人たちは、苦痛を避ける功利的原理に求めるだろう。根底にあるもっとも深い理由に関して、わたしたちは決して合意へと近づいているわけではないのだ。たとえば、人権に関する新たな条約に署名したとき、わたしたちは自分たちが進歩したということについて同意するかもしれない。しかしそのとき、この進歩の本性が何であるかについて、わたしたちは深い不一致にあるのだ。わたしたちは一八世紀の啓蒙の夢を実現しつつあるのだろうか、それとも、神の意思に近づきつつあるのだろうか、それとも、ブッダの歩んだ道をさらに進んでいるのだろうか。

こうしたことは、枢軸時代における異なる革命のあいだに見られる関係を反映している。たとえば、プラトンとイスラエルの預言者たちとブッダの教えのあいだには、疑いえない親和性があるが、そこには基本的な存在論に関する深い違いが残っているのだ。

4

わたしたちは科学と文化・倫理の両方のレヴェルに、パースペクティヴの統合を押し進めて試みるための十分な――道徳的かつ知的な――理由を見てとることができる。しかし、自分たちの見通しに楽観的になりすぎてはならないことの十分な理由も、そこに見てとることができる。こうした困難な状況こそ、頑強ではあるが多元論的なわたしたちの実在論がもっとも正当に扱おうとするものだ。これは、いかなる統合も不可能だと独断的に信じることでは断じてなく、統合の究極的な可能性に関する判断を健全に保留することに他ならない。それと同時に、このことは、さらなる統合は十分に試すに値するのだという認識をもち続けることでもある――そして、わたしたちのうちの何人かにとっては、これは、統合を試すことを後押しする信念（faith）をもつことでさえあるのだ。

（18）次を参照のこと。Pierre Clastres, *La Societé Contre l'Etat* (Paris: Minuit, 1974)〔ピエール・クラストル、『国家に抗する社会――政治人類学研究』、渡辺公三訳、風の薔薇、一九八七年〕. 枢軸時代における変化については、以下で論じられた。Taylor, *A Secular Age*.
（19）次を参照。Gopal Sreenivasan, "What Is the General Will?" *Philosophical Review* 109, no. 4 (2000): 545–581.

監訳者あとがき

ヒューバート・ドレイファスとチャールズ・テイラー。二〇世紀後半から現在に至るまで英語圏の哲学界で大きな影響力を与え続けてきた重鎮二人が、共同して哲学の根本問題に挑戦した記念碑的作品、それが本書である。

ドレイファスは、広い意味での「心の哲学」とハイデガー研究を中心に多くの業績をあげてきたアメリカの哲学者である。とりわけ、『コンピュータには何ができないか』という代表作の表題が示すように、コンピュータ科学や認知科学の展開過程に沿いながら、ハイデガー哲学の知見に基づいて批判的な議論を繰り広げてきたことでよく知られている。テイラーは、行動を中心とした心に関する哲学からはじまって、社会や政治、文化、倫理そして宗教に至るまで、広範囲にわたる領域で長いあいだ影響力のある仕事を発表し続けてきたカナダの哲学者である。『自我の源泉』や『世俗の時代』などの大著によって議論を喚起すると同時に、マルチカルチュラリズムの代表的な論客と目されている。両者とも、分析哲学への広い理解をもちながら、ハイデガーやメルロ＝ポンティなど現象学の分野で得られた知見に軸足を置くという共通点をもっている。このように、分析哲学から現象学まで、そして、心の哲学から社会、文化に関する哲学まで、幅広い知見をもつ現代の代表的哲学者が、「実在論」をめぐる問題に関する議論を深めながら、現代における哲学の根本問題がどこにあるかをえぐり出そうと試みたのが本書である。

ひょっとすると読者の方々は、本書のタイトルにある「実在論」という言葉を見て、何と古典的なテーマを扱っているのか、と思われるかもしれない。あるいは、相も変わらず哲学者は古臭いテーマにこだわっている、と思われるかもしれない。たしかに、実在論と反実在論（ないし観念論）という認識論における対立は、たとえば主観・客観といった古典的な概念枠組みを前提して成り立つものであり、これまでカントをはじめ現代に至るまで、さまざまな仕方で、その超克が語られてきており、現代ではもはや、まともに相手にすべき問題ではない、と考える哲学者も多い。とりわけ、本書が最強・最良の論敵と見なしているローティのような脱構築派の論者たちの場合には、それが顕著である。しかし、本書の著者たちによれば、このような現代の状況は、その表面的な見かけとは違って、深いところでは「古臭い」と思われるような概念枠組みと共通の枠組みにとらわれ続けているのであり、その枠組みから逃れることは決して容易ではないのである。したがって、まずは、ある一定の概念枠組みにとらわれていることを自覚し、その枠組みから脱することの困難さを明確に認識することが必要なのであり、そのうえではじめて、それを越える試みに挑戦することができるというわけである。それゆえ、本書による実在論擁護の試みは、既存の概念枠を前提したものではなく、既存の概念枠への根底的な批判から出発し、人間と世界とに関する新たな見方を明らかにすることを目指すことになる。しかも重要な点は、本書で提起される新たな見方のなかで、実在論をめぐる困難な問題は解消されてしまうのではなく、むしろ、新たな挑戦的問題として再登場することになる。このように、本書の目的は、たんに反実在論に対して実在論を擁護することにあるのではなく、むしろ、新たな仕方で実在論をめぐる問題を「立て直す（retrieve）」ことにあるのである。

以下では、本書のキーワードとなる言葉をいくつか紹介することを通して、本書が提起している重要な論点を概観しておくことにしたい。

描像（Bild, picture）

本書第一章は、「ある描像がわたしたちをとらえて離さない」というウィトゲンシュタインの文章から始まる。本書第一のキーワードはこの「描像（Bild ないし picture）」である。

ドレイファス／テイラーによると、デカルト以来、認識活動は、主体が外界から一定の刺激を受け取って、その刺激に基づいて生じる内的な要因を介して外界を認識する働きとして捉えられてきた。古典的には、内的要因として考えられてきたのは観念や表象と呼ばれる心的存在者であった。それに対して現代では、こうした心的存在者を前提とする見方は多くの批判を受け、この見方をそのまま受け継いでいる論者はほとんどいないと思われる。実際、二〇世紀には、言語論的転回や物理主義的転回を経て、心のなかにあると見なされる観念や表象に代わって、言語的表現としての文や、あるいは、脳活動など公共的に捉えられるものが登場するようになる。しかし、ドレイファス／テイラーによると、こうしたさまざまな転回を通しても、主体の内的要因を「介してのみ」外界の認識が成立するという構造は変わっていないのであり、人々の見方をとらえ続けている。このような認識論を成り立たせているものの見方、あるいはより広く、人間と世界の関係に関する考え方の枠組みが「描像」と呼ばれ、ここで取り上げた描像はその内容に即して「媒介説」と名付けられる。媒介説は、内と外、心と体、などの二元論的区分と、それと関連したさまざまな特徴をもつ見方であり、著者たちによると、現代に至るほとんどの認識論は、表面的にはずいぶん異なった姿をとってきたが、どれもこの媒介説という「描像」から逃れることはできていないのである。

媒介説（mediational theory）と接触説（contact theory）

ドレイファス／テイラーが媒介説への代替案として提案する見方は「接触説」と呼ばれる。媒介説が主体と世界とを対立的に捉えるのに対して、接触説は、主体が最初から世界に巻き込まれた仕方で関与してしまっている点を強調する。主体は最初から「世界内存在」として、身体をもって世界と関わりながら存在しているというわけである。こうした見方を提起した先駆者として取り上げられるのが、ハイデガーやメルロ＝ポンティであり、また、ウィトゲンシュタインである。

媒介説と接触説の違いは、前者では主体と世界との関係が間接的であり、後者では直接的である、といった点に見られるだけではない。媒介説では、世界に関する知識はすべてなんらかの仕方で明示化されており、個々の知識の集まりから世界全体の知識が成立すると見なされる。したがって、知識のなかで最も要素的なものがあると見なしうる場合には、そうした要素を基礎とする基礎づけ主義的な知識観が唱えられ、そのような可能性が否定される場合には、反基礎づけ主義（たとえば、斉合説）が導かれる。いずれにしても、この描像のもとではどんな原初的知識も言語的・概念的なものと見なされる。

それに対して、接触説の場合には、世界は最初からそのなかでさまざまなものごとに対処する場として与えられてしまっているが、その全体が明示的に与えられているわけではない。むしろさまざまな活動の背景として、潜在的な場として与えられている。したがって、単独の要素としての知識が出発点となることはありえない。また、世界のなかのものごととの実践的な対処の仕方は、最も原初的な知覚経験の場合でも、つねに世界のなかに定位する身体技能や対象に焦点を合わせるための知覚技能の働きなど、多様な要因に基づいて可能になると見なされ、そして、それら多様な要因は必ずしも明確な仕方で概念化・言語化されることのない前言語的・前概念的なレヴェルに属すると見なされる。

このように、媒介説と接触説は明確に対立的な見方として提示されるが、しかし、本書の最大の特徴は、議論が決して対立で終わることはない点である。むしろ、接触説を前提にして、媒介説が前提とするような考え方がどのように成立するかを示すことも、本書の大きな課題となっている。

たとえば、知覚内容の概念性をめぐるドレイファスとマクダウエルのあいだでの論争に関係する議論もこの文脈に位置づけられる。よく知られているように、マクダウエルは、知覚経験がさまざまな信念を根拠づけるために用いられている以上、知覚経験の内容は概念的でなければならないと論じ、知覚内容も根拠づけの論理が成立する「理由の空間」に属していると見なされねばならないことを強調した。それに対して、ドレイファスは、ハイデガーやメルロ＝ポンティによる現象学的分析を利用して、世界との身体を介した知覚的、行為的関係を導く知のあり方が非概念的であることを強調した。本書の第一章と第二章がこの論争に関して編まれた論文集に収録されたテイラーの論文に基づいている点から見ても、この論争が本書にとって大きな意味をもっていることは明らかである。

実際、ドレイファス／テイラーは、接触説に基づいて、前概念的なレヴェルでの世界との関わりを出発点にして、どのようにして概念化され、言語化された信念や知識が生じるかを描く試みを行っている。四章の最後には、因果的なレヴェルでの接触からはじまって、正当化された信念に至る十一段階を具体的に示して、「原因の空間」と「理由の空間」が決して対立するのではなく、相互に結びついて成立するものであることを示す試みを行っている。その際、著者たちの議論を支える重要な役割を果たしているのが、サミュエル・トーデスによる前概念レヴェルでの知覚的、行為的な世界との関わりに関する現象学的分析である。これらの議論は、マクダウエル‐ドレイファス論争に関するドレイファス／テイラー側からの大きな寄与といえるだろう。

関与（engagement）と離脱（disengagement）

媒介説が近代以降大きな力をもち続けてきた理由には、せまい意味での認識論に関わることがらを越えた要因が含まれている。そのひとつは、近代科学の成立によって、伝統的に受け継がれてきた日常的、常識的な見方を批判し、世界のあり方を徹底的に客観化して捉える知的姿勢が成立した点に見られる。どのような信念であれ、明確に定式化されねばならないし、その上で明確な根拠が示されねば知識としての身分を獲得しえない。こうした近代科学を導いている見方によって、世界は「脱呪術化」され、世界は、人間による制御可能な場という新たな意味を獲得した。こうした批判的姿勢の成立は理論的次元にとどまるのみではなく、実践的な次元での人間観にも大きな変化をもたらした。

近代においては、伝統的な社会や文化の価値観を無批判に受け入れるのではなく、それらに対して批判的態度をとり、自らの責任において決断する自由な個人という理念が成立する。既成の社会や文化から距離をとった自由で自律的な個人という理念は近代が生み出した放棄しえない重要な人間観・倫理観であるはずだ、という考え方が、媒介説を支える要因にもなっているのである。

こうした離脱的な人間観に対して、接触説は、むしろ、わたしたちがいつもすでに一定の社会、文化、そして自然のあり方をする世界のなかに関与しながら巻き込まれていることを強調する。世界が文化的、社会的形態をとるものである限り、この世界との関与は、わたしたちが他者たちとのコミュニケーションによる相互理解へと巻き込まれていることを意味している。そして本書では、批判的、離脱的な姿勢も、こうした原初的で日常的な間主観的な世界との関わりをもとにしてのみ成立することが強調される。

他方で、このような「接触説」のもとでは、文化の違いに応じて世界は多元的な姿をとることになり、異なった文化のあいだでの相互理解はいかにして可能か、という大きな問題を抱え込むことになるように思われる。

ここでキーワードとして登場するのが、H‐G・ガダマーの「地平の融合」（六章）である。それぞれの文化に属する人々は異なった仕方で世界を理解しているが、相互に「会話」し、それぞれの意味世界を形成している地平を変更し、拡大することによって、共有しうる新たな概念を形成し、部分的な融合を形成することができる。こうした過程を支えるのが、「自己理解が変わらなければ、他者の理解もない」というガダマー的原理である。もちろんこの過程は簡単なものではなく、相互の誤解や対立を生むこともあるだろうが、最後は、類似した身体をもつもの同士の振舞いの仕方によって可能になる共有される世界への関与を通して、何らかの理解可能性は確保できるはずだと考えられる。このような意味で、「地平」は、ディヴィドソンなどが想定するような閉じられた概念枠とは違って、動的で、開かれているのである。人々は、身体的次元から言語的次元に至る多様な次元で、相互に「接触」が可能となり、部分的にではあれ、共通した理解に到達しうるのだというわけである。

この場合にも、異なった言語や文化の間で相互の接触を可能にするのは、あらかじめ身体的な仕方で世界に巻き込まれているという実在との接触のあり方である。媒介説のように、概念枠を介してのみ相互理解が可能だと考えるとすると、異なった概念枠同士の間での原理的な通約不可能性か、それとも、(複数の)概念枠という考え方そのものを否定する仕方での理解可能性の確保か、という二者択一に陥ることになる。そしてこのような見方こそが現代において、異なった世界観の間での解決不可能な対立を繰り返し生み出す原因となっており、著者たちによれば、この点こそ「現代の文化に強力に固着している媒介的な描像を特定し、そこから逃れることがどれほど重要かを示している」(第六章)のである。

多元的な実在論(plural realism)と頑強な実在論(robust realism)

もし実在との接触が異なった文化を備えた世界との接触という仕方で実現するとすれば、どれほど人間の身体的次元でのあり方に共通性が見出されるにしても、結局は、実在は多様であることを認めなければならないだろう。つまり、接触説は多元的実在論を帰結することになるように思われる。しかしこれでは、ドレイファス/テイラーが繰り返し批判してきたローティのデフレ的実在論と変わらないことになってしまうのではないか、と思われるかもしれない。

ここで、著者たちは、本書で最も興味深いと思われる議論を展開することになる。接触説に基づく実在論は多元的ではあるが同時に、近代科学が想定するような仕方での「実在自体」という概念をそのなかに含むことができるというのである。つまり「わたしたちにとっての実在」と「実在それ自体」、あるいは、それぞれの世界に特有な視点依存的な見方と「どこからでもない眺め」との対比を維持しうることが語られる。つまり、科学的実在論を擁護することが可能だというのである。

その際に重要な役割を果たすのが「よりよいものへの交替（supersession）」というキーワードである。西欧科学の進展の歴史は、たんに異なったパラダイムの交替の歴史には尽きない意味を含んでいる。プトレマイオスの天文理論からコペルニクスの天文理論へ、あるいは、アリストテレス的な自然学からガリレオ、ニュートン的な自然学への交替は、前者の変則例を後者が説明できるという点で、あるいは、逆戻りが不可能な交替であるという点で、そしてさらには、新たな自然学の知見は日常的な対処の仕方にフィードバックされて大きな成果をあげている点で、これらの交替はよりよい理論への交替と見なしうる。著者たちは、このような議論を通して、「真理」、「実在自体」、「対応」といった概念をすべて無意味として捨て去るローティのデフレ的実在論に対抗して、科学はこうした概念を用いることによって成立する言語ゲームであることを強調し、科学的実在論を擁護するのである。

読者は、著者たちが、現象学の知見を最大限利用して議論を進めてきたその先に、このような「頑強な実在論」擁護の論陣を張っていることを目にして、面食らうかもしれない。これでは、結局、現象と物自体という二分法に逆戻りすることになるのではないか。そしてこうした見方こそ媒介説を支持する根拠だったのではないか、という疑問がわいてきても不思議ではない。このような疑念に答えるのが最後の章で展開される「多元的実在論」の議論である。

西欧の知的伝統は、「どこからでもない眺め」や実在自体という見方を成立させ、この見方は科学という形態をとることによって大きな成果をあげてきた。しかしこのような仕方での自然に関する見方は、唯一の自然に関する見方であると考えることはできない。

たとえば現代では、金の本質は原子番号七九の原子であるという見方が受け入れられており、この金の本質に関する見方はどのような文化的世界でも成り立つ真理と見なされている。それに対して、古代エジプトでは、金は輝く神聖な物体であることが本性と見なされていたかもしれない（ただし、金の本質が文化とは独立に成り立つといった本質についての見方も成立していなかったかもしれない）。この時、一方は正しく、他方は間違いということはできない。どちらの本質に関する見方も実在を把握しており、この点で実在は多元的な仕方で開示されるといわねばならない（多元的実在論）。にもかかわらず、西欧近代に発する科学的知見を前提するかぎり、金の本質は、その見方とは独立の、実在自体にそなわる本質として、つまりどんな文化においても不変な本質として開示されていることも否定できない（頑強な実在論）。もし西欧近代と古代エジプトという異なった文化伝統の間での地平の融合が起こりうると想定できるとするなら（この想定の根拠は、どちらの伝統も身体化された仕方での世界への関与という共通性をもっている点にある）、多元的でかつ頑強な実在論が可能になるかもしれない。

はたしてこのようなアクロバティックな実在論擁護の試みが説得力をもつものかどうかに関しては、読者の判断にゆだねるほかない。ここではふたつだけ論点を追加して内容紹介を終えることにしたい。

ドレイファス／テイラーは、ここで概略を紹介した多元的でかつ頑強な実在論の可能性を、アプリオリな仕方で示すことができるとは考えていない。むしろ、その可能性は、さまざまな具体的な事実、つまり、科学的、文化的、歴史的なさまざまな経験的事実に基づいた議論によって説得力を獲得するしかないと考えている。この意味で、著者の試みは、哲学の方法論という点から見ると、広い意味での「自然主義」に属するといってもいいかもしれない。

第二に興味深いのは、ここで見た自然に関する実在論をめぐる議論は、同じような仕方で、人間の本性や倫理に関してもいいうると見なされている点である。何が人間の権利であり、何が善であり正義であるのか、に関しては、一見すると文化に応じて異なっており、共通の原理によって優劣の評価を行うことは容易にはできないと思われることも多い。しかし同時に、科学的実在論の場合と同じように、「よりよいものへの交替」が生じてきたこともまた否定できない。たとえば、奴隷制の廃止、女性の権利拡大、など、一度それが受け入れられると、そこからの逆戻りはありえない仕方で実現する。ここには「よりよいものへの交替」による一定の収斂の方向を見ることもできる。しかし同時に、多様な見方を一概に一次元的に方向づけることもできない。新たに獲得したものがある場合には、必ず、何かを失ってもいるはずだからである。したがって、この場合にも、独断論に陥らないために多元性の大前提を忘れることはできない。しかし同時に、一定の方向への収斂の可能性も否定できないのである。

こうして本書の最後で、著者たちは、知的な領域と文化・倫理の領域、どちらにおいても、最大限多様性を認める必要性を強調しながら、同時に、理論的、実践的な経験的探究を通して、統合を推進することが試みるに値することであるという信念（faith）を表明することによって本文を締めくくっている。こうして見ると、「実在論を立て直す」と題された本書は、西欧の知的、文化的伝統を導いてきた（自然と人間に関する実在論の）理念を、「媒介説」という軛から解放し、現代の多元的世界のなかで再生させようとした試みと解釈することもできるように思われる。

ここで本書の翻訳作業について簡潔に述べておきたい。

まず、訳語に関して二点ほど記載しておきたい。ひとつは、本書のキーワードのひとつである「描像」についてである。この訳語は Bild と picture に対応するものとして用いているが、picture という言語が用いられていても、本書でいうところの「描像」という意味で使われていない場合には、適宜ほかの言葉を用いた。第二は、本書のなかで頻出する agent と agency についてである。これらは通常は、「行為者」「行為者性」と訳されることが多い。しかし本書では、agentが、認識するものと対比される行為者という意味よりも、（認識する場合であれ行為する場合であれ）世界に関与している主体という意味を強くもっていることを考慮して「主体」と訳し、それに合わせて、agencyは「行為者性」ではなく「主体性」と訳した。

翻訳の分担は、「はじめに」と一章が村田、二章が染谷、三、四、五章が宮原、六、七、八章が植村である。ただしそれぞれの訳文に関しては、全員で検討する機会を数度にわたり設け、可能なかぎり、訳語の統一や文体の統一を図った。監訳者の役割は、こうした作業を遅滞なく進め、残った不統一を修正して、できるだけ文章を読みやすくする点におかれた。この意味で、本書は、共同訳である。ただし、本書は、西洋哲学史の全体を視野に入れ、また広範囲にわたる文献を参照することによって成立しているために、訳者が思わぬ間違いを犯している可能性は否定できない。読者の方々のご叱声を頂けると幸いである。

本書の原本が出版された直後、訳者たちが原著書を受け取ったのは、二〇一五年の六月後半である。それから約一年で翻訳書の出版にこぎつけることができた。このようなスピードで訳を仕上げることができたのは、ひとえに、植村玄輝氏と宮原克典氏という優秀な若手の研究者による献身的な努力のおかげである。本書がひろく日本の哲学・思想界に受け入れられて、お二人の努力が報いられることを願わずにはいられない。

また、法政大学出版局の前田晃一さんは、本書の翻訳の企画を提案された段階から始まって、検討会への参加、そして、編集作業を通して、一貫して訳者たちを支援してくださった。本訳書の五番目の訳者としての役割を果たしていただいた前田さんには心より感謝申し上げたい。

最後に、この場を借りて、本書にまつわる監訳者のひとつの思い出を記しておきたい。

わたしが以前勤務していた東京大学大学院総合文化研究科の駒場キャンパスでは、二〇〇二年秋から、哲学に関係する東京大学21世紀COEプログラム「共生のための国際哲学交流センター（UTCP）」が推進され始めていた。このプロジェクトの一環として、事務局長を務められていた門脇俊介さんの発案で、二〇〇四年六月に、本書の著者二人をキャンパスに招いて共同研究の時間を過ごしてもらう計画が実現した。お二人が駒場に滞在していたあいだに、共同研究の成果を数度にわたり発表していただく機会を設けた。いまになって振り返ってみると、そのとき発表された内容は、まさしく、本書につながるものであった。わたしはうかつにもそのとき、二人の研究の成果が今回の著作に結実するようなものであることをまったく思いつかなかった。しかし、賢明な門脇さんは、きっと、そのときすでに、二人の仕事の重要さを理解されていたのだと思う。その門脇さんはいまでは亡き人となってしまわれた。もし門脇さんが生きておられて、本書が出版されたことを知ることになったとすれば、いの一番に翻訳に取り掛かられたのではないかと思う。はたして門脇さんが本書の出来栄えをどのように評価されるかはわからないが、それでも、本書を門脇さんの思い出にささげたいと思う。

二〇一六年二月二〇日

村田純一

索引

〔訳者注：以下の索引では、必ずしも言葉そのものが登場していない場合でも、関連する内容が示されているページ番号を示している場合がある〕

ア行
アウグスティヌス（Augustine）59, 62
アステカ人（Aztecs）185–189, 196, 244
アフォーダンス（affordances）57, 143, 153, 234
世界との前概念的な結びつきとしてのアフォーダンス（affordances as preconceptual link to the world）59, 125, 144, 227, 270
アリストテレス（Aristotle）18, 27, 29n, 225, 228, 235, 238, 254, 259, 266, 273
色の恒常性（color constancy）99, 134, 145
ウィトゲンシュタイン，ルートヴィヒ（Wittgenstein, Ludwig）1–2, 29–32, 43, 49, 54, 59–61, 87, 150, 172
ウェーバー，マックス（Weber, Max）20, 73
運動志向性（motor intentionality）77–81, 100
エヴァンズ，ガレス（Evans, Gareth）123
オースティン，J・L（Austin J. L.）196
桶の中の脳（brain in a vat）6, 156–165

カ行
懐疑論（skepticism）7–13, 36, 45, 60, 75, 91–92, 120, 153, 158, 162–165
概念的／前概念的（conceptual/preconceptual）82–85, 89, 113–147, 153
前反省的（prereflexive）138–142
ガダマー，ハンス＝ゲオルク（Gadamer, Hans-Georg）180–181, 185–190, 194, 204–207, 211-212. 地平の融合（fusion of horizons）の項目も参照。
ガリレオ（Galileo）14, 22, 28, 38, 55, 155, 230
ガリレオ以降の科学（post-Galilean science）46, 197, 234–239, 259
カント，イマニュエル（Kant, Immanuel）7, 74, 94, 170–171, 230, 240, 258, 266, 274
超越論的演繹論（transcendental deduction）45–61, 70, 86, 121–125
寛容の原理（principle of charity）69, 182–185, 211–213
基礎づけ主義／反基礎づけ主義（foundationalism/antifoundationalism）7, 14, 32–34, 38–39, 48–49, 66–74, 86, 91–93, 160, 152–154, 169
ギブソン，J・J（Gibson, J. J.）57, 125, 153. アフォーダンス（affordances）の項も参照。
キェルケゴール，ゼーレン（Kierkegaard, Soren）258
クリプキ，ソール（Kripke, Saul）232–233, 243–245, 247, 263
クワイン，W・V・O（Quine, W. V. O., 5, 8, 66–68, 74, 87, 94, 154, 204, 233n）
ケプラー，ヨハネス（Kepler, Johannes）

108, 236
言語性（linguisticality）194, 207, 210
固定指示（rigid designation）232, 243, 263, 265n
根元的解釈（radical interpretation）68, 204
コンピュータとしての脳（brain as computer）24, 82, 151, 156, 169

サ行

サール，ジョン（Searle, John）78–80, 156, 160, 223
最大の把握（maximal grip）100–103, 222, 270
実在論（realism）11n, 45, 64, 91, 96, 106, 175, 182, 213–215, 226–229, 240–243
頑強な実在論（robust realism）235, 243, 252, 262, 275
「素朴実在論」（“naïve realism”）27, 205
多元的な実在論（plural realism）213, 243, 252, 262, 275
デフレ的な実在論（deflationary realism）217, 221–232, 240, 246–247
反実在論（antirealism）92, 116, 121, 217, 258, 263
受容性（receptivity）45–47, 113, 122–123, 224, 230
ジョニー（Johnny）96–104, 110, 121–127, 142, 145n, 209
所与の神話（Myth of the Given）15, 37–39, 45–47, 115–122
身体図式（body schema）97–99, 145
図式／内容の区別（scheme/content distinction）65–66, 111–113, 123, 137, 174–189, 195, 203, 207n, 213
世界内存在（being-in-the-world）40, 55, 71n, 110, 117, 152, 169, 227, 264
セクストス（Sextus）10
セザンヌ，ポール（Cézanne, Paul）99
接触説（contact theory）3, 26–43, 63, 117–147, 153–166, 173, 183, 209–213
接触説と身体性（contact theory and embodiment）28, 82, 102, 105, 115, 126, 175, 237, 263, 270
セラーズ，ウィルフレッド（Sellars, Wilfred）15n, 94, 117
先行理解（preunderstanding）81–84, 110
全体論（holism）62–75, 124, 169, 184
検証の全体論／ゲシュタルト全体論（holism of verification/gestalt holism）67–71
ソクラテス（Socrates）170–174, 196

タ行

対処（coping）59, 71–76, 88, 104, 162, 229, 241
関与的対処（engaged coping）106, 168, 173
日常的対処（everyday coping）85, 88, 168, 180, 208, 215, 234, 236
没入的対処（absorbed coping）77–89, 130–143, 264
地平の融合（fusions of horizons）180–187, 201–211, 254
デイヴィドソン，ドナルド（Davidson, Donald）69, 71n, 126, 182–190, 195, 213
デイヴィドソンとW・V・O・クワイン（Davidson and W. V. O. Quine）67, 204
デイヴィドソンとリチャード・ローティ（Davidson and Richard Rorty）64–66, 95–96, 104–105, 179. 図式／内容の区別（scheme/content distinction）の項も参照。
テイラー，チャールズ（Taylor, Charles）

ナ行

ハ行

表象主義者（representationalist）3, 104, 165, 179, 203
媒介説における表象主義者（representationalist in mediation theories）43, 62, 65, 74, 78–82, 91–96
ファイグル，ハーバート（Feigl, Herbert）19
フーコー，ミシェル（Foucault, Michel）193n
プラトン（Plato）20–21, 27, 36, 171, 198, 254, 265, 273–275
ブランダム，ロバート（Brandom, Robert）62, 95n, 107n
ブルデュー，ピエール（Bourdieu, Pierre）190. ハビトゥス（habitus）の項も参照。
ヘーゲル，G・W・F（Hegel, G. W. F.）44, 49, 64, 258
ヘルダー，J・G（Herder, J. G.）49n, 129, 139n, 171n
ホーグランド，ジョン（Haugeland, John）25
ポストモダン（postmodern）7, 66, 262
ポラニー，マイケル（Polanyi, Michael）125

マ行

マクダウェル，ジョン（McDowell, John）47n, 94, 109, 117–134, 137, 142–143, 163. 所与の神話（Myth of the Given）も参照。
『マトリックス』（the Matrix）150–164
ミンスキー，マーヴィン（Minsky, Marvin）25
メタ批判的（metacritical）48, 149
メルロ＝ポンティ，モーリス（Merleau-Ponty, Maurice）29, 57, 65, 71n, 84, 91, 124, 138, 150, 152, 161, 164, 221, 140n
メルロ＝ポンティと身体性（Maurice Merleau-Ponty and embodiment）76–78, 94–117, 144, 193n, 218, 270
モース，マルセル（Mauss, Marcel）212
モンテーニュ，ミシェル・ド（Montaigne, Michel de）8, 13

ヤ行

よりよいものへの交替（supersession）112, 236–240, 249, 267–268

ラ行

ライプニッツ，G・W（Leibniz, G. W.）47
離脱（disengagement）21–22, 40, 170, 194
理由の空間／原因の空間（space of reasons/space of causes）15, 94, 105–109, 113, 117–127, 147
ローティ，リチャード（Rorty, Richard）12, 93, 104–111, 221, 237, 248–252, 262
ローティとチャールズ・テイラーの論争（the Rorty and Charles Taylor debate）65, 216–218, 226–231
ローティとドナルド・デイヴィドソン（Rorty and Donald Davidson）64–66, 94–96, 104–105, 179
ロック，ジョン（Locke, John）14–17, 23, 38, 53, 60, 64, 67, 94, 118, 169, 171n

ワ行

ワーズワース，ウィリアム（Wordsworth, William）210, 256

著者

ヒューバート・ドレイファス（Hubert Dreyfus）

1929年生まれ。カリフォルニア大学バークレー校名誉教授。主な著書に『インターネットについて――哲学的考察』（石原孝二訳、産業図書）、『世界内存在――『存在と時間』における日常性の解釈学』（門脇俊介監訳、産業図書）、『コンピュータには何ができないか――哲学的人工知能批判』（黒崎政男・村若修訳、産業図書）、『ミシェル・フーコー――構造主義と解釈学を超えて』（共著、山形頼洋ほか訳、筑摩書房）など。2017年死去。

チャールズ・テイラー（Charles Taylor）

1931年生まれ。マギル大学名誉教授。主な著書に『近代――想像された社会の系譜』（上野成利訳、岩波書店）、『自我の源泉――近代的アイデンティティの形成』（下川潔・桜井徹・田中智彦訳、名古屋大学出版会）、『今日の宗教の諸相』（伊藤邦武・佐々木崇・三宅岳史訳、岩波書店）、『ヘーゲルと近代社会』（渡辺義雄訳、岩波書店）、『世俗の時代』（千葉眞監訳、名古屋大学出版会）など。2008年度京都賞受賞。

《叢書・ウニベルシタス　1045》
実在論を立て直す

2016年 6月30日　初版第1刷発行
2021年 2月 5 日　　　第2刷発行

ヒューバート・ドレイファス／チャールズ・テイラー
村田純一 監訳
染谷昌義・植村玄輝・宮原克典 訳
発行所　一般財団法人　法政大学出版局
〒102-0071 東京都千代田区富士見 2-17-1
電話03(5214)5540 振替00160-6-95814
組版：HUP　印刷：日経印刷　製本：積信堂

Printed in Japan

ISBN978-4-588-01045-3

訳者

村田純一（むらた・じゅんいち）【監訳者】
1948 年生まれ。専門：現象学・科学哲学。東京大学名誉教授。主な著作に『味わいの現象学——知覚経験のマルチモダリティ』（ぷねうま舎、2019 年)、『技術の哲学』（岩波書店、2009 年)、『色彩の哲学』（岩波書店、2002 年）など。

染谷昌義（そめや・まさよし）
1970 年生まれ。専門：知覚と行為の哲学・環境の哲学。高千穂大学人間科学部教授。主な著作に『知覚経験の生態学——哲学へのエコロジカル・アプローチ』（勁草書房、2017 年)、『身体とアフォーダンス』（共著、金子書房、2018 年)、『知の生態学的展開　第１巻　身体——環境とのエンカウンター』（共著、東京大学出版会、2013 年)、翻訳にエドワード・リード『魂から心へ——心理学の誕生』（共訳、講談社学術文庫、2020 年）など。

植村玄輝（うえむら・げんき）
1980 年生まれ。専門：フッサールおよび初期現象学。岡山大学社会文化科学研究科准教授。主な著作に『真理・存在・意識——フッサールの『論理学研究』を読む』（知泉書館、2017 年)、「現象学的実在論と感覚の関係説」（『現象学年報』第 31 号、2015 年)、「フッサールの反心理主義批判」（『哲學』第 66 号、2015 年)、翻訳に T・E・タフコ編著『アリストテレス的現代形而上学』（共訳、春秋社、2015 年）など。

宮原克典（みやはら・かつのり）
1982 年生まれ。専門：身体性認知、現象学。北海道大学人間知・脳・AI 研究教育センター（CHAIN）特任講師。主な著作に *Habit: Pragmatist Approaches from Cognitive Science, Neuroscience, and Social Theory*（共著、Cambridge University Press, 2020)、翻訳にステファン・コイファー、アントニー・チェメロ『現象学入門——新しい心の科学と哲学のために』（共訳、勁草書房、2018 年）など。